博士生

学术社会化研究

陈小满◎著

西南财经大学出版社

中国·成都

图书在版编目(CIP)数据

博士生学术社会化研究/陈小满著.—成都:西南财经大学出版社,
2023.4
ISBN 978-7-5504-5738-6

Ⅰ.①博… Ⅱ.①陈… Ⅲ.①博士生—研究生教育 Ⅳ.①G643.7

中国国家版本馆 CIP 数据核字(2023)第 062957 号

博士生学术社会化研究
BOSHISHENG XUESHU SHEHUIHUA YANJIU

陈小满　著

责任编辑:林　伶
助理编辑:马安妮
责任校对:李　琼
封面设计:墨创文化
责任印制:朱曼丽

出版发行	西南财经大学出版社(四川省成都市光华村街55号)
网　　址	http://cbs.swufe.edu.cn
电子邮件	bookcj@swufe.edu.cn
邮政编码	610074
电　　话	028-87353785
照　　排	四川胜翔数码印务设计有限公司
印　　刷	四川煤田地质制图印务有限责任公司
成品尺寸	170mm×240mm
印　　张	13.25
字　　数	246 千字
版　　次	2023 年 4 月第 1 版
印　　次	2023 年 4 月第 1 次印刷
书　　号	ISBN 978-7-5504-5738-6
定　　价	78.00 元

前　言

　　博士生教育处于国民教育高端，是科技第一生产力、创新第一动力、人才第一资源的重要结合点，自产生以来，承担着为高校培养教师后备人才的任务。近年来，随着博士生教育规模的扩大，博士生培养问题日益凸显，新入职的博士生不能很好地适应高校教师的角色，出现人际交往困难、角色转变冲突、实践教学能力不足等问题，究其原因是高校新入职的博士生在博士培养阶段存在着学术社会化不充分的现象。为完善博士生培养模式，促进博士生更好地实现社会化，进而为高校培养优秀的教师后备人才，本书以博士生学术社会化为研究主题，从未来高校教师职业发展的角度审视博士生在博士培养阶段成长的过程及影响因素，分析博士生由学术自由者向学术职业者转变的过程与方式，进而为调整博士生培养模式、促进高质量博士生培养提供有价值的建议。

　　本书以毕业博士生中选择学术职业的博士生作为研究对象开展了以下研究：

　　首先，本书通过对符号互动理论、社会生态系统理论、学生发展理论等相关理论进行比较梳理，同时结合社会化、博士生学术社会化相关文献，分析当前博士生学术社会化研究的现状与趋势，了解博士生学术社会化过程中所面临的主要现实问题。基于相关理论确定博士生学术社会化的内涵后，以此为基础并结合国内外关于博士生学术社会化及其影响因素的研究，构建博士生学术社会化分析框架。

　　其次，本书选取不同学科博士生进行质化访谈，探寻博士生学术社会化的过程，通过研究得到以下结论：第一，博士生学术社会化包含博士生教育背景、博士学位获得阶段及学术职业选择与发展三个部分。其中博士学位获得阶段分为知识获得、身份形成、能力发展三个部分。知识获得部分为从"学什么"到"我要学"，即学习观念的变革；身份形成部分为从"局外人"到"局内人"，即身份融合的曲折过程；能力发展部分为从"边缘人"到"核心骨干"，即其团队地位的转变。第二，采用扎根理论的方法，经过开放式登录、关联式登录、核心式登录三级编码的形式，确定博士生学术社会化的影响因素为个人因素、导师因素、学校因素。其中，个人因素包括个人背景、教育背景、学习投入度等；导师因素包括导师科研指导、导师学术支持等；学校因素包括学校学习资源、学校学术氛围等。

再次，本书采用问卷调查法对毕业博士生进行调查，并以选择学术职业的博士生作为研究样本，利用回归分析方法探讨博士生学术社会化的影响因素。第一，根据已有研究文献及访谈的结果进行问卷编制与调研，在调研结束后，对回收的数据进行筛选与处理，为下文进行数据分析奠定基础；第二，根据调研的数据对博士生学术社会化的基本情况进行描述性与差异性的统计分析，主要从性别、是否延期、不同培养模式几个角度对调研样本进行描述性与差异性分析，为下文博士生学术社会化的影响因素分析奠定基础；第三，采用 AMOS 25.0 构建高校博士生学术社会化的结构方程模型，以此分析个人因素、导师因素、学校因素对高校博士生学术社会化的作用程度，以及各因素之间的关系及作用路径、作用方式、作用程度，从宏观层面对博士生学术社会化影响因素进行分析。在此基础上，本书结合主成分分析法与回归分析法，从微观层面对博士生学术社会化的影响因素进行分析。

最后，本书基于实证分析结果，从知识获得层面、身份形成层面及能力发展层面对博士生培养模式提出相应的改进措施。在知识获得层面，高校应在完善课程设置、提升课程教学质量的同时，支持学生积极参与学术会议，鼓励学生开展实践教学活动。在身份形成层面，高校应推动学科交叉平台的构建与共享，为学生参与科研项目提供条件，学生应树立"以学术为业"的理念，参与系统的学术训练。此外，在学生身份形成过程中，相应组织应推行"导生制"，促使博士生身份的形成。在能力发展层面，教师应因材施教，给予学生有效的教学指导，与此同时学校也要转变培养观念，注重学生其他能力的培养。只有高校、导师、学生各方相互协调、共同努力，才能促进博士生更好地实现学术社会化。

陈小满

2022 年 12 月 28 日

目 录

1 绪论

1.1 问题的提出

习近平总书记在中央全面深化改革委员会第二十三次会议上强调，深入推进世界一流大学和一流学科建设，优化学科专业和人才培养布局，打造高水平师资队伍，为加快建设世界重要人才中心和创新高地提供有力支撑①。"双一流"高校建设离不开优秀的师资队伍，而建设一支数量充足、结构优良、质量一流的高校教师队伍，除了要对在职教师进行培训提升外，后备人才队伍建设也是一个需要重视的问题。博士生作为高校教师队伍后备人才的主力军，其学术社会化状况对高校师资队伍的建设与发展会产生重要影响。鉴于此，本书选择博士生学术社会化为研究主题，从未来高校教师职业发展的角度审视其在博士生培养阶段学术成长的过程及影响因素，分析博士生由学术自由者向学术职业者转变的过程，进而为调整博士生培养模式、促进高质量博士生培养提供有价值的建议。

"博士"作为一种学位最早出现于13世纪40年代的巴黎大学，随着社会的发展，博士学位逐步成为大学教师行业准入标准。英国学者菲利普斯和普夫（1996）指出："博士学位是教学的许可证，意味着其可在大学里作为教师从事教学工作。"② 由此可见，当时博士生的培养目标非常明确，旨在为高校教师队伍培养优秀的后备人才。随着社会经济的发展，知识生产由模式1转变为

---

① 新华社. 习近平主持召开中央全面深化改革委员会第二十三次会议强调：加快建设全国统一大市场提高政府监管效能 深入推进世界一流大学和一流学科建设[EB/OL].（2021-12-17）[2022-01-13].https://www.gov.cn/xinwen/2021-12/17/content_5661684.htm.

② 菲利普斯，普夫. 如何获得博士学位：研究生与导师手册 [M]. 黄静，姚一建，译. 2版. 北京：中国农业出版社，1996：19.

模式2①，知识生产模式的转变，对未来从事高校教师职业的博士生提出诸多要求（博士生必须具备跨学科研究的能力、良好的团队协作能力、能够从事与社会发展相关的研究等②），传统的博士生培养模式已无法适应新知识生产模式的要求③。因此，调整博士生培养模式，促使博士生更好地适应未来高校教师职业，显得极为迫切。

当前，我国高校新入职的博士并不能很好地适应教师的角色④，出现人际交往困难、角色转变冲突、实践教学能力不足等问题⑤，究其原因为高校新入职的教师在博士培养阶段，存在着学术社会化不充分的问题。新入职教师在博士培养阶段较为注重理论知识学习与科研能力培养，却忽视了迁移能力、教学实践能力等其他能力的训练，出现高校培养的博士理论功底扎实、科研能力强，但其他能力不足的局面，加之高校对新入职教师标准提升，造成新入职的博士不能很好地适应高校教师的角色⑥。正如韦伯所言："具备学者资格与成为合作的教师，并不是完全相同的事情。一个人可以是杰出学者，与此同时也可能是糟糕透顶的老师。"⑦ 因此，只有厘清博士生学术社会化的过程、影响因素及形成路径，才能更好地促进博士生在培养阶段实现学术社会化，为今后从事高校教师职业奠定良好的基础。

博士生作为高校教师队伍的后备人才，关乎高校教师职业持续健康发展。在当今这一知识经济时代，知识与人才建设对于我国科学技术进步、实现从人力资源大国向人力资源强国转变的宏伟目标发挥着重要作用。大学作为知识传播与人才培养中心，在人才培养过程中，扮演着重要角色。而高校教师作为大学重要组成部分，其队伍建设与发展，不仅取决于能否不断从毕业博士群体中吸纳更多的优秀人才，也取决于这些优秀人才能否更好地承担起高校教师职业所赋予的责任与使命，而他们能承担高校教师的职责，又取决于博士阶段接

---

① 知识生产模式1表现为纯粹学术研究的兴趣、单一学科中心、同行评价模式；知识生产模式2表现为应用语境、跨学科，多元化与全过程的评价模式。
② 陈洪捷. 知识生产模式的转变与博士质量的危机 [J]. 高等教育研究，2010（1）：58-62.
③ 李永刚. 成为研究者：理科博士生素养与能力的形成 [D]. 上海：华东师范大学，2018.
④ 赖铮. 课堂教学三要：行家、专家和当家 [J]. 高等工程教育研究，2006（2）：120-122.
⑤ 赵欣. 上海研究型大学博士学术训练状况研究：基于博士生学术社会化视角 [D]. 上海：华东师范大学，2015.
⑥ 陈小满，樊小冬. 为高校教师准备：博士生学术社会化历程探究 [J]. 中国青年研究，2021（2）：97-104.
⑦ 韦伯. 学术与政治 韦伯的两篇演说 [M]. 冯克利，译. 北京：生活·读书·新知三联书店，1998：21.

受的教育①。从某种程度而言，博士生教育通过为高校教师队伍提供后备人才，影响着高校教师队伍的建设、高校教师的质量以及高校的发展，进而影响着大学知识创新与人才的培养功能的实现。因此，高校教师队伍后备人才的培养与建设就显得更为重要与关键。

因此，本书关注博士生学术社会化的影响因素及形成路径，一方面把控博士生学术社会化状态，促进博士生在博士培养阶段更好地实现学术社会化，为其今后从事高校教师职业奠定良好的基础；另一方面，厘清高校教师队伍学术社会化的影响因素、形成路径及发展状态，吸引更多优秀人才进入高校教师队伍，推动高校的建设与发展。

1.2　研究目的与意义

1.2.1　研究目的

本书的研究目的分为三大部分，一是从理论层面构建博士生学术社会化的分析框架；二是从实践层面探讨高校博士生学术社会化的历程及影响机制；三是从政策层面构建博士生学术社会化培养体系与培养模式。本书基于理论、实践与政策三个层面的研究目的，循序渐进，逐步深入展开研究。

1.2.1.1　理论层面的研究目的

本书的首要研究目的是构建博士生学术社会化的分析框架，具体而言：①博士生学术社会化是在什么样的背景下产生的？②博士生学术社会化的内涵及形成路径是什么？③博士生学术社会化的表现形式及特征有哪些？④博士生学术社会化的理论基础是什么？该部分在大量文献、理论与事实分析的基础上，从学理层面解释与分析上述问题。在此基础上，本书构建博士生学术社会化的分析框架，为实践层面研究目标实现奠定理论基础。

1.2.1.2　实践层面的研究目的

在理论层面研究目的达成的基础上，本书从实践层面考察博士生学术社会化的历程及影响机制。具体而言：①博士生学术社会化历程分为哪几个阶段？②博士生学术社会化历程中有哪些困境？③博士生学术社会化的影响因素有哪些以及各因素之间的作用关系与作用机理是什么？总之，应对上述问题的根本

---

① 张英丽. 论学术职业与博士生教育的关系 [D]. 武汉：华中科技大学，2008：3-4.

目的在于探讨博士生学术社会化的历程及影响机制。

1.2.1.3 政策层面的研究目的

在理论与实践层面的目的依次实现后，本书最为关键的研究目的即为构建博士生学术社会化培养体系与培养模式。该层面在考察现阶段博士生培养模式的基础上，重点关注以下三个问题：①现阶段博士生培养中存在哪些不足？②如何构建符合新时代高校教师队伍建设需求的博士生培养体系与培养模式？③如何更好地促进博士生学术社会化，推动博士生高质量培养工作？

1.2.2 研究意义

1.2.2.1 理论层面

（1）构建博士生学术社会化的分析框架。本书结合社会化、博士生社会化相关文献，分析当前博士生社会化研究的现状，了解博士生社会化历程中所面临的现实问题，以新发展理念、社会生态系统理论等相关理论为基础构建博士生学术社会化的分析框架。

（2）拓展博士生学术社会化的研究模式。目前关于博士生学术社会化的研究，以理论思辨、比较借鉴为主，实证研究较少。由于博士生学术社会化是一个动态发展的历程，且不同群体的博士生受各种因素的影响，其学术社会化的进程与程度也千差万别，单纯的理论思辨与借鉴比较并不能够很好地探寻博士生学术社会化的历程。鉴于此，本书从社会学视角出发，采用质化与量化相结合的混合研究方法，进一步拓展博士生学术社会化的研究模式。

（3）为博士生培养提供新的研究视角。已有关于博士生培养的研究，多从在读博士层面关注博士生的成长，鲜有研究关注其职业发展，造成培养的博士并不能很好地适应劳动力市场的需求。鉴于此，本书从博士生职业发展的视角关注其在博士培养阶段的成长历程及影响因素，为调适博士生培养模式提供新的研究视角。

1.2.2.2 实践层面

（1）政策层面：本书立足"双一流"高校发展，服务国家发展战略，从学术社会化视角出发，探寻博士生学术社会化的历程及影响机制，在此基础上提出与之相匹配的人才培养方案，从人才培养层面关注高校建设与发展。

（2）高校组织层面：本书从博士生学术社会化实践出发，分析博士生学术社会化的情况，探讨博士生学术社会化的影响因素及各影响因素的作用方式、作用路径，并据此提出相关改进措施，为构建符合高校发展的博士生培养模式提供实证依据。

（3）高校博士生层面：本书对博士生学术社会化的历程及影响机制进行研究，为博士生勾勒出博士生由学术自由者向学术职业者转化的图景与路径，为博士生更好地实现学术社会化提供借鉴与参考。

1.3 相关概念的界定

1.3.1 学术职业

学术职业概念起源于西方，是一个集学术与专业于一体的合成名称。它既与大学或研究机构（科研院所）中的教师或专门研究者相联系，又有专业性的职业内涵[①]。

国外学者中，马克斯·韦伯（1919）将学术职业定义为以学术作为物质意义上的职业[②]，其学术职业包含两层含义：第一，此种职业是将学术作为一种工作；第二，此种职业具有双重属性——职业性与学术性[③]。与此同时，他还指出，学术职业一般为高等院校教师所从事的学术专业。自此以后，"学术职业"一词便开始与高等院校教师相联系。Furniss（1981）则把学术职业看成"一生一职业"，依据 Furniss 的观点，与其他职业相比，学术职业更具稳定性与永久性[④]。阿特巴赫（1987）认为学术职业是在高等教育领域，由"小世界"（同一领域内的研究团体）及"不同世界"（不同学科领域的研究组织）构成的群体，以传授、创造和传播知识为其使命的一种职业，同时也是一种工作[⑤]。Clark（1997）认为学术职业是一个学术部落和学术领地的集合，具有相同志趣与职业的群体聚集在一起，共同为某一目标奋斗[⑥]。Finkelstein 等（1998）则从三个层面对学术职业进行定义：第一，学术从业者拥有深厚的专业知识；第二，学术从业者易受新技术与新知识的影响；第三，学术从业者遵

---

① 王应密. 中国大学学术职业制度变迁研究 [D]. 武汉：华中科技大学，2009.

② 韦伯. 学术与政治 [M]. 桂林：广西师范大学出版社，2004：160.

③ 韦伯. 学术与政治 韦伯的两篇演说 [M]. 冯克利，译. 北京：生活·读书·新知三联书店，2005：17-19.

④ FURNISS W T. Reshaping faculty careers [J]. Change：The Magazine of Higher Learning, 1981 (7)：38.

⑤ 阿特巴赫. 比较高等教育：知识、大学与发展 [M]. 人民教育出版社教育室，译. 北京：人民教育出版社，2001：104.

⑥ CLARK B R. Small worlds, different words：The uniqueness and troubles of american academic profession [J]. Daedelus, 1997, 126 (4)：21-42.

循学术规则及学术道德伦理①。

国内学者中，别敦荣等（2006）从学术职业的范围出发，将学术职业分为广义的学术职业与狭义的学术职业，其中狭义的学术职业指高等院校教师这一社会群体所从事的职业②。沈红（2011）认为，可从三个方面对学术职业进行理解：首先，它是一种职业，这个职业的工作是研究知识的专业化和系统化，并以这种研究来创造和发展知识；其次，它是一群人，这些人以对知识本身的研究、创新和发展作为他们的精神追求和物质生活来源；最后，它是指职业和人之间的关系，人使得职业得以持续，职业使得人得以发展，二者互相依赖③。

综上所述，本书对学术职业进行了狭义及广义上的定义：在广义上，学术职业是指以系统化的高深知识作为工作对象，以知识的发现、整合、应用和传播作为工作内容的一种职业；狭义上，学术职业特指在高等院校中以教学、科研、服务为工作内容的人所从事的一种职业，具有相对稳定性。

1.3.2 社会化

社会化作为人类学、社会学和教育学等学科共同关心的课题，备受研究者的关注。早在 19 世纪 90 年代末，德国社会学家 Simmel 在《社会学的问题》一文中首次提出"社会化"这一术语，他认为社会化是指关注社会中不同组织（或群体）不断地成长与发展的过程④。Maanen（1977）认为社会化是个体通过了解群体文化、价值观、行为准则，逐步成为团体、组织或社区的一部分的过程⑤。Bragg（1976）认为社会化是人们通过学习实现知识、技能、价值观、态度及思维方式转变的过程⑥。罗伯逊（1990）认为，社会化是使人们获得个性并学习其所在社会组织中生活方式，并与其他社会组织相互作用的过程⑦。

① FINKELSTEIN M J, SEAL R K, SCHUSTER J H. The new academic generation: a profession of transformation [M]. Baltimore: John Hopkins University Press, 1998: 163.

② 别敦荣, 陈艺波. 论学术职业阶梯与大学教师发展 [J]. 高等工程教育研究, 2006 (6): 17.

③ 沈红. 论学术职业的独特性 [J]. 北京大学教育评论, 2011 (3): 19-23.

④ 刘少杰. 国外社会学理论 [M]. 北京: 高等教育出版社, 2006: 1.

⑤ MAANEN V. Experiencing organization: Notes on the meaning of careers and socialization [M]. London: Wiley and Sons, 1977: 17-20.

⑥ BRAGG. The socialization process in high education [M]. Washington. DC: The American Association, 1976: 12-19.

⑦ 罗伯逊. 社会学（上）[M]. 黄育馥, 译. 北京: 商务印书馆, 1990: 138.

我国社会学家费孝通先生（1984）认为：社会化是指个人学习知识、技能和规范，取得社会生活的资格，发展自己的社会性的过程①。郑杭生（2003）认为：社会化是指个体在与社会互动的过程中，通过社会文化的内化和角色知识的学习，形成稳定价值观念和行为模式，逐渐适应社会生活的过程②。李路路（2005）则从两个层面对个体社会化进行定义：第一，个人学习过程，此过程中个人通过不断学习，逐步掌握适应社会的知识、技能及社会准则；第二，个人与社会互动过程，个人积极参与社会活动，与社会沟通与交流，在互动中逐步融入社会系统中③。

本书将社会化定义为个体在与社会互动的过程中，通过社会文化的内化和角色知识的学习，取得社会生活资格，形成稳定价值观念和行为模式，并逐步由行动者个体行为转化为相应社会共同体的社会行为过程。

1.3.3　学术社会化

对相关概念的分析是进行学术社会化本质研究的基础，是探讨学术社会化问题的前提。关于学术社会化，相关学者进行了大量研究。如 Merton（1957）认为学术社会化一般指通过相关学术训练和学术实践，掌握学术领域知识和技能的过程④。Windom（1978）认为学术社会化是个体获得与学术职业相关的知识、技能、价值观等，并内化成自我行为的过程⑤。Gardner（2010）认为学术社会化是个体在学术领域内通过学习与交流，获得知识与技能的过程⑥。Rourke（2012）认为学术社会化是个体在组织中（学校）不断学习知识与技能的过程⑦。

学术社会化作为社会化下位概念，其本质也属于一种社会化行为——个体通过与周围环境交流与互动逐步融入社会组织的过程。此外，与社会化相比，

①　费孝通. 社会学概论 [M]. 天津：天津人民出版社，1984：54.

②　郑杭生. 社会学概论新编 [M]. 北京：中国人民大学出版社，2003：43.

③　李路路. 社会学教程 [M]. 北京：华文出版社，2005：20-21.

④　MERTON R. The student physician [M]. Cambridge, MA：Harvard University Press, 1957：134.

⑤　WINDOM. Performance, attitude, and professional socialization of women in academia [J]. Sex Roles, 1978（4）：550-557.

⑥　GARDNER S. Contrasting the socialization experiences of doctoral students in high- and low-completing departments：A qualitative analysis of disciplinary contexts at one institution [J]. Journal of Higher Education, 2010（1）：62-65.

⑦　ROURKE L. Socialization in online doctorates：academic socialization in an online residency program [J]. Internal Journal of E-Learning and Distance Education, 2012（1）：12-16.

学术社会化有自身的属性——以学术研究或学术职业为导向的社会化过程。因此，本书将学术社会化定义为个体以学术研究或学术职业发展为导向，通过与周围环境交流互动，学习相关学术知识与技能，并逐步融入社会组织的过程。

1.3.4 博士生学术社会化

关于博士生学术社会化，不同学者定义不同。如 Turner（1993）将博士生学术社会化定义为一个学习过程，即博士生通过博士阶段的学习，实现知识、情感、态度、价值观、技能转变的过程[①]。Golde（1998）认为博士生学术社会化是一个双重社会化过程——新学生直接社会化成为研究生角色，同时也要社会化适应博士生的生活，且这个社会化出现在博士生教育发展的各个阶段[②]。Austin（2002）认为，博士生学术社会化是指博士生在博士教育阶段同时经历的一系列社会化，包括通向学术生活与学术职业的社会化以及特定学科或领域内的社会化[③]。

本书中的博士生学术社会化聚焦博士生在博士教育阶段通向学术生活与学术职业的社会化，即从学术自由者到学术职业者的过程。在这一过程中，博士生学习并掌握学术界公认的行为准则、道德规范、价值观念、行为准则相应的专业知识技能，进而内化为自己的行为规范，使个体成为合格的学术职业者。具体而言，博士生学术社会化是指博士生个体在与社会环境交互的过程中，以学术职业为导向，学习和掌握社会公认的行为准则、道德规范、价值观念和知识技能，进而内化为自己的行为规范，使个体成为合格的学术职业者。博士生学术社会化以毕业后选择学术职业的博士为研究对象，关注博士生如何由学术自由者成为学术职业者（青年教师）的成长过程、影响因素与影响路径。

---

① TURNER C S V, THOMPSON J R. Socializing women doctoral students: Minority and majority experiences [J]. The Review of Higher Education, 1993 (16): 355-370.

② GOLDE C M. Beginning graduate school: Explaining first-year doctoral attrition [R]. San Francisco, CA: Jossey-Bass, 1998: 55-64.

③ AUSTIN. Creating a bridge to the future: Preparing new faculty to face changing expectations in a shifting context [J]. Review of Higher Education, 2002 (2): 119-144.

1.4 研究思路与内容

1.4.1 研究思路

本书聚焦博士生学术社会化,关注博士生学术社会化的历程及影响机制。根据研究目标与需要,本书综合社会学、管理学和教育学等各学科领域关于博士生学术社会化的现状及影响因素,构建多维度的博士生学术社会化的整体分析框架,以质化研究方法探索博士生学术社会化历程,并采用量化研究方法对影响博士生学术社会化的各维度因子间的作用机理进行探讨,并据此提出促进博士生学术社会化的方案。

本书具体研究思路如图 1.1 所示。

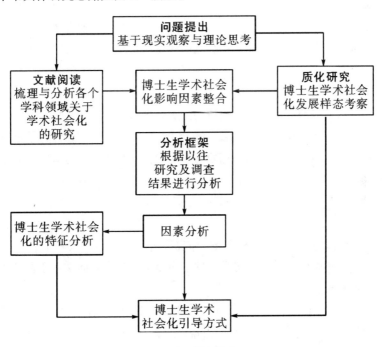

图 1.1 研究思路

基于研究主旨与思路,以博士生学术社会化为研究主线,本书分为七个部分:

第一部分:绪论。本部分作为开篇,首先开门见山地提出研究背景、问题；其次对研究中的社会化、博士生学术社会化等相关概念进行界定；最后对研究思路与内容、研究方法与技术路线进行介绍。

第二部分：文献回顾。本部分运用较长篇幅对社会化、博士生学术社会化过程及影响因素进行梳理、分析与评价，为后续研究奠定基础。

第三部分：理论基础与研究框架。本部分从社会化及学生发展理论层面对博士生学术社会化进行阐释，在此基础上结合国内外关于博士生学术社会化过程、影响因素的研究，构建博士生学术社会化分析框架。

第四部分：博士生学术社会化过程及影响因素的质化研究。本部分运用访谈法对博士生学术社会化的过程进行探究，采用扎根理论的方法对博士生学术社会化的影响因素进行挖掘。

第五部分：博士生学术社会化影响因素的量化研究。本部分通过结构方程模型、回归分析、主成分分析法、验证性因素分析法，对已调研的博士生学术社会化问卷进行量化分析，从"宏观"与"微观"层面对博士生学术社会化的影响因素进行挖掘，为后文有针对性地提出改进措施奠定基础。

第六部分：促进博士生学术社会化的建议。本部分基于理论分析与实证分析结果以及国外著名高校在促进博士生学术社会化的措施，结合我国博士生培养的特点，提出博士生培养改进策略。从博士生学术社会化各个阶段及影响因素出发，提出相关改进措施，促使博士生更好地实现学术社会化。

第七部分：研究总结与展望。本部分从整体层面对本书的研究结论进行总结与概括，并分析研究过程中的创新与不足。在此基础上，对该领域未来的研究进行展望。

1.4.2　研究内容

1.4.2.1　探讨博士生学术社会化的现实问题

本书将博士生学术社会化定义为博士生由学术自由者向学术职业者转变过程中的发展情况。

（1）宏观层面：以 CNKI、ERIC、SPRINGER 等数据库为检索源，以博士生、学术社会化等为关键词，进行文献检索，利用 NoteExpress 对博士生学术社会化现状、发展脉络等进行分析。了解博士生学术社会化存在的困境，为后文开展理论及实证研究奠定坚实的研究基础。

（2）微观层面：对高校管理者及毕业博士生进行半结构访谈，分别从高校管理者及毕业博士生的视角，厘清博士生学术社会化包含的要素。其中，从高校管理者视角了解当前博士生培养模式是否能够有效地为博士生学术社会化提供制度、资源层面的支持；从毕业博士的视角分析博士生学术社会化中所面临的环境及制度问题。

1.4.2.2 构建博士生学术社会化分析框架

以习近平新时代中国特色社会主义思想为指导，对博士生学术社会化的相关理论（符号互动、社会生态系统等相关理论）进行梳理，以奠定本书的理论基础，同时结合 Saks 组织社会化综合模型将博士生学术社会化分为博士生教育背景、博士生学位获得阶段以及博士生学术职业选择与发展三个阶段。在此基础上，结合国内外关于博士生学术社会化影响因素（个人因素、导师因素、学校因素）的研究，初步构建博士生学术社会化分析框架。

1.4.2.3 博士生学术社会化过程及影响因素的质化研究

（1）选取部分高校毕业博士生进行质性访谈——对毕业博士生学术社会化进行透视，阐释博士生学术社会化的历程。在此基础上，对上文构建的博士生学术社会化框架进行丰富与完善，使之更为准确、全面地反映出博士生学术社会化的图景。

（2）博士生学术社会化过程及影响因素的质化研究，通过研究得到：第一，博士生学术社会化包含博士生教育背景、博士学位获得阶段以及学术职业选择与发展三个阶段。其中，博士学位获得阶段分为知识获得、身份形成、能力发展三个部分。知识获得部分为"学什么"到"我要学"，即学习观念的变革；身份形成部分为"局外人"到"局内人"，即身份融合的曲折；能力发展部分为"边缘人"到"核心骨干"，即团队地位的转变。第二，博士生学术社会化影响因素的研究，采用扎根理论的方法，经过开放式登录、关联式登录、核心式登录三级编码的形式，确定博士生学术社会化的影响因素为个人因素、导师因素、学校因素。其中，个人因素包括个人背景、教育背景、学习投入度等；导师因素包括导师科研指导、导师学术支持等；学校因素则包括学校学习资源、学校学术氛围等。

1.4.2.4 博士生学术社会化影响因素的实证研究

本书采用问卷调查法对毕业博士生进行调查，并选取以学术职业为主的博士生作为研究样本，利用回归分析方法，探讨博士生学术社会化的影响因素。首先，根据已有研究文献及访谈的结果进行问卷编制与调研，在调研结束后，对回收的数据进行筛选与处理，为下文进行数据分析奠定基础；其次，根据调研的数据，对博士生学术社会化的基本情况进行描述性与差异性的统计分析，并从性别、是否延期、不同的培养模式等方面对调研样本进行描述性与差异性的统计分析，为下文博士生学术社会化的影响因素分析奠定基础；再次，采用

AMOS 25.0，构建博士生学术社会化的结构方程模型 $\eta = B\eta + \Gamma\xi + \zeta$，（ B 为内因潜变量的系数矩阵，表示内因潜变量 η 之间的相互影响； η 为内因潜变量；Γ 为外因潜变量的系数矩阵，表示外因潜变量 ξ 对内因潜变量 η 的影响； ξ 为外因潜变量； ζ 表示随机干扰项），以此分析个人因素、导师因素对高校博士生学术社会化的作用程度以及各要素之间的相互关系，并对作用路径、作用方式、作用程度进行分析，同时从宏观层面对博士生学术社会化影响因素进行分析。在此基础上，运用主成分分析法与回归分析法，从微观层面对博士生学术社会化影响进行分析。基于上述分析，本书从宏观与微观层面得到博士生学术社会化的影响因素，为下文针对性地提出相关政策建议奠定了基础。

1.4.2.5　促进博士生学术社会化的建议

基于研究结果，本书从知识获得层面、身份形成层面以及能力发展层面提出相应改进措施。其中，在知识获得层面，高校应完善课程设置，提升课程教学质量，还应支持学生积极参与学术会议，鼓励博士生开展实践教学活动。在身份形成层面，高校应推动学科交叉平台构建与共享，为博士生科研项目参与提供条件，博士生应树立以"学术为业"的观念，参与系统的学术训练；此外，在博士生身份形成过程中，高校应积极推行"导生制"，促使博士生身份形成。在能力发展层面，教师应因材施教，给予博士生有效的教学指导；同时，高校要转变培养观念，注重博士生其他能力的培养。高校、导师、博士生各方相互协调，共同努力，才能更好地促进博士生学术社会化。

1.5　研究方法与技术路线

1.5.1　研究方法

方法是研究的基础，是研究得以开展的保障，是学者进行科学探索的要素。正如爱因斯坦（1953）所言：西方科学的发展源于两个伟大成就——形式逻辑体系及系统的实验方法①。由此可看出，研究方法对于科学研究及社会发展具有重要性。因此，在教育学研究中，应特别注重研究方法体系的探索与构建。

每种研究方法拥有自身研究特点与适用领域，如通过言语传递的信息通常

---

① 爱因斯坦. 爱因斯坦文集第 1 卷［M］. 许良英，范岱年，编译. 北京：商务印刷馆，1976：231-234.

被认为是质化的，而用数字表征的数据则被认为是量化的。质化研究能够传递言语等非量化的信息，但易受到研究者主观影响且样本量小而缺乏普遍的代表性；量化研究虽然具有相对的客观性，但对个体深刻信息搜集不全面。因此两种研究范式各有其优点和不足，应将二者相结合，共同为研究目标服务。

依据研究目的，本书采用混合研究的方法，即量化研究与质化研究相结合的方法。在研究过程中遵循以质化研究为前提，量化研究为质化研究结果的进一步阐释，二者相结合的"混合研究方法"思路，在文献阅读和质化分析的基础上，构建博士生学术社会化分析框架，并对调问卷进行统计学分析，以采用量化结果为分析框架进行实证检验，采用量化研究与质化研究相结合的方式，探寻博士生学术社会化的过程与影响因素，具体研究方法如下：

1.5.1.1 文献分析法

文献分析法是一种通过收集和分析现存的，以文字、数字、符号、画面等信息形式出现的文献资料，来探讨和分析各种与博士生学术社会化主题相关资料的研究方式。以中国知网数据库、ERIC 数据库、SPRINGER 数据库和 ARL 数据库为检索源，以"博士生""学术社会化"等为关键词，进行文献检索，利用 NoteExpress 对高校博士生学术社会化的现状、发展脉络等进行分析。在此基础上，结合习近平新时代中国特色社会主义思想以及社会生态系统理论、学生发展理论确立博士生学术社会化的结构内涵。

1.5.1.2 问卷调查法

在文献整理及半结构式访谈的基础上，本书初步确定了博士生学术社会化的基本情况及影响因素。基于此，本书从四个方面设计调查问卷：第一部分，人口学变量（年龄、性别、是否结婚、生源地）及学科背景等基本信息。第二部分，个人因素，分为博士生教育背景、博士生选择专业的动机、博士生学习投入度、博士生学术活动参与、博士生教学实践活动参与等。第三部分，导师因素，涵盖导师科研指导、导师学术支持、导师职业指导、导师生活制度及学术成果等。第四部分，学校因素，分为学校学习资源、学校学术氛围、学校培养与管理。其中，第二、三、四部分主要采用李克特（Likert）五点式进行设计（1~5 分别表示"完全不符合""基本符合""一般""基本符合""完全符合"）。第五部分，博士生学术社会化情况，该部分包括两个维度：第一为博士生学术职业的选择，主要包括博士生就业区域、就业城市、工作的性质等；第二为博士生学术社会化，主要包括博士生就业后的工资待遇、工作满意度及岗位满意度等。为确保调查问卷的选项合理性与可操作性，笔者邀请了相关领域的研究者对问卷设计的思路、指标、问题类型等进行探讨，以增强问卷调查的效度。

1.5.1.3 访谈法

虽然量化研究是本书收集分析数据的主要方法，但是考虑到博士生学术社会化是一个纵向过程，其学术社会化进程因博士毕业生的具体情况和学校情况而定，其中的细节和变化非常之多。笔者考虑到质化研究的优势，即质化研究擅长对小样本进行个案调查，以及比较深入而细致的描述分析，从而了解事物的复杂性。因此，通过质化研究方法对量化研究的数据结果进行现场透视，反映教育实践现场中真实发生的事情。

根据阶段性研究问题对毕业博士生进行深度访谈，力求详尽地收集关于毕业博士生的社会化过程及影响因素。在遵循访谈伦理的基础上，利用质化研究方法中的直接内容分析法和编码分类法对访谈内容进行深入分析，并利用 NVIVO11 对访谈内容进行开放式编码、关联式编码及核心式编码，自上而下对原始的资料进行不断浓缩、概括，系统、详尽地对研究对象进行现实描述与分析，并逐步挖掘出这些现实后面所蕴含的信息。

1.5.1.4 量化分析法

（1）验证性因子分析（CFA）

验证性因子分析（confirmatory factor analysis，CFA）是在已有理论观点或研究框架的基础上，借助数学程序与运算来检验该理论观点或研究框架是否合理，侧重于对假定模型中观察变量与潜在变量之间的关系进行验证，从而确保模型拟合程度。一般而言，验证性因子分析分为五个阶段：第一阶段建立初始的理论模型；第二阶段确定模型能否得出参数估计的唯一解；第三阶段估计模型参数；第四阶段根据拟合指标对模型进行评价；第五阶段根据修正指数修改初始模型。本书利用验证性因子分析来检验博士生学术社会化影响因素是否合理。

（2）主成分分析法

利用主成分分析法对回收的博士生学术社会化影响因素的问卷进行处理，从客观数据层面确定博士生学术社会化评价指标权重。其具体实施过程为：①对博士生学术社会化影响因素的调研数据进行标准化处理与相关矩阵计算；②计算相关系数矩阵的特征根与特征向量；③计算方差贡献率并确定主成分；④对成分系数矩阵及主成分因子进行分析；⑤确定因子权重，利用公式计算出博士生学术社会化的指标权重。

（3）结构方程模型（SEM）

结构方程模型（structural equation model，SEM）作为一种验证性方法，将一些无法直接观测而又欲探讨的问题作为潜变量，通过其他一些可直接观测的变量来反映潜变量的关系模型。采用 AMOS 25.0 构建博士生学术社会化影响因素的结构方程模型，以此分析教育背景、学习投入度、导师指导等各要素对博士生学术社会化的影响性质、作用程度以及各要素之间的相互关系与作用机理。

（4）回归分析法

回归分析法指利用数据统计原理对统计数据进行分析，并确定自变量与因变量的关系，回归分析法常用来探寻因变量的影响因素。本书关注博士生学术社会化的影响因素，根据研究需要本书选择回归分析法对博士生学术社会化的影响因素进行探讨。

1.5.1.5 比较分析法

在研究过程中，选取国外著名高校推进博士生成功实现学术社会化的案例作为研究对象，从中探寻其成功的经验与做法，再将这些经验与做法上升到理论的层面，总结出其成功的科学理论与方法。结合我国高校博士生培养的特点，进行理论验证与推广。从国外高校成功经验中推导出理论，用理论指导实践，实行事例、理论、实践三者相结合的研究模式，保障理论的科学性和实践的可行性。

1.5.2 技术路线

第一，提出研究问题。对已有相关文献进行梳理，厘清现今博士生学术社会化存在的问题及面临的挑战，阐释进行博士生学术社会化研究对博士生培养的作用与意义。

第二，构建理论框架。从社会化理论及学生发展理论层面对博士生学术社会化进行阐释，结合国内外关于博士生学术社会化过程、影响因素的研究，构建博士生学术社会化理论框架。

第三，进行质化研究。根据构建的博士生学术社会化理论框架以及提出的研究问题，编制访谈提纲，确定访谈对象并进行访谈，获得访谈资料。结合已有文献资料，厘清博士生学术社会化的过程、博士生学术社会化的影响因素等相关问题。

第四，开展实证研究。根据质化研究的结果编制问卷，选取研究对象进行调研，收集相关数据进行实证研究，分析博士生学术社会化的影响因素。

第五，提出对策建议。基于理论分析与实证分析结果，探究博士生培养改进策略。从博士生学术社会化各个阶段及影响因素出发，适时调整博士生专业结构以及博士生培养质量管理理念、培养目标和培养方式，建立健全培养单位内部的质量保证体系，为博士生学术社会化提供政策建议。

2 文献回顾

2.1 社会化的相关研究

2.1.1 社会化内容

社会化内容是社会化研究中的重要组成部分，也是社会化研究首要解决的问题①。既然社会化如此重要，那么社会化包含哪些内容？对此，学者从不同角度给出了答案。如 Maanen（1978）②、Schein（1968）③、Feldman（1999）④等管理学家从组织社会化的角度，将社会化内容概括为组织内角色行为的社会化、组织成员价值观的社会化、组织目标的社会化。Dawson（1969）从政治学社会化视角出发，将社会化内容概括为政治人的政治态度、政治价值观及政治信仰⑤；Schwartz（1975）对 Dawson 提出的社会化内容中的政治价值观进行进一步阐释，并指出政治价值观应该体现爱国主义、对政府的信任、民主意识等⑥。

也有学者从社会化群体的视角出发，对不同群体的社会化内容进行研究。在教师群体上，马华维（2009）将教师社会化内容分为角色知识、学校知识、

---

① 徐嘉. 新生代员工组织社会化及其对心理资本、工作投入的影响研究 [D]. 武汉：武汉大学，2013：29-31.

② MAANEN J V. People processing：strategies of organizational socialization [J]. Organizational Dynamics，1978（6）：19-36.

③ SCHEIN E H. Organizational socialization and the profession of management [J]. Industrial Management Review，1968（9）：1-16.

④ FELDMAN D C，BOLINO M C. The impact of on-site mentoring on expatriate socialization：a structural equation modeling approach [J]. The International Journal of Human Resource Management，1999（1）：54-71.

⑤ DAWSON. Political socialization [M]. Boston：Litter Brown，1969：9.

⑥ SCHWARTZ A J. The school and Socialization [M]. New York：Harper & Row，1975：16-17.

任务掌握与学校政治四个部分①。其中，角色知识为在学校生活中，教师与学生、家长、同事、分管领导如何交流与互动；学校知识则为教师对学校历史、文化、发展目标的掌握情况；任务掌握为教师对专业知识、教学技能的掌握情况；学校政治则为学校内各个职能部门权利分配的相关知识。在公务员群体上，王莉莉（2012）将公务员社会化内容概括为组织文化社会化（组织价值观、历史、语言、政治与常识）、工作胜任力社会化（工作角色、知识技能）、人际关系社会化（人际关系、规则）②。在学生群体上，王连喜（2005）认为大学生社会化内容包括政治社会化、道德社会化、性别社会化、价值观社会化、知识能力社会化、职业意识社会化六个部分③。

此外，李路路（2005）认为个体的社会化内容分为五个部分：第一，学习日常生活技能（个体在广泛参与社会活动或为社会创造价值前，应该学习与掌握基本的生活技能，如吃饭、穿衣、走路等）；第二，学习谋生的基本手段（个体在社会化过程中能够生存下来，就应该学习与掌握相应的知识与工作技能）；第三，学习社会规范（社会规范是社会群体在长期生活或生产实践中形成的共识与规范，个体为更好地融入社会系统，必须学习的基本社会规范）；第四，明确生活目标（个体在社会化过程中，应拥有明确的社会目标，并为此不断努力与奋斗）；第五，形成个性特征（个体出生背景、成长的环境及经历的事情千差万别，不同个体在气质、性格、兴趣、能力等方面各不相同，造成个体之间的差异化）④。

2.1.2　社会化主体

社会化过程既是被动过程，也是主动过程，因此社会化主体亦是社会化的客体。随着学者对社会化研究的深入，关于社会化主体的研究也逐渐丰富。

首先，从社会化主体年龄分析，个体的一生都在接受社会的影响，不断地进行社会化。当然，不同年龄的个体，其社会化的内容、方式都存在差异。针

---

① 马华维. 教师社会化策略与内容的关系 [J]. 心理科学, 2009 (1)：114-117.
② 王莉莉. 上海市宝山区公务员组织社会内容研究 [D]. 上海：上海交通大学, 2012：26-30.
③ 王连喜, 鲍金. 大学生社会化内容浅析 [J]. 安康师专学报, 2005 (3)：84-88.
④ 李路路. 社会学教程 [M]. 北京：华文出版社, 2005：23-27.

对这些差异，Freud[1][2]、Piaget[3]、Erikson[4][5]等学者从不同角度对人的发展特征进行了阐述，具体如表 2.1 所示。

表 2.1　Freud、Piaget、Erikson 关于人发展的阶段论

代表人物	阶段	年龄	发展特征
Freud	口唇期	0~1 岁	儿童通过口腔的吮吸、咀嚼来获得快感及感知周围事物
	肛门期	1~3 岁	儿童通过父母训练学会自我排泄
	性器期	3~6 岁	儿童通过与父母的交流出现恋父或恋母的倾向
	潜伏期	6~12 岁	儿童通过学习、游戏及其他活动逐步学会了生活自理的能力
	生殖期	12 岁以后	儿童逐步摆脱父母约束，建立自己的生活圈，逐渐融入社会中成为社会的一员
Piaget	感知运算阶段	0~2 岁	凭感觉与动作以发挥其图式功能，对物体认识具有客体永恒性的概念
	前运算阶段	2~7 岁	通过父母、教师的教导学会用语言表达概念，能使用符号表达事物
	具体运算阶段	7~11 岁	通过学校的学习能够根据具体经验思维解决问题
	形式运算阶段	11~15 岁	能够运用抽象思维，能够运用科学法则解决问题

---

① BURGER J M. 人格心理学 [M]. 陈会昌，译. 北京：中国轻工业出版社，2014：42-47.

② 刘敏岚，陈会. 弗洛伊德人格发展理论对儿童教育的启示 [J]. 社会心理科学，2011 (5)：58-60.

③ 皮亚杰. 儿童的心理发展 [M]. 傅统先，译. 济南：山东教育出版社，1982，20.

④ 埃里克森. 同一性：青少年与危机 [M]. 孙名之，译. 杭州：浙江教育出版社，1998：7.

⑤ 陈琦，刘儒德. 教育心理学 [M]. 北京：高等教育出版社，2005：47.

表2.1(续)

代表人物	阶段	年龄	发展特征
Erikson	婴儿期	0~1岁	通过与周围事物交流，逐步发展信任感，克服不信任感
	儿童期	1~3岁	儿童为实现自主性愿望，会进行独立性的探索，进而发展自主性
	学前期	3~6岁	儿童会有意识地参加社会活动，并通过活动参与发展主动性
	学龄期	6~12岁	儿童通过学习与活动参与，逻辑思维能力得到发展
	青春期	12~20岁	青少年在与亲人、教师、朋友的交往中，逐步认清自己所扮演的角色
	青年期	20~25岁	通过与社会中其他人员的交往，逐步收获爱情与友情
	成年期	25~65岁	通过努力，逐步发展自身事业与家庭
	老年期	65岁以后	自我整合与发展阶段

其次，从社会化主体的属性分析。不同社会群体的社会属性存在差异，如留守儿童在社会化中表现出抑郁、焦虑、恐惧、易怒、较强自卑感、学业与个性化发展受到阻碍[1][2]，这需要家庭、学校及社会给予更多关注。关于独生子女社会化，学者从独生子女家庭背景、成长环境、教育经历等层面进行研究发现，与非独生子女相比，独生子女往往会出现任性、自私、不求上进等特点，需要从家庭、学校和社会等多方面关注独生子女社会化的问题[3][4]。

此外，在教师学术社会化层面，相关学者也进行了研究。自20世纪40年代开始，Wilson从社会学的视角对高校教师学术社会化进行了系统分析与研究[5]。随后，一批学者在Wilson的研究基础上，继续对高校教师学术社会化进行研究，并取得了一定的研究成果。如Baldwin和Blackburn（1981）以职称等级和工作时间为依据，将高校教师学术社会化分为入职不足3年的助理教授、

---

① 任强唐，启明. 我国留守儿童的情感健康研究 [J]. 北京大学教育评论，2014 (3)：42-46.

② 赵景欣，刘霞，张文新. 同伴拒绝、同伴接纳与农村留守儿童的心理适应：亲子亲合与逆境信念的作用 [J]. 心理学报，2013 (7)：806-808.

③ 崔素文，张海涛. 独生子女问题30年回顾 [J]. 人口与经济，2010 (4)：31-32.

④ 王小璐，风笑天. 中国独生子女研究：记录社会变迁中的一代人 [J]. 广西民族大学学报（哲学社会科学版），2011 (9)：41-44.

⑤ MARTIN J, FINKELSTEIN. The american academic profession [M]. Ohio State：Ohio State University Press，1984：228.

入职超过 3 年的助理教授、副教授、距离退休还有 5 年以上的正教授、距离退休不足 5 年的正教授五个阶段，每个阶段教师的态度、专业兴趣、职业目标等方面都存在显著的差异（具体见表 2.2）。

表 2.2　Baldwin 与 Blackburn 学术发展的五个阶段①

阶段	入职时间	个人发展层面	教学管理层面	科研成果层面
阶段 1	入职不足 3 年的助理教授阶段	对工作充满激情与热情	对能否适应教师岗位感到担忧	积极且全身心地投入科学研究
阶段 2	入职超过 3 年的助理教授阶段	热情逐步消减，对未来发展存在质疑	对自身能够成为一名合格的高校教师充满自信	寻求同领域专家的认可，并期待获得职位晋升的机会
阶段 3	成为副教授阶段	整体上对学术职业发展比较满意	—	享受终身教职给其带来的同行认可
阶段 4	距离退休还有 5 年以上的正教授阶段	处于职业的转折期	对教学与科研的积极性与热情逐步降低	坚持以往的研究或转变研究方向
阶段 5	距离退休不足 5 年的正教授阶段	对未来发展期待不高，对可能的机会半推半就	担心已有的知识储备不能跟上时代发展的步伐	有时会被其他同事孤立

　　此外，朱旭东（2011）在其《教师专业发展理论研究》中将高校青年教师学术社会化分为：入职前专业发展与入职后学术专业发展两个阶段②。李志峰等（2013）则将高校青年教师学术社会化分为适应生存阶段、能力建构阶段、稳定成长阶段，其中在适应生存阶段主要完成新角色适应的目标，在能力建构阶段则发展自身学术能力，在稳定成长阶段则成长为专家型教师③。Boyer（2014）在其《学术再检视》报告中提到高校教师可以对未来五年内的学术社会化做出预判，并指出在工作五年以内教师学术行为以科研工作主、教学工作为辅，而五年以后，教师学术行为由科研转向学术应用和社会服务④。陈小满等（2022）基于社会学相关理论及"非升即走"制度在高校推行境况与青年

　　① BALDWIN R G, BLACKBURN R T. The academic career as a developmental process：implications for higher education［J］. The Journal of Higher Education，1981（6）：598-614.
　　② 朱旭东. 教师专业发展理论研究［M］. 北京：北京师范大学出版社，2011：63.
　　③ 王璇，李志峰，郭才. 高校青年教师发展阶段论［J］. 高等教育评论，2013（1）：110-122.
　　④ 张焱. 诱惑、变革与守望：我国学术场域中的大学教师行为研究［M］. 南京：南京大学出版社，2014：18.

教师学术社会化相关研究，构建了"非升即走"制度下高校青年教师学术社会化过程框架（见图2.1）①。

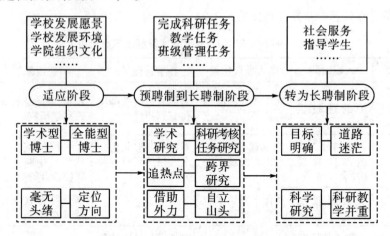

图2.1　"非升即走"制度下高校青年教师学术社会化过程框架

2.1.3　社会化策略

个体进入社会后，所在组织的管理者会采用相应方法提升个体社会化的有效性，所采用的方法被称为社会化策略。目前，关于社会化策略的研究，集中于以下几个层面：

（1）组织（员工）社会化策略。Maanen（1979）认为组织若要提升员工的社会化有效性，应从集体的—个体的、正式的—非正式的、连续性—随机性、固定的—变动的、系列的—不关联的、支持的—孤立的六个维度着手②，对新入职员工进行社会化培训。Jones（1986）编制了组织社会化量表，并根据因素分析结果将六种社会化策略整合为三个因素（背景性因素、内容性因素、社会性因素）③。姚琦等（2008）在已有研究的基础上，从个体、环境及组织三个层面，分析了组织社会化的影响因素，并构建个人—环境交互作用的组织社会化理论模型（见图2.2）。

① 陈小满，樊小冬."非升即走"制度下高校青年教师学术社会化的困境研究［J］.现代大学教育，2022（2）：104-111.

② MAANEN V. The fact of fiction in organizational ethnography［J］. Administrative science quarterly, 1979（4）：542.

③ JONES G R. Socialization tactics, self-efficacy and newcomers adjustments to organizations［J］. Academy of Management Journal, 1986（2）：262-279.

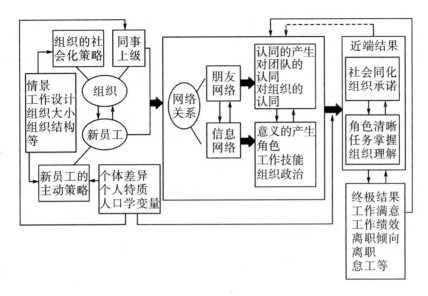

图 2.2　个人—环境交互作用的组织社会化理论模型

资料来源：姚琦，乐安国. 组织社会化研究的整合：交互作用的视角［J］. 心理科学进展，2008（4）：592.

（2）教师社会化策略。项亚光等（1999）认为在教师社会化过程中应该注重教师职后培训[①]。玉红玲（2009）通过对新教师社会化过程的研究，提出新教师组织社会化策略，帮助新教师明确职业发展方向，做好职业发展规划[②]。此外，胡庆芳、堪青杰、董泽芳等学者认为在帮助新教师适应学术生活方面，学校可采取以下策略：首先，学校应为新教师创造宽松、自由的工作环境，并根据新教师发展特点给予适度教学任务与科研任务；其次，学校应加大对入职教师的重视程度，对新入职教师积极开展培训工作，帮助教师更快适应新教师岗位；最后，学校应改革现有的考核模式，推行积分制的考核方式。比如，根据教师工作内容与性质实行积分制，对论文、课题、教学活动、编写教材、指导学生等各项活动给予一定分数，青年教师若参加某项活动便可获得相应的积分，待教师达到积分要求后，便可申请晋升职称。积分制的推行，可降低课题、论文在考核内容中的指标权重，减少以科研为导向的考核方式对青年

①　项亚光，钱朴. 转型期教师社会化特点的研究［J］. 河北师范大学学报（教育科学版），1999（1）：116-119.
②　玉红玲. 新教师组织社会化策略在首都经济贸易大学 OTA 中的运用［J］. 首都经济贸易大学学报，2009（4）：73-79.

教师的影响，减轻教师科研考核的压力，增加青年教师完成考核目标的路径，提高教师完成考核任务的概率。与此同时，高校采用积分制考核模式，将其他与教书育人相关的活动纳入考核范畴，一定程度上能够转移教师工作的方向与重心，使教师能将工作时间与精力合理地分配到课程教学工作的各个层面，有助于教师更好地实现学术社会化①②③。

（3）个体社会化策略。Chao（1994）认为个体社会化策略包含两种师徒关系，分别为正式师徒关系与非正式的师徒关系④。Saks 等则认为（2010）个体社会化策略主要由个体的目标设定、自我评价及自我惩罚组成⑤。周晓虹（1997）则将个体社会化策略分为社会教化及个体内化两个层面，其中社会教化指社会通过社会化机构（学校、事业单位）对个体实施社会化；个体内化指个体在社会活动中，通过社会学习，将社会价值观、思想、观念、技能转换为自身稳定的特质或行为模式⑥。

2.2 博士生学术社会化的相关研究

20 世纪 50 年代以来，美国博士生教育得到快速发展，博士生数量与规模急剧增加。随着博士生教育规模的增长，一系列教育问题逐步显现。有研究显示，自 20 世纪 60 年代美国博士生教育规模快速扩张以来，由于各种原因，博士生的流失率已经接近一半⑦；美国国家研究委员会（National Research Council，NRC）的报告显示，美国高校各个学科博士生的流失率为 57%⑧，且

---

① 胡庆芳. 美国教育 360 度 [M]. 北京：教育科学出版社，2007：67-72.

② 堪青杰，于立志. 高校新教师入职教育研究：基于组织社会化策略的视角 [J]. 科技视界，2012（31）：82-83.

③ 陈小满，樊小冬. "非升即走"制度下高校青年教师学术社会化困境 [J]. 现代大学教育，2022（2）：104-111.

④ CHAO. Organizational socialization：Its content and consequences [J]. Journal of Applied Psychology，1994（5）：730-734.

⑤ SAKS A M，ASHFORTH B E. Socialization tactics and newcomer information acquisition [J]. International Journal of Selection and Assessment，2010，5（1）：48-61.

⑥ 周晓虹. 现代社会心理学 [M]. 上海：上海人民出版社，1997：67.

⑦ LOVITTS. Leaving the ivory tower：the causes and con-sequences of departure from doctoral study [M]. Lanham，MD：Rowman and Little Field，2001：8-11.

⑧ GRAVOIS J. New data offer a rosier picture of Ph.D completion rates. The Chronicle of Higher Education. Retrieved [EB/OL]. (2000-07-13) [2021-10-18]. http：//chronicle. com/daily/2007/07/200071703n. htm.

不同学科之间的流失率也存在较大差异，如生物医学与行为科学博士生流失率为24%①，而人文社科领域博士生流失率高达67%，博士生高流失率俨然成为美国博士生教育所面临的重要问题。

随着教育规模的扩大及学术劳动力市场对博士生需求的逐步饱和，从事教职与博士后的毕业生比例在不断下降，而进入企业和非营利组织等非学术领域的毕业生比例在不断增加。在过去20年间，美国科学与工程领域的博士毕业生人数虽在增加，但选择学术职业的人数比例却在降低，大多数博士毕业生选择了非学术领域，博士毕业生就业领域开始由学术劳动力市场向非学术劳动力市场转移。美国国家自然基金会（National Science Foundation, United States, NSF）2015年博士毕业生就业趋势报告显示，生命科学、物理科学和工程学毕业博士生的学术就业率在持续下降，而其他非学术领域的就业率则呈现上升趋势②，大多数博士毕业生选择了非学术领域工作③④。在我国，通过对部属高校博士毕业生就业情况（见图2.3）分析发现，在1996—1998年，博士毕业生就业以高等院校和科研院所为主，比例达到75%以上⑤，而到2014—2016年，博士毕业生进入高等院校和科研院所的比例降低了，进入企业、其他事业单位（乡镇县基层单位、"三支一扶"、社会组织与团体）及中初学校的比例却呈现上升的趋势。扩招前后博士毕业生的就业领域逐步发生改变，就业呈现出多元化态势。博士毕业生就业领域不再集中于学术劳动力市场，而是逐步向非学术劳动力市场拓展⑥。

---

① PION G M. The early career progress of NRSA predoctoral trainees and fellows [J]. National Institutes of Health, 2001 (3): 31-35.

② NATIONAL SCIENCE FOUNDATION. Arlington, VA: Division of undergraduate education. National science foundation (2015) [EB/OL]. (2015-04-17) [2021-08-19]. https://www.nsf.gov/pubs/2015/nsf15585/nsf15585.htm.

③ PEREZ D, FAIN S M. Higher education and human capital: rethinking the doctorate in America [M]. Rotterdam: Sense Publishers, 2011: 8.

④ KAHN S, GINTHER D K. The impact of postdoctoral training on early careers in biomedicine [J]. Nature Biotechnology, 2017, 35 (1): 90-94.

⑤ 蔡学军, 范巍. 中国博士发展状况 [M]. 北京: 北京大学出版社, 2011: 23.

⑥ 陈小满, 罗英姿. 我国博士生就业多元化趋势研究: 以27所教育部直属高校为例 [J]. 中国高教研究, 2017 (9): 51-52.

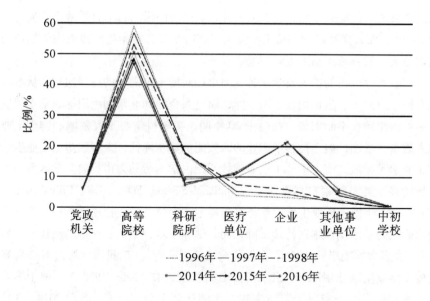

图 2.3　1996—1998 年与 2014—2016 年高校博士毕业生就业领域情况

尽管博士毕业生愿意去高等院校从事科学研究与教学工作，但近50%的博士毕业生无法进入高等院校工作①②。究其原因，高等院校培养的博士生所掌握的技能与社会需求之间出现不匹配③，已有博士生教育无法帮助其获得从事高校教师职业所需的各种能力。因此，改革博士生培养模式，探寻博士生学术社会化模式，使不断增长博士毕业生能够胜任高校教师的职业已成为学者们关注的焦点。以上种种现实困境呼唤着相关研究的出现，如何使不同背景的博士生更好地实现学术社会化、获得良好的学术职业准备的培养是该领域研究产生的直接原因。

2.2.1　博士生学术社会化内涵的研究

社会化是社会学研究中的一个重要概念。1895 年，Simmel 在《社会学的问题》一文中首次使用"社会化"这一术语，表示社会中不同组织（或群体）不断地成长与发展的过程④。在此后的研究中，社会化不仅成为社会学关注的

① ROACH M, SAUERMANN H. The declining interest in an academic career [J]. PLoS ONE, 2017（9）：1-5.

② 阿特巴赫，波达尔，甘波特. 21 世纪的美国高等教育社会、政治、经济的挑战 [M]. 施晓光，蒋凯，译. 2 版. 青岛：中国海洋大学出版社，2007：92-101.

③ 陈洪捷. 知识生产模式的转变与博士质量的危机 [J]. 高等教育研究，2010（1）：57-63.

④ 欧路莎. 实习教师社会化过程研究 [D]. 长春：东北师范大学，2012：12.

范畴，而且进入人类学、教育学、心理学等学科关注的领域。各个学科对社会化概念界定的侧重点不同，如 Merton 等（1957）将社会化定义为，个体通过自身特有的价值观、知识、态度和技能发展成为社会成员的过程①。费孝通（1984）认为，社会化就是指个人学习知识、技能和规范，取得社会生活的资格，发展自己的社会性的过程②。郑杭生（2003）认为，社会化是指个体在与社会互动、交流的过程中，通过社会文化的内化和角色知识的学习，形成稳定价值观念和行为模式，逐渐适应社会生活的过程③。李路路（2005）则从两个层面对个体社会化进行定义：第一层面，个人学习的过程，此过程中个人通过不断的学习，逐步掌握适应社会的知识、技能及社会准则；第二层面，个人与社会互动的过程，个人积极参与社会活动，与社会沟通与交流，在互动中逐步融入社会系统④。通过文献梳理可知，学者们认为社会化指个人学习知识、技能和规范，取得社会生活的资格，发展自己的社会性的过程，强调个体融入社会成为"社会人"的过程。

关于博士生学术社会化的研究最早可追溯到 20 世纪 60 年代。1960 年 Gottlieb 等在博士论文中对研究生教育中的社会化过程进行开创性的研究，并指出研究生社会化的维度包括：集体与个人社会化、正式与非正式社会化、随机与有序社会化、固定地点与不同地点社会化等⑤。Daresh 等（1995）从三个层面对博士生学术社会化进行了阐释：学生的所学知识和技能是什么；在学生专业领域里，学生行为规范的标准是什么；在新角色中，学生如何融入组织，成为组织成员⑥。Golde（1998）认为，博士生学术社会化包括两个方面，一方面为博士生所学知识与专业技能的社会化，另一方面为博士生角色的社会化。对博士生而言，其学术社会化转型需要面临与解决以下任务：第一，知识获得，博士生通过课程的学习、学术会议的参与、相关文献与资料阅读逐步掌握相关知识。第二，身份融入，博士生需要融入学校、学院的学习与生活。在此过程中，博士生通过与教师、同学的交流与沟通，逐步了解高校与学院的文化、发

① MERTON R, READER G. The student – physician: Introductory studies in the sociology of medical education [M]. Cambridge: Harvard University Press, 1957: 287-288.

② 费孝通. 社会学概论 [M]. 天津: 天津人民出版社, 1984: 54.

③ 郑杭生. 社会学概论新编 [M]. 北京: 中国人民大学出版社, 2003: 43.

④ 李路路. 社会学教程 [M]. 北京: 华文出版社, 2005: 20-21.

⑤ GOTTLIEB, DAVID. Process of socialization graduate school [D]. Chicago: University of Chicago, 1960: 38-45.

⑥ DARESH, PLAYKO. Alternative career formation perspectives: Lessons for educational leadership from law, medicine and training for the priesthood [R]. University Council for Educational Administration, Salt Lake City, 1995: 5.

展目标等。第三，学位获得，博士生通过参与科研与论文发表，逐步获得毕业答辩的资格。第四，职业准备，博士生在求学阶段除了要提升自身科研能力外，还要注重其他能力的培养，为今后的职业发展做准备①。

Weidman（2001）认为博士生学术社会化是博士毕业生进入劳动力市场的基础，为更好适应劳动力市场的发展需求，博士生在博士培养阶段需要实现知识、技能、能力的转变。该转变过程分为预习阶段、正式阶段、非正式阶段及个人阶段四个部分，其中预习阶段指博士生有要学习新知识与制度的意识的阶段，即当博士生攻读博士学位时，需要学习新的知识与研究方法以及如何与导师、同伴、管理者进行互动的技巧。正式阶段指博士生融入"研究群体"，成为有一定研究经验的新成员，此时，导师或课题组其他成员会主动邀请博士生参与课题研究。非正式阶段指在非正式场合，新手通过观察与教师互动、与同伴交流和讨论、参加社团活动等形式学习其他技能。个人阶段指个人在知识教育、技能训练后逐步调整的过程，此阶段博士生根据未来职业发展的方向与定位，来调整自身的发展路径，使其更好地适应未来劳动力市场的发展需求。具体到博士生层面，即博士生在学校、研究生院、学院、课题组等环境中，通过学习、研究逐步成长与发展的过程，此过程为双向的过程，学校、学院、课题组为博士生学术社会化提供平台、资源，促使其发展，博士生的社会化也促进了学院、课题组的发展②。此外，Weidman 等（2001）还提出研究生学术社会化分析框架，并将该框架的核心要素分为知识获取、知识投入及知识卷入。根据 Weidman 的定义，知识获取指理解学术的文化，满足教师的标准，实现其角色期待；知识投入指研究生在满足学位要求的过程中所投入的时间和精力；知识卷入指学生对学位项目和所在学科或专业的归属。这一理论模型为探讨研究生学术社会化奠定了理论基础，但该理论的缺陷在于未能区分博士生与硕士生，也未能将创新知识这一因素考虑进去③。Austin（2002）通过研究认为，博士生学术社会化指博士生通过课程学习、文献的阅读与分析，逐步获得知识；在课题研究及论文写作中逐步培养自身的研究技能；在团队合作、与他人的交流沟通中逐步培养其他能力；并指出博士生学术社会化是博士生今后职业

---

① GOLDE. Beginning graduate school: Explaining first year doctoral attrition [J]. New Directions for Higher Education, 1998 (1): 55-64.

② SUSAN, GARDNER. The dispositions and skills of a PhD in education: Perspectives of faculty and graduate students in one college of education [J]. Innovative Higher Education, 2007 (5): 287-299.

③ WEIDMAN, TWALE, STEIN. Socialization of graduate and professional students in higher education: A perilous passage [M]. San Francisco: Jossey-Bass, 2001: 49-50.

发展的基础①。

总之，博士生学术社会化作为社会化下位概念，其本质属于一种社会化行为——个体通过与周围环境交流、互动逐步融入社会组织的过程；此外与社会化相比，博士生学术社会化具有自身的属性——以博士生学术发展为导向的社会化过程。因此，本书将博士生学术社会化定义为博士生在博士生教育阶段通向学术生活与学术职业的社会化，即从学术自由者向学术职业者转变的过程。在这一过程中，博士生学习并掌握学术界公认的行为准则、道德规范、价值观念、相应专业知识技能，进而内化为自己的行为规范，使个体成为合格的学术职业者。

2.2.2 博士生学术社会化过程的研究

博士生是如何进行学术社会化的，学术社会化过程包括哪些？为探究此问题，学者进行了大量研究，如 Tinto（1993）将学生社会化发展分为学生背景、学生在校期间发展状况、学生离校时发展状况。其中学生背景包括学生的家庭背景、入学前所接受的教育及学生求学目标等；学生在校期间发展状况包括学术融合（课程与教学、师生互动等）、社会融合（参加各种活动、与同学交流互动等）；学生离校时发展状况包括求学目标是否改变及是否决定离校②。Gardner（2007）则从学生视角出发，将博士生学术社会化分为预期、正式、非正式及个人四个阶段。其中，预期阶段指博士生入学前的受教育经历、个人经历；正式阶段为博士生正式进入博士阶段进行课程学习；非正式阶段为博士生求学期间与周围同学交流与学习；个人阶段指博士生在正式与非正式交流学习中逐步成长并形成自身的价值观③。Lovitts（2001）则将博士生学术社会化分为四个阶段：零阶段（预期社会化阶段），该阶段根据博士生入学前教育背景，对博士生在博士学习阶段的社会化水平进行初步的预估；第一阶段为学生融入阶段，该阶段是一个知识学习及适应博士生生活的过程，在此阶段博士生通过课程学习、学术会议参议来获得知识；第二阶段为身份认同形成阶段，常常发生在博士生入学第二学年直至完成考核并成为博士候选人期间，该阶段博

---

① AUSTIN. Preparing the next generation of faculty: Graduate school as socialization to the academic career [J]. The Journal of Higher Education, 2002 (1): 94-102.

② TINTO V. Leaving college: Rethinking the causes and cures of student attrition [M]. Chicago: University of Chicago Press, 1993: 114.

③ GARDNER S K, HAYES M T, NEIDER X N. The dispositions and skills of a PhD in education: Perspectives of faculty and graduate students in one college of education [J]. Innovative Higher Education, 2007 (5): 287-299.

士生通过学习与研究团体合作，逐步融入研究团队中，成为其中的一部分；第三阶段为研究阶段（能力发展阶段），从博士生确定毕业论文选题、撰写博士毕业论文直至完成答辩的一系列过程，该阶段主要是科研能力及其他能力发展的过程，博士生通过研究及实验逐步形成相应的科研成果[①]。Gardner（2008）通过实证研究将博士生学术社会化分为三个阶段，其中第一阶段为博士生资格考试以前的学习阶段，在此阶段博士生主要是进行知识学习与适应环境；第二阶段则为博士生通过资格考试阶段，在此阶段博士生通过不断学习与交流（同导师、朋友、周围同学）逐步成长与社会化；第三阶段为博士生获得博士候选人身份以后，该阶段主要关注博士生论文的研究及今后职业意向[②]。Miller（2010）将博士生学术社会化分为三个阶段，第一阶段为前期社会化，该阶段为个体读博之前的社会化经历及读博士之后社会化的预期；第二阶段为正式社会化，该阶段为个体成为博士生之后，通过与周围环境交流互动，促使自身思想、价值观、行为规范的转变；第三阶段为正式社会化后的实践阶段，该阶段为博士生融入组织后，积极参加各种实践活动如教学实践活动、实践调研活动等[③]。

通过对已有文献梳理发现，不同学者将博士生学术社会化阶段进行了不同的划分，从总体上来看，博士生学术社会化包括博士生教育背景、博士生学位获得阶段及博士生学术职业选择与发展三个部分。其中，在博士生学位获得阶段，又可分为三个维度：第一维度为知识获得阶段，在此阶段博士生通过课程参与、学术会议等活动，逐步积累知识；第二维度则为博士生身份形成阶段，该阶段博士生通过科研项目参与、学习投入逐步融入科研团队并成为团队中的成员；第三维度为博士生能力发展阶段，该阶段博士生通过研究及实验逐步形成相应的科研成果，并逐步完成学术论文及毕业论文，直至获得博士学位。在博士生学术职业选择与发展部分，关于博士生学术职业发展的测度尚未形成共识，不同学者在衡量博士生职业发展质量的指标选取上仍存在较多争议，但从全球范围内已经开展的毕业博士生相关调查及相关学术研究可以看出，现阶段

---

① LOVITTS. Leaving the ivory tower: the causes and consequences of departure from doctoral study [M]. Lanham: Row-man and Little field, 2001: 56-70.

② GARDNER. Whats too much and what's too little? The process of becoming an independent researcher in doctoral education [J]. Journal of Higher Education, 2008 (3): 331-340.

③ MILLER. A conceptual framework for the professional socialization of social workers [J]. Journal of Human Behavior in the Social Environment, 2010 (7): 928-936.

学者们通用的衡量指标主要有就业去向、工资收入、岗位晋升、职位流动等①②。根据研究需要，本书中的博士生学术职业发展分为学术职业发展情况与学术职业发展自我评价两个维度。其中学术职业发展情况包括大多数毕业生的工作单位、劳动报酬、工作地点、工作环境、工作满意度等③④；具体到本书中主要从客观层面的职业特征出发，包括岗位晋升、工资待遇、工作的更换次数几个指标项目，主观层面则包括工作满意度与岗位满意度。

2.2.3　博士生学术社会化影响因素的研究

2.2.3.1　个人因素

（1）博士生人口学因素

已有研究表明，博士生人口学特征如国别、性别会对博士生学术社会化过程产生影响。性别成为博士生学术社会化过程中一个重要的影响因素，如Millett（2006）研究发现，对女性而言，博士阶段的生育对其学术社会化产生负面的影响⑤。Morita（2009）通过研究发现不同性别的学生在学术社会化过程中存在着差异⑥。Gardner（2008）通过对在职及已婚博士生的研究发现，女博士生在研究者与母亲双重身份之间，面临艰难的抉择和更大的压力，与全日制博士生相比，非全日制博士生较少参与博士生的社会化过程⑦。

（2）博士生教育背景

博士生教育背景与其学术社会化是否产生关系，产生何种关系？研究表明，博士生学术社会化与其教育背景息息相关，并受到教育背景的影响。如Pascarella（1985）的研究表明，学生入学前的特征及入学前的教育经历与教学背景、社会互动性、学习的兴趣、学习动机、学生在求学期间的学习投入度以及学习的努力程度将直接影响学生在校期间知识与技能的学习，进而影响学

---

① 张美云. 博士职业发展与社会贡献 [M]. 上海：上海交通大学出版社，2013：23-28.

② 周喜华. 高校青年教师职业成长：问卷编制及特点研究 [J]. 黑龙江高教研究，2016（7）：83-87.

③ 刘素华. 建立我国就业质量量化评价体系的步骤与方法 [J]. 人口与经济，2005（6）：34-38.

④ 马庆发. 提升就业质量：职业教育发展的新视角 [J]. 教育与职业，2004（12）：6-8.

⑤ MILLETT. Three magic letters：getting to the Ph. D [M]. Baltimore：The Johns Hopkins University Press，2006：62-73.

⑥ MORITA. Language，culture，gender，and academic socialization [J]. Language and Education，2009（5）：443-460.

⑦ GARDNER S K. Fitting the mold of graduate school：a qualitative study of socialization in doctoral education [J]. Innovation Higher Education，2008（33）：125-138.

生毕业以后的职业选择与发展①。Tinto（1993）的研究指出对于不同教育背景的学生，师生互动的频率及成效，直接影响着学生的发展②。Rhoten（2009）以人文社科类博士生为研究对象，探讨了本科阶段的教育经历对博士生学术社会化初期阶段的影响③。Daniel（2011）通过对跨学科博士生的社会化进行研究发现，博士生专业背景影响着博士生学术社会化的进程④。Susan（2012）通过对18名跨学科博士生进行质化研究发现，家庭成员的支持对博士生成功实现学术社会化发挥着重要作用⑤。程俊等（2016）通过研究证实了博士生教育背景将对博士生学术社会化状况产生影响⑥。

（3）博士生学习投入度

学者从博士生学习投入度着手，关注学习投入度与博士生学术社会化的关系。如 Kiley（2005）通过研究指出，博士生在校期间参与所在学科和学校学术共同体的活动对于其学术成长至关重要⑦。Holly（2009）以神经科学博士生为案例，分析了学术实践参与及其对学术社会化关系的影响发现，博士生在校期间积极参与学术活动，对于今后的职业发展将产生积极的影响⑧。Rernolds等（2009）通过实证研究发现，学生学习投入时间、科研参与情况直接影响博士生学术参与的积极性进而影响着学生的科研产出⑨。朱亮等人（2017）认为学生参与教学实践对学生学习参与起着积极的促进作用⑩。已有研究表明，

---

① PASCARELLA E T. College environmental influences on learning and cognitive development. Higher education：Handbook of theory and research［M］. New York：Agathon Press，1985：50.

② TINTO V. Leaving college：Rethinking the causes and cures of student attrition［M］. Chicago：University of Chicago Press，1993：116.

③ RHOTEN. The act of collaborative creation and the art of integrative creativity：Originality，disciplinarity and interdisciplinarity［J］. Thesis Eleven，2009（1）：83-108.

④ DANIEL. Student socialization in interdisciplinary doctoral education［J］. High Education，2011（62）：741-74.

⑤ SUSAN. Interdisciplinary doctoral student socialization［J］. International Journal of Doctoral Studies，2012（7）：380-386.

⑥ 程俊，李明磊. 博士生教育输入—过程—结果质量影响路径研究：基于"院校影响因素理论"模型［J］. 研究生教育研究，2016（5）：12-16.

⑦ KILEY. Engaging doctoral candidates in research communities［C］. Australian University Quality Forum，2005：73.

⑧ HOLLY K. Animal research practice and doctoral student identity development in a scientific community［J］. Studies in Higher Education，2009（5）：577-590.

⑨ RERNOLDS，et al. Engaging classrooms：Student participation and the instructional factors that shape it［C］. ASHE Annual Conferenc，1997.

⑩ 朱亮，黄桂成，顾柏平. 基于学习型投入视角的高校学业评价及策略［J］. 中国成人教育，2017（13）：91-94.

博士生的性别、婚姻、教育背景、博士生学习投入度等因素与博士生学术社会化之间存在着密切联系，会对博士生学术社会化产生影响。

2.2.3.2 导师因素

在博士生学术社会化过程中，导师与学生的关系是最为关键的一个环节，尤其在欧洲等国家开始结构化改革之前，博士生教育的过程基本被导师和学生的关系主导。因此，关于导师与学生关系的研究较多，且很早就引起学界关注[1][2]。Austin（2002）对博士生学术社会化进行四年的追踪研究发现，博士生在构建特定角色（博士生身份形成）的社会化过程中，离不开导师的帮助，若导师不能给予其有效的帮助，其后期的学术社会化进程也将受到影响[3]。Stein（2003）通过研究认为，导师对博士生学术社会化产生重要的影响，在博士生学术社会化过程中，博士生与导师之间的交流、沟通、互动将更好地促进博士生学术社会化[4]。Slaughter（2006）研究认为，不同学科教师对学术社会化的态度，将影响博士生学术社会化的进程[5]。此外，Muphy（2007）、Li（2007）、Mena（2013）等学者对导师的学术指导与学术表现、导师对学术职业发展的指导、导师与学生关系的性质与定位、学术指导满意度的影响因素、导师对角色的认知、导师与学生的互动情况等进行了相关研究[6][7][8]。已有研究表明，导师科研指导、职业指导等因素与博士生学术社会化之间存在着密切的联系，对博士生学术社会化产生重要的影响。

2.2.3.3 学校因素

在学校因素与博士生学术社会化的研究上，相关学者进行了大量探索。

---

[1] SORENSON G, KAGAN D. Conflicts between doctoral candidates and their sponsors: A constrast in expectation [J]. The Journal of Higher Education, 1967 (1): 17-24.

[2] BARGAR R R, MAYO-CHAMBERLAIN J. Advisor and advise issues in doctoral education [J]. The Journal of Higher Education, 1983 (8): 407-432.

[3] AUSTIN A H. Preparing the next generation of faculty: graduate school as school as socialization to the academic career [J]. Journal of Higher Education, 2002 (1): 97-106.

[4] STEIN E L. socialization of doctoral students to academic norms [J]. Research in Higher Education, 2003 (6): 641-656.

[5] SLAUGHTER. A new look at the role of insiders in the newcomer socialization process [J]. Group and Organization Management, 2006 (2): 274-286.

[6] MUPHY N. Orientations to research higher degree supervision [J]. Higher Education, 2007 (2): 209-234.

[7] LI. Managing criticism in PhD supervision: A qualitative case study [J]. Studies in Higher Education, 2007 (4): 511-526.

[8] MENA I B. Socialization experiences resulting from doctoral engineering teaching assistantship [J]. The Journal of Higher Education, 2013 (2): 189-195.

Grbich（1998）注重研究环境对学术人员社会化的影响，认为一个开放、包容与支持性的研究环境，能够激励研究者积极参与科学研究，在研究中不断地发展①。此外，学科文化对博士生学术社会化过程有显著影响，如关于博士生在读经验的研究中，Delamont（2000）的《博士生培养经验：研究生院的成功与失败》一书中对不同学科的 200 多名学生和导师的学术社会化过程进行了深入访谈，发现博士生学术社会化与学科差异之间存在的密切关系，且受到学科差异的影响②。Susan（2007）认为高校研究院的培养政策、奖助学政策也会影响博士生学术社会化的进程③。Lee（2011）通过研究认为，组织的环境与政策（高校环境）影响着研究者（博士生）对学术社会化的理解与体验④。Laursen 等（2012）研究认为，课题组或研究团队之间的合作与交流使博士生获得相应的知识、技能，同时还能培养博士生教学、沟通和管理的技能，对博士生学术社会化产生积极影响⑤。Holly（2014）研究认为不同学科环境下博士生学术社会化模式存在差异，跨学科环境下的博士生学术社会化模式不同于传统的学科模式⑥。Mars 等（2014）通过对自然科学与工程学的博士调查研究，发现高校组织环境（高校的校园文化、学术氛围、学科文化）对博士生学术社会化产生重要作用⑦。黄雪梅等（2017）针对美国博士生学术社会化过程中存在的认知偏差、学术能力单调、学术共同体感低以及院校缺乏系统性的组织安排等问题，从个体、学科文化及制度三个层面分析这些问题存在的原因，并提出相关改进措施⑧。Costa（2017）通过对会计学专业的博士生研究发现，学

① GRBICH C. The academic researcher：Socialization in settings previously dominated by teaching [J]. Higher Education, 1998（1）：69-81.

② DELAMONT. The doctoral experience：Success and failure in graduate school［M］. London：Falmer, 2000：32-67.

③ SUSAN K. "I heard it through the grapevine"：doctoral student socialization in chemistry and history [J]. Higher Education, 2007（5）：730-738.

④ LEE H M. Impact of occupational socialization on the perspectives and practices of sport pedagogy doctoral students [J]. Journal of Teaching in Physical Education, 2011（1）：45-46.

⑤ LAURSEN S L, THIRY H, LISTON C S. The impact of a university-based school science outreach program on graduate student participants' career paths and professional socialization [J]. Journal of Higher Education Outreach and Engagement, 2012（5）：47-78.

⑥ HOLLY K A. The cultural construction of inter disciplinarity：Doctoral students socialization in a scientific community [J]. Studies in Higher Education, 2009（5）：577-581.

⑦ MARS M M, BRCSONIS K, SZELCNYI K. Science and engineering doctoral student socialization, logics, and the national economic agenda：Alignment or disconnect？ [J]. Minerva, 2014（3）：351-379.

⑧ 黄雪梅，王占军. 美国博士生学术社会化影响因素：个体、学科文化与制度三维分析 [J]. 江苏高教, 2017（9）：100-104.

校的培养体系与方案（课程设置、论文发表）对博士生学术社会化产生影响①。

此外，有学者将学术社会化作为一个整体的过程，对其影响因素进行分析。Gardner（2014）是近年来研究博士生学术社会化问题成果较为丰硕的学者，其博士论文对两所研究型大学中历史学和化学系学生的社会化问题进行了研究。通过观察、访谈、文本分析等方法，对处于不同阶段的40名博士生进行了细致访谈，在此基础上作者探讨了博士生学术社会化的影响因素并指出，博士生能否成功实现社会化主要取决于5个因素：第一，模糊性与不确定性，即博士生对未来的研究计划、就业等感到迷惑和不确定；第二，平衡，即博士生如何平衡研究生院的责任与外部关系和要求；第三，独立，即博士生成为一个独立的研究者；第四，发展，即博士生在攻读博士学位期间在认知及专业方面的发展；第五，支持，指来自导师、研究同伴和院校的支持②。

通过对已有文献的梳理发现，关于博士生学术社会化影响因素的研究集中在以下几个层面：第一，博士生人口学特征，如博士生性别、国别、求学动机等。第二，博士生教育背景，相关学者认为博士生读博之前的教育经历将直接影响博士生求学期间的表现，进而影响博士生学术职业的发展。第三，博士生个人特征层面，有学者认为在博士生求学期间，其学习投入度、求学动机等因素影响博士生学术参与及科研绩效，进而影响博士生学术职业发展。第四，导师层面，学者普遍认为，导师在博士生学术职业发展过程中扮演着重要的角色，导师的指导方式、导师的学术支持及师生之间关系的性质与定位等对博士生学术职业的发展都会产生重要的影响。第五，学校组织层面，学者认为学校的课程设置、学校的培养与管理、学校及学院的组织文化也会影响博士生学术职业的发展。

基于已有研究文献，本书将博士生学术社会化的影响因素概括为三个层面：第一，博士生个人因素，如博士生性别、博士生求学动机、教育背景（本科阶段就读高校类型、硕士阶段就读高校类型、博士阶段就读高校类型）、博士生学习投入度、学术活动参与等维度；第二，导师因素，包括导师科研指导、导师学术支持、导师职业指导、公开发表论文等维度；第三，学校组织因

---

① COSTA F. Influences of academic socialization on the development of scientific publications in accounting in Brazil: an analysis of Stricto Sensu Graduate Programs [J]. Journal of Education and Research in Accounting, 2017 (10): 308-317.

② GARDNER S K. Socialization to interdisciplinarity: Faculty and student perspectives [J]. Higher Education, 2014 (3): 255-271.

素，主要包括学校的课程设置、学校的组织与管理及学校的学术氛围等。

2.2.4 促进博士生学术社会化的策略研究

博士生教育处于高等教育高端，是科技第一生产力、创新第一动力、人才第一资源的重要结合点，自产生以来，就承担着为高校教师职业培养后备人才的任务。为促使博士生更好地适应未来高校教师的工作，美国推行了"未来高校教师培养计划"（The Preparing Future Faculty，PFF）。该计划是一项由美国独立学院与大学协会以及美国研究生院理事会共同发起，有综合性大学、四年制大学、文理学院等几百所不同类型高校参与，受皮尤信托慈善基金、美国自然科学基金及大西洋慈善基金资助的全国性项目①。该计划为未来从事高校教师职业的博士生提供准备，帮助博士生获取从事学术职业所必需的实践教学、学术研究、交流沟通等职业能力②。PFF 项目的实施为博士生提供了解高校教师职业的机会、增进了博士生对高校教师职业的理解，为促进博士生更好地完成学术社会化起到重要支撑作用。

随着国家范围一系列改革计划的推进，美国一些研究型大学开始对博士生教育进行不同程度的改革，部分研究型大学将 PFF 项目纳入培养体系，并开设相应的课程。其中，比较有代表性的为杜克大学的 PFF 项目，为更好厘清杜克大学 PFF 项目，笔者对杜克大学 2004—2019 年毕业博士生就业去向分布情况分析发现，社会学、文学、政治学、经济学、工商管理等学科有超过 50%的毕业生选择从事学术职业（高校教师职业），表明高校教师职业仍是毕业博士就业的主要流向（见表 2.3）。

表 2.3　2004—2019 年杜克大学毕业博士生就业去向分布情况　　单位:%

专业	学术职业	非学术职业	进修深造	其他或未知
工商管理	79.9	16.7	2.3	1.1
文学	69.6	13.9	8.9	7.6
社会学	69.2	20.2	6.7	3.8
政治学	67.3	18.6	9.0	5.1

---

① 刘小强. 定向型的高校教师培养：美国博士生教育改革的新动向：美国"未来高校教师培养计划（PFF）"评析 [J]. 中国高教研究，2011（11）：45-46.

② PRUITT-LOGAN A S，GAFF J G. Preparing future faculty in the sciences and mathematics [M]. Washington，DC：Council of Graduate Schools，Association of American Colleges and Universities，2002：10-15.

表2.3(续)

专业	学术职业	非学术职业	进修深造	其他或未知
哲学	66.0	16.0	14.0	4.0
艺术、艺术史	65.5	7.3	5.5	21.8
历史学	64.9	16.2	4.5	14.4
人类学	59.6	12.5	21.2	6.7
经济学	50.8	42.7	3.0	3.5
生物学	49.4	20.5	25.6	4.5
统计学	48.7	44.2	4.4	2.7
心理学和神经科学	46.8	24.9	24.4	3.9
数学	44.3	30.2	20.8	4.7

数据来源：杜克大学研究生院官网，https://gradschool.duke.edu/about/program-statistics.

为使博士毕业生更好地适应未来高校教师职业，杜克大学针对在读博士推行了 PFF 项目，该项目侧重于导师指导及实践教学两个维度。其中，在导师指导维度，杜克大学推行教师"带教"制度；在实践教学维度，杜克大学则推行实行理论与实践相结合模式；具体方式如下：

第一，实施教师"带教"制度，促使博士生实现教师身份转换。杜克大学在 PFF 项目中推行教师"带教"模式，即项目参与者可在自身博士生学业导师之外自主选择一位指导老师接受专项辅导。在导师选择上，PFF 采取自主申请制，赋予参与者较大的自主权，以协助博士生找到精准契合自身需求、有效帮助自身成长的指导老师。在申请阶段，PFF 项目参与者可首先选定一所杜克大学的合作院校，若符合该校要求，则可以进一步在该院校特许范围内依据一定附加条件（性别、研究领域、职称等）选定项目导师。杜克大学亦对参与者和其项目导师建立良性的师徒关系，给予了充分的关注与专业的指导，要求项目参与者每月至少与导师面见详谈一次，并为参与者提供伴随、交流和合作三类行之有效的学习建议。通过导师的个性化辅导，帮助项目参与者体验高校教师生活、汲取高校教育经验、增进对高校教育的理解[①]。此外，杜克大学注重 PFF 参与者与项目导师的双向互惠，通过授予导师访问学者资格，提供

① WURGLER E, VANHEUVELEN J S, ROHRMAN S, et al. The perceived benefits of a preparing future faculty program and its effect on job satisfaction, confidence, and competence [J]. Teaching Sociology, 2014（42）：57-58.

诸如开放图书馆等学术资源以及参与相关领域学术论坛、获取适量酬金等福利，来提升项目导师的积极性，为项目优化发展奠定高质量师资基础①。

第二，实行理论与实践相结合模式，推进博士生知识水平与教学能力的提升。在培养博士生教育能力层面，杜克大学专门开设教学观念研讨会，邀请教师与学生一同参与，共同分析并创造性地应对课堂教学难题。该研讨会采取情景引入的形式，结合教学实际和社会热点提出诸如"如何设计导论课程？""如何对待不同性别的学生？""如何使实验课程更有趣？""如何调动大型教室中的课堂氛围？"等话题供师生探讨。现阶段，基于新冠病毒感染疫情影响下诞生的线上教育新生态，杜克大学特推出一系列关于网络媒体使用、在线课堂设计、教学数据管理等贴合后疫情时代需求和教学发展潮流的研讨活动②。通过师生的双向联动、共同研讨，提升 PFF 参与者解决教学实际问题、合理规划和设计课程的能力，有利于其不断优化时代演变下的课堂教学理念。另外，杜克大学还提供如担任助教、参与教学规划研讨等实践机会。在 PFF 项目参与者担任助教期间，杜克大学还会针对性地为其提供学生信息管理、学生表现评定、教学资料编辑等方面的指导，以提高其教学质量和教学水平。为进一步深化巩固培训成果，杜克大学特开设 PFF 交流论坛分享先进经验，大力推动朋辈交流，通过多导师、跨学科、跨环境的培养拓展项目参与者的教学视野，提高其面向更广泛受众的教学呈现水平及教学适应能力③。

在 PFF 项目基础上，杜克大学还推行了 RCR 项目。该项目是针对杜克大学全体博士生开放的专项科研培训计划，依据具体专业的不同，杜克大学博士生须在学期内接受 12 或 18 小时的 RCR 培训。在迎新周，杜克大学会召开 RCR 分享会，详细介绍该项目的实施规划、活动安排与实行意义，以此帮助新入学的博士生建立对该项目的初步认识，使其接受学术科研的初步引导。RCR 分享会后，所有博士生必须参与后续额外的 RCR 论坛，这些论坛所涵盖的内容则更为多元化、精细化、个性化，对于学术科研有更强的实效性、针对性。RCR 对博士生的培训主要集中在两个角度，注重学术科研能力和学术道

———————————

① DUKE. Preparing future faculty：Ideas and expectations for mentoring[EB/OL].(2019-05-23) [2021-10-17].https://gradschool.duke.edu/sites/default/files/documents/mentorideas.pdf.

② DUKE. Professional development：Teaching IDEAS series [EB/OL].(2018-06-22) [2021-10-17].https://gradschool.duke.edu/Professional development/programs/teaching-ideas-series.

③ MEDINA M S, TOMSEK JAMES J, BOWERS-PIPPIN JANE. The use of mentors and partnerships in a preparing future faculty program at a Health Sciences Center [J]. Currents in Pharmacy Teaching and Learning，2015（7）：147-149.

德素养的同步提升①。

第三，提倡多方共同指导，培养博士生的科研创新能力。在博士生科研能力培养上，杜克大学注重交叉学科平台的搭建，引入多方主体参与RCR论坛，包含教职员工以及其他研究专业人员等，以便为博士生提供复合型辅导，满足其多样化需求②。科研能力的培训可细化为"硬实力"和"软实力"两个维度。"硬实力"的培训上，杜克大学注重跨学科交叉合作与专人专事相结合，如邀请校园图书馆咨询专家对如何深入挖掘、有效利用馆藏资源，如何合理引用并尊重知识版权，如何寻求个性化校园咨讯等进行专门指导；邀请数据可视化专家指导博士生根据科研周期科学制定数据采集计划、有效完成数据加工处理、有序进行数据存储备份、合规开展数据引用分享。由此，提升项目参与者的科研技能及科研水平。同时，杜克大学亦注重科研过程中的人文关怀和组织效能，通过对博士生实验室友好人事关系的建立、与导师亲善师徒关系的建立等进行专门引导，且对博士生科研目标及规划制定、职业生涯道路明确、应对学术科研困难的压力排解等多方位进行辅导，提高其沟通交际、组织规划、心理调适等"软实力"。为进一步鼓励RCR论坛导师多元化、学科复合化，杜克大学还大力支持由教职员工、校园中心或其他部门自行组织符合审查要求的任何与RCR相关的培训活动，如鼓励高校教师自主邀请优秀学者举办学术分享会等，这有利于进一步丰富RCR科研能力培训资源。

第四，恪守科研规范，注重博士生学术道德的培养。在博士生学术道德素养层面，杜克大学采取理论与实践相结合的培训模式，促使博士生内化学术道德、恪守学术规范、严明学术纪律。理论培训上，杜克大学和研究生院理事会（council of graduate schools）、美国研究诚信办公室（US office of research integrity）、北卡罗来纳州科研三角园等专业研究机构及联邦机构展开密切合作，为RCR项目提供了全面详尽的最新国际准则、政府文件、学校规章、案例解析等关于学术规范的阅读材料，以夯实博士生学术道德素养的理论基础。实践培训上，杜克大学则着力于在RCR论坛中引入涉及学术伦理、学术素养问题的模拟现实场景、当下学术热点、实际科研困难，让学生切身参与道德决策，并

① DUKE. Responsible conduct of research：RCR requirements［EB/OL］.（2017-07-06）［2021-10-18］.https://gradschool.duke.edu/Professional-development/programs/responsible-conduct-research/rcr-requirements.

② DUKE. Responsible conduct of research：RCR forums ［EB/OL］.（2016-06-29）［2021-10-18］.https://gradschool.duke.edu/Professional-development/programs/responsible-conduct-research/rcr-forums.

在与朋辈、导师、科研人员的共同深入探讨中，做出理性端正的学术抉择，深入践行学术规范。RCR 论坛重点探讨以下四个主题：①学术诚信与不端行为，侧重于对各类学术失范行为进行细致入微的诠释；②学术中的多样性与包容性，侧重于消解基于种族、性别、制度等的隐性偏见；③人际关系与心理健康，侧重于师生交流、朋辈互助、心理疏导及压力管理；④学术责任与社会责任，侧重于将合规学术研究与人类发展进行有机结合。由此，引导项目参与者树立正确的学术价值观、提高自身学术道德修养①。此外，相较于部分院校开展线上 RCR 培训，杜克大学则更为重视并支持与具有代表性的同龄人、教师或其他研究专业人员进行更为互动式的、更具个性化的面谈。通过对博士生将来在自身知识领域研究中可能出现的问题进行积极的思考与讨论，促使其提升科研能力、遵循学术规范。

总之，博士生学术社会化，不仅需要自身的转变，更需要外界的"帮扶"。为促使博士生更好地实现学术社会化，杜克大学推行一系列的培养项目如 PFF 项目、RCR 项目等（见图2.4），通过项目的实施丰富了博士生的理论知识、培养了博士生的教学能力、提升了博士生的科研能力，帮助博士生获取今后从事高校教师职业所必需的理论知识及实践教学、学术研究的能力②，增进了博士生对高校教师职业的理解，为促进博士生更好地完成社会化起到重要支撑作用。

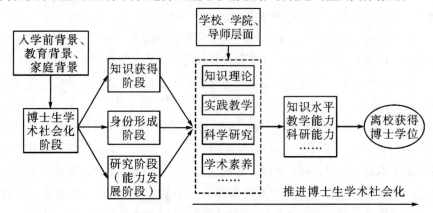

图2.4　杜克大学促进博士生学术社会化的路径

---

①　DUKE. Responsible conduct of research：RCR topics［EB/OL］.（2017-07-18）［2021-10-19］.https://gradschool.duke.edu/Professional-development/programs/responsible-conduct-research/rcr-topics.

②　DUKE. PFF requirements［EB/OL］.（2017-07-18）［2021-10-18］.https://gradschool.duke.edu/professional-development/programs/Preparing-Future-faculty/pff-requirements.

为促进博士生更好地适应高校教师的职业，日本在博士生教育中也采取了相应措施，如助教制度——让博士生协助教师开展教学活动；职前教师发展项目——通过一段时间的集中培训，帮助博士生掌握基本教学知识与教学技能。这些措施的推行促进了博士生学术社会化的发展，为高校博士生适应高校教师的职业奠定了基础①②。

通过对国外关于促进博士生学术社会化策略的文献梳理发现，国外在促进博士生学术社会化方面采取的措施有：第一，国家层面的重视与支持，为促进博士生更好地社会化，美国推行"未来高校教师培养计划"，而日本则实施"促进科学技术人才职业多元化项目"；第二，学校层面的积极推动，为使博士生毕业后能够更好地适应高校教师职业，高校在博士生培养阶段开设实践课程，让博士生积极参与实践教学，帮助博士生掌握基本教学知识与教学技能，为博士生未来适应高校教师职业铺平道路。

此外，为促进博士生更好地社会化，学校相关管理部门及导师也给予博士生必要支持（科研支持、学术支持、制度支持、经济支持等）。目前我国在博士生培养过程中出现了一些问题，如新入职博士不能很好地实现高校教师角色转变，出现角色冲突等问题。如何推动高校博士生实现学术社会化，成为我国博士生培养过程中必须解决的问题。国外在促进博士生学术社会化的管理经验，为这一问题的解决提供了如下借鉴：

第一，实行"带教"制度，促使博士生实现身份的转换。当前，我国高校新入职的博士生并不能很好地适应教师的角色，出现人际交往困难、角色转变冲突、实践教学能力不足等问题③，究其原因为高校新入职的博士生在博士培养阶段存在学术社会化不充分的问题。新入职的博士生在博士培养阶段只注重理论知识学习与科研能力的培养，忽视了其他能力的训练，出现高校培养的博士理论功底扎实、科研能力强但其他能力不足的局面，加之高校对新入职教师标准的提升，造成新入职的博士生不能很好地适应高校教师的角色。为确保博士毕业生进入高校后能适应高校教师身份，杜克大学在博士生培养中推行"带教制度"——为打算从事学术职业的博士生提供带教教师，帮助其全面且

---

① 刘国军. 日本大学教师发展的经验及其启示 [J]. 长春师范大学学报，2016（4）：113-114.

② 李文. 我国学术职业后备人才培养的现状及对策研究：以美国和日本的经验为参照 [D]. 厦门：厦门大学，2017：55-57.

③ 赵欣. 上海研究型大学博士学术训练状况研究：基于博士生社会化视角 [D]. 上海：华东师范大学，2015：1-2.

充分地理解高校教师职业角色，为博士生未来进入高校从事学术职业奠定基础。我国在博士生培养阶段也可实行"带教制度"，让博士生根据自身兴趣与发展需要，选择与之匹配的教师进行教学管理层面的合作。通过让博士生与高校教师在教学管理层面进行交流、沟通与合作，了解高校教师在教学管理中的角色定位、职责及工作内容，参与班级其他活动（实践活动、学术活动），并利用自身专业优势，积极地为高校班级管理提供服务。这有助于博士生更好地将专业知识与实践工作进行整合，丰富博士生的实践工作经历，培养博士生的班级管理能力，促进博士生更好地实现学术社会化，为其未来从事高校教师职业奠定基础。

第二，推行教学"理论+实习"模式，培养博士生的实践教学能力。初为人师时，博士生并不能很好地适应课堂教学，在课堂教学过程中会出现"冷场"的情况，同时出现博士生进入高校后，不能将前沿研究成果、教学方法、教学目标、教学内容与学生知识储备、接受能力进行有效的结合，不能创造性地进行实践教学的情况①。究其原因：在博士生培养过程中，高校以博士生读博期间发表的论文质量与数量作为博士毕业的要求与准则（根据博士生读博期间，在权威期刊上的论文发表情况，判定博士生是否达到毕业要求），并未将博士生实践教学能力的发展作为培养的重点，造成高校对博士生培养实践教学能力的机会不多，导致博士生在教学实践中表现并不理想。为解决此问题，杜克大学在博士生培养过程中，推行教学"理论+实习"模式，博士生在毕业之前必须完成两门课堂教学相关的课程，同时还要参加一学期的教学实习，通过教学课程的学习与实践，使博士生对高校教师职业有了全面且充分的认识，为未来进入高校从事学术职业奠定了基础。为使毕业博士能够顺利进入高校，从容地应对教学工作且能够有效地掌控课堂，更好地适应教学工作，高校在其博士生培养阶段应采用"理论+实习"模式，将教学实践作为博士生培养的必修环节，要求博士生在培养阶段学习与课堂教学相关的课程，丰富博士生的"教学理论"知识；与此同时，博士生在其培养阶段还应担任至少一门课程（本科生课程或研究生课程均可）的教学助理并完成一定的教学助理工作量②。博士生在教学的理论学习与实践运用中，应不断地拓展自身的知识储备，培养自身的实践教学能力，为其今后从事高校教师职业，成为一名真正的助理教授

① 熊华军，李倩. 美国大学博士生教学能力培养机制及其启示 [J]. 现代大学教育，2015（3）：65-68.

② 厦门大学研究生院. 关于做好2020级学术型博士研究生教学实践工作的通知[EB/OL].（2020-05-29）[2021-11-13].https://gs.xmu.edu.cn/info/1170/7623.htm.

做好准备。

第三，推进"导师团"与"交叉平台"建设，注重学生科研创新能力的培养。习近平总书记指出研究生教育在培养创新人才、提高创新能力、服务社会经济发展、推进国家治理体系和治理能力现代化方面具有重要作用，要深入推进学科专业调整，完善人才培养体系，推动研究生教育适应党和国家事业发展需求。当前，新一轮科技革命和产业变革加速演进，新的学科分支和新增长点不断涌现，学科深度交叉融合势不可挡①。近年来，不断涌现的纳米技术、生物技术、信息技术、认知科学等交叉学科孵化出的原创性突破，不仅为前沿技术、颠覆性技术提供了创新源泉与动力，更驱动高等教育（特别是研究生教育）不断进行自身改革。对此，杜克大学在博士生培养中则采用"导师团"与"交叉平台"相结合的培养模式，引入多方主体联合参与博士生的指导，如数据挖掘导师指导博士生如何有效地完成数据收集、处理及分析；图书咨询导师指导博士生如何快速有效地搜寻学术资源等。与此同时，杜克大学还注重交叉学科平台建设，充分利用交叉学科平台培养博士生的创新能力。对此，高校在博士生培养过程中改变传统单一的"导师负责制"，建立研究生导师团制度，提倡多导师共同指导。与传统单一导师指导相比，多导师指导具有自身优势，如单一导师由于研究领域与研究方法具有专注性，其不能同时兼顾其他研究领域与研究方法，而多导师由于各个导师擅长的研究领域与研究方法不同，能给予博士生更为全面的指导。

此外，高校可根据自身发展战略与学科特点，建立共享学科交叉平台，充分利用学科门类齐全、学科结构层次丰富、交叉学科平台集聚等学科生态系统化的优势，加强规划引导、政策激励和组织协调，实施"多学科交叉人才培养模式"。学科交叉平台的构建与共享，为博士生提供了更为广阔的科研平台，同时也丰富了研究生的科研思路、视角、领域与方法，拓展了博士生科学研究的深度与广度，推动了研究生科研能力、创新能力的发展。

第四，注重科研规范的引导，促进博士生遵守学术准则。博士生作为高校教师队伍的后备人才，其发展关乎高校教师职业持续健康发展。在当今知识经济时代，知识与人才对于科学技术进步、实现我国由人力资源大国转变为人力资源强国的目标发挥着重要作用。大学作为知识传播与人才培养的中心，在后备人才培养过程中扮演着重要角色。而高校教师作为大学重要组成部分，其队

---

① 新华网.习近平对研究生教育工作作出重要指示强调 适应党和国家事业发展需要 培养造就大批德才兼备的高层次人才 李克强作出批示［EB/OL］.（2020-07-29）［2021-11-15］.http://www.xinhuanet.com/politics/leaders/2020-07-29/c_1126301069.htm.

伍建设与发展，不仅取决于不断从毕业博士生群体中吸纳更多优秀人才，也取决于这些优秀人才能否更好地承担起高校教师职业所赋予的责任与使命，而他们能否承担起高校教师的职责，又取决于博士阶段接受的教育①。从某种程度而言，博士生教育通过为高校教师队伍培养后备人才，影响着高校教师队伍的建设与发展，影响着高校教师的质量与水平，影响着大学进步与发展，进而影响着大学知识创新与人才培养功能的实现。因此，高校学术队伍后备人才建设，特别是后备人才的思想与品行就显得更为重要与关键。而现阶段，在博士生培养中却屡次出现博士生品行不良、违背科研规范的现象，如2018年暨南大学熊某某在读博期间公开发表的学术论文不遵循科研规范，抄袭与剽窃他人科研成果②；2019年北京电影学院翟某某，因读博期间发表的学术论文存在学术不端情况，被北京电影学院撤销博士学位③；2020华东师范大学王某某博士论文存在抄袭行为，违背科研规范，被华东师范大学撤销博士学位④。为使博士生遵守科研规范，在博士生培养阶段，杜克大学还注重博士生学术规范的培养，采取理论与实践相结合的培养模式，高校研究生院向博士生提供学术规范的阅读材料，以夯实博士生学术道德素养的理论基础，同时采取论坛与讲座的形式，让学生切身参与学术道德决策，深入践行学术规范。我国在博士生培养过程中，应效仿杜克大学博士生学术规范的培养模式，注重博士生学术规范的培养，在博士生群体中普及"学术失范"的行为表现，如为使实验结果"理想"，有目的且针对性地对实验数据进行处理；伪造、删减实验数据与实验结果；抄袭、剽窃他人研究成果；一稿多投，一文多发；论文撰写过程中不恰当的引用；侵占他人研究成果；强行署名挂名等各种违反学术准则的行为，让博士生明晰"学术失范"与"学术规范"的边际。此外，高校还应积极组织论坛与讲座，鼓励博士生积极参与，在参与中逐步明晰科研规范与学术准则，为其今后从事学术职业、进行学术研究奠定基础。

总之，现阶段关于博士生学术社会化的研究，经历了由线性单一模式到复

① 张英丽. 论学术职业与博士生教育的关系 [D]. 武汉：华中科技大学，2008：3-4.
② 暨大发布. 暨南大学关于博士生熊科伟涉嫌学术不端的处理 [EB/OL]. (2018-07-03) [2021-09-13]. http://xscx.scu.edu.cn/info/1023/6769. htm.
③ 北京电影学院. 关于"翟天临涉嫌学术不端"等问题的调查进展情况说明（二）[EB/OL]. (2019-02-19) [2021-09-13]. https://www.thepaper.cn/newsDetail_forward_3007076.
④ 华东师范大学研究生院. 华东师范大学学位评定委员会关于撤销王飞法学博士学位的公告 [EB/OL]. (2020-09-18) [2021-09-13]. http://www.yjsy.ecnu.edu.cn/e7/0e/c3600a321294/page. htm.

杂多元模式的变化，研究从注重整体性、同一性向个体性、差异性转变①；同时博士生学术社会化过程是一个动态发展的过程，它的发展既受到学术体系内部因素（导师因素、同伴因素等）的影响，也受到各种外部环境因素（学校培养环境、培养政策等）的影响。由于个人背景、经历、所属学科及高校的不同，其社会化的发展程度也将存在差异。目前，国外对于博士生学术社会化的研究已经成熟，对博士生学术社会化的起源、过程、影响因素、改进措施进行了深入且系统的研究，全面地展示了博士生学术社会化的图景。这为研究我国博士生学术社会化提供了借鉴与参考。反观，我国博士生学术社会化的研究，仍有许多需要完善的地方：第一，关于博士生学术社会化的研究多为翻译与借鉴国外研究，缺乏对我国博士生学术社会化的关注与思考，博士生学术社会化因人而异，这种借鉴是否完全适合我国博士生学术社会化的研究尚待商榷。第二，关于博士生学术社会化的研究缺乏系统性与连贯性，现有关于博士生研究也涉及博士生学术社会化过程中的某个分析单元，如博士生与导师之间的关系、导师指导风格、导师指导方式等，但这些研究表现为分散式、局部的关注，缺乏整体性与连贯性的分析与探讨。第三，在研究方法上以理论思辨、比较借鉴为主，实证研究较少。由于博士生学术社会化是一个动态发展的过程，且不同群体的博士生因为各种因素的影响，其学术社会化的进程与程度也千差万别，单纯的理论思辨与借鉴比较并不能很好地探寻博士生学术社会化的历程。因此，在研究过程中，应注重多种方法的混合运用，从质化与量化两个层面对博士生学术社会化的历程、影响因素进行探讨与分析。

2.3 本章小结

本章分为两部分，第一部分为社会化相关研究，此部分主要从社会化内容、社会主体（社会人）及社会化策略维度出发，对社会化相关研究进行综述与分析。第二部分为博士生学术社会化内涵、过程、影响因素及促进博士生学术社会化策略的研究。

在博士生学术社会化内涵层面，对博士生学术社会化内涵的文献进行梳理与分析；在博士生学术社会化过程的研究层面，逐步引入新的研究理论与视角对博士生学术社会化过程进行研究。通过文献梳理，明晰了博士生学术社会化

---

① 郑觅. 博士生专业社会化理论研究概述 [J]. 学位与研究生教育，2014（2）：62-64.

的过程，为后文博士生学术社会化框架的构建奠定了坚实的文献基础。

在博士生学术社会化影响因素层面，本书通过对博士生学术社会化影响因素文献进行梳理与分析，发现博士生学术社会化影响因素研究主要集中在以下几个层面：第一，博士生人口学特征，如博士生性别、家庭背景、博士生教育背景，相关学者认为博士生读博之前的教育经历将直接影响博士生求学期间的表现，进而影响博士生学术社会化的发展；第二，导师层面，学者普遍认为，导师在博士生学术社会化过程中扮演着重要的角色，导师科研指导、导师学术支持等对于博士生学术社会化的发展都会产生重要的影响；第三，学校组织层面，学者认为学校的培养与管理、学校及学院的组织文化和学术氛围等也会影响博士生学术社会化。

在促进博士生学术社会化策略层面，美国与日本分别推行"未来高校教师培养计划"及职前教师发展项目，促进博士生学术社会化，为博士生今后从事高校教师职业奠定基础。

尽管国内外学者从不同视角探讨了博士生学术社会化的影响因素，但仍存在一些不足，相关研究大多是从学术从业者的家庭背景、性别、学术兴趣、学术产出等单独角度来探讨影响博士生学术社会化的因素，研究的是单一变量与学术职业选择之间一对一的关系，未关注多变量与学术社会化之间多对一的关系，造成研究片面与单一。鉴于此，本书将这些影响因素进行整合，从多维度出发分析博士生学术社会化的影响因素。本书关于博士生学术社会化过程的研究，在采用原有博士生学术社会化的理论基础上，逐步引入新的研究理论与视角。通过文献梳理，明晰了博士生学术社会化发展的过程及影响因素，为后文博士生学术社会化框架的构建奠定了坚实的文献基础。

3 理论基础与研究框架

3.1 理论基础

3.1.1 社会化相关理论

3.1.1.1 符号互动理论

符号互动理论于 20 世纪初由 Mead 率先提出，其核心观点为：人类通过创造与运用符号进行自我认识和对情景进行理解并做出反应。人类创造和使用符号是人与动物区别的重要标志，同时也是实现人类社会人际交流与沟通的重要媒介。如果人类不具备此种创造与使用符号的能力，人类社会各种形态的组织模式也不会得到创造、维持与发展①。Mead 将这种能力解读为感受并理解他人角色或角色领会的能力。如果这种能力缺失，人与人、人与组织之间的沟通就不会存在，社会缺乏彼此间的互动，社会组织也难以存在与发展②。人与人之间、人与组织之间以符号为纽带，通过互动的桥梁实现彼此之间的交流、沟通与融合。此外，Mead 在符号互动理论中，还将自我看成一个行为的有机体，将自我分为主观与客观两部分，这两部分的发展会受到周围环境及利益相关者的影响。依据符号互动理论的观点，个体的社会化是个体与周围环境及人互动发展的过程。个体在互动的过程中，表现出行为并不是单向的符号传递（由个体到他人、个体到组织或他人到个体、组织到个体），而是个体与他人或个体与组织之间双向的符号传递。在符号传递过程中，个体始终处于主动的地位，个体根据外部环境及自身发展的需要，主动接纳、学习和吸收利己的外部符号，并将其转化为自身发展需要的符号。个人社会化过程的实质是个人通过

---

① 特纳. 社会学理论的结构 [M]. 邱泽奇，等译. 北京：华夏出版社，2001：1-6.
② 米德. 心灵、自我与社会 [M]. 霍桂桓，译. 北京：华夏出版社，1999：72-78.

与周围环境、他人、组织符号的交流、互动，实现自我成长、自我发展的过程。

符号互动理论还是一种主观色彩较为浓郁的微观理论，它在个人社会化、人际间交往与发展、个人与组织间的融合与发展等微观社会领域拥有独特的观点①。首先，符号互动理论认为人与动物是有本质区别的，人具有主观能动性，能够主动地去接受新事物、主动地学习与进行创造。其次，符号互动理论注重微观层面的研究，注重个人社会化过程、人与人之间的互动过程、人与组织之间的交流与融合过程，强调个体与组织的独特性，在研究过程中应采用与之相契合的理论与方法进行分析，才能发掘出问题产生的原因。具体到博士生学术社会化层面，在符号互动理论的指引下，博士生学术社会化过程的实质就是博士生主动建构自我身份与角色的过程，在博士学习阶段，博士生通过与学院、课题组、同学交流与互动，在交流与互动中，逐步了解组织的文化、发展目标等，并逐步融入社会生活，成为社会组织的成员（见图3.1）。

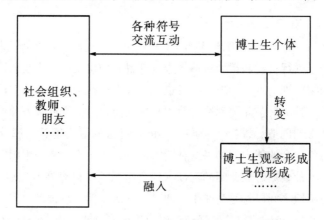

图 3.1 符号互动理论下博士生学术社会化模式

此外，符号互动理论注重社会实际，强调研究符合社会实际，研究的问题源于社会生活，研究的目的服务社会，解决社会问题，推动社会发展与进步②。符号互动理论作为阐释自我、人与人、人与组织互动沟通的理论，被美国社会学家用于个人成长、校园之间互动及家庭之间人际交流互动等社会问题的研究，成为人们考察社会现象的有效认知途径。博士生学术社会化主要以博士生为研究群体，关注这一群体在博士培养阶段，如何由学术自由者成长为学

① 王思斌. 社会学教程 ［M］. 3 版. 北京：北京大学出版社，2010：71-73.
② 贾春增. 外国社会学史 ［M］. 北京：中国人民大学出版社，2000：341-342.

术职业者的过程（实质为社会化过程）。该研究领域以博士生为研究对象，是符号互动理论常涉及的领域，此外该研究关注博士生学术社会化过程，也属于个体社会化的范畴。鉴于此，本书选用符号互动理论作为研究基础理论，分析博士生学术社会化的过程。

3.1.1.2 结构功能主义理论

结构功能主义理论作为结构功能主义学派的重要理论之一，由 Parsons 于 20 世纪 40 年代提出。其基本观点为组织是一个由不同功能部分有机整合构成的结构，结构内部各个子系统之间是相互依赖、相互影响的。结构功能主义理论关注的是组织系统整合以及系统的分化、变异过程，认为系统的稳定与发展是各个子系统相互作用的结果①。在此基础上，Parsons 对结构功能主义理论进行进一步发展，提出"行动系统"的概念（组织各个子系统行动、方式及价值观与组织内制度、架构相互作用，共同维持组织的稳定与发展）并构建了 AGIL 四功能模式的结构功能分析模型。其中，A（adaption）表示适应，组织内各个子系统为自身生存与发展的需要从组织环境中获取资源且在组织内部对资源进行有效合理的分配；G（goal attainment）表示目标达成，组织内各个子系统根据目标的难易程度，调整目标的排列顺序，调动系统内资源与能量实现这一系列目标；I（integration）表示整合，系统内各个子系统通过调整与整合，实现系统最优化发展；L（latent pattern main-tension management）表示通过向系统成员传输社会价值观和促进系统成员之间信用关系的产生，保持系统价值体系的完整性和保证成员与系统之间的一致性。通过这些功能的发挥，社会得以继续和谐发展②。

随后，Gibbons、Althusser、Alexander 等社会学家对结构功能主义理论进行完善与发展，形成了社会功能主义理论。主要观点有：第一，社会系统是一个由各个子系统组成且相对和谐统一的系统，在社会系统中每个子系统都能充分融入系统中，使它们在自身需求和功能的结构要求中保持一种相对和谐、均衡及稳定的状态③。第二，社会结构是达成社会系统功能均衡的主体。在结构功能学派的观点中，各个子系统是一个统合的整体，每个子系统的运作都需要其他子系统协调与配合，各个子系统之间只有密切有效地配合，才能实现系统功能的最大化。个体作为社会系统结构中的一部分，其身份地位与社会系统中其

---

① 刘少杰. 国外社会学理论 [M]. 北京：高等教育出版社，2006：171-176.

② 华莱士，沃尔夫. 当代社会学理论：对古典理论的扩展 [M]. 刘少杰，译. 北京：中国人民大学出版社，2016：31-32.

③ 约翰逊. 社会学理论 [M]. 北京：华夏出版社，1997：243.

他成员关系密切，需要社会系统中各个成员之间的密切协作与配合，进而实现社会功能系统的稳定与发展。结构功能主义学派还认为，个人角色行为通过社会系统中其他成员之间的角色期望来表现，而角色期望的形成受到以下五种社会价值导向的影响：第一，感情性 VS 理智性，个体的行为受到感性因素影响，同时也有理性决策的判断；第二，广泛性 VS 专业性，社会系统的子系统在与周围环境接触或与他人交往的过程中，既要学习与了解社会各个领域的知识，也要掌握某项技能；第三，特殊性 VS 普遍性，社会系统中的个体在对他人行为进行评判时，既要有自我的价值体系与道德标准，又要参考社会普遍的价值观与道德观；第四，先天性 VS 习得性，个体对新事物的获得，既要依赖于先天的禀赋，又要加强后天的学习；第五，个人主义 VS 集体主义，个体在做出行为决策时，既要依据自身发展的需要，又要考虑集体的目标①。个人在社会系统中，依据这五种价值导向接受适当的角色期望，表现出适宜的角色行为，以服务于个体所处社会系统中和谐、统合的目标，进而实现个体的社会化②。

依据结构功能主义学派的观点，个体社会化具有以下性质：第一，社会系统中，个体接受的社会规范及价值取向大部分是和谐与完美的，极少出现冲突或变迁的情况；第二，对于社会系统中各种条例、规章制度及社会规范，个体只能被动地接受；第三，个体在发展过程中，除了受到自身观念的影响外，还受到他人或者周围环境事物的影响。根据结构功能主义学派的观点，博士生学术社会化是博士生在高等院校这一社会系统中，了解自身在该系统中的身份与地位，习得相应专业知识与技能，提升自身综合素质与能力的过程。博士生所处的高校这一社会系统，从其学术社会化的历程来分析，包括博士生在攻读博士学位期间参与科学研究工作和其他非学习活动、入职后参与其他社会活动。其中科学研究工作（正式系统结构）包括学校的课程教学工作、参与导师课题、参加各种学术会议等，非学习活动（非正式系统结构）包括参加各种体育比赛、社区服务工作等。博士生在参与正式与非正式活动的过程中，逐步实现自我的成长与学术社会化。

3.1.1.3 社会生态系统理论

社会生态系统理论是系统学、社会学、生物学紧密结合的理论，同时也是

---

① 何爱霞. 专业社会化图景：成人教育工作者叙事研究 [D]. 上海：华东师范大学，2010：33-34.

② 王秋绒. 教师专业社会化理论在教育实习设计上的蕴义 [M]. 台北：师大书苑有限公司，1991：17-18.

一个开放的理论系统,在不同历史时期融合不同理论思想①。20 世纪 70 年代末,Bronfenbrenner 系统地将生物学的相关知识引入社会学的研究中,提出了社会生态系统理论②。该理论把人成长过程中的社会环境(家庭、学校、组织等)看作一种社会性的生态系统,人在成长过程中会与这些社会系统发生密切的联系,同时这些生态系统会以各种方式和途径影响人的成长与发展。此外,Bronfenbrenner 将这些社会系统分为微观系统、中间系统、外层系统、宏观系统与时间系统。其中,微观系统指与个体直接相关的系统,如个体所在的家庭、个体就读的学校、个体交往的朋友等;中间系统则与个体所处的不同微观系统直接交流,如个体所在的家庭与个体就读的学校之间的互动;外层系统指个体不直接接触但对个体所在微观系统产生影响的系统,如父母工作的单位;宏观系统主要指个体成长与发展过程中的社会环境,如社会价值观念、社会的风俗习惯等;时间系统表示随着时间推移,个体发展的生态环境也会发生改变③。Bronfenbrenner 社会生态理论从各个层面阐述了个体成长与社会系统之间的关系,但该理论注重外部环境系统对人影响的作用,而忽视了人在环境中的能动性④。

随后,Zastrow、Coste 等社会学家对 Bronfenbrenner 的社会生态系统理论进行进一步的完善与发展,他们将个体成长的生态系统划分为微观系统、中观系统、宏观系统。其中,微观系统为社会生态系统中的个体;中观系统为与个体直接接触的群体或组织,如个体所在的家庭、个体工作的单位、个体的亲朋好友;宏观系统则为个体不直接接触但对个体成长与发展产生影响的社会系统,如社区、组织等。各个系统之间互相联系、互相影响⑤。此外,在社会生态系统理论中,Zastrow 与 Coste 还强调了人的主观能动性,即人的成长与发展受生态系统的影响,同时也会影响生态系统的发展⑥。

博士生学术社会化就是在高校这一社会系统中,博士生通过学习与导师、

---

① 付立华. 社会生态系统理论视角下的社区矫正与和谐社区建设 [J]. 中国人口·资源与环境, 2009 (4): 125.

② 卓彩琴. 生态系统理论在社会工作领域的发展脉络及展望 [J]. 江海学刊, 2013 (3): 114-115.

③ 龚维义, 刘新民. 发展心理学 [M]. 北京: 科学技术出版社, 2004: 12-20.

④ 胡容. 社会生态系统理论视角下成都市视力障碍人士就业支持系统研究 [D]. 成都. 四川师范大学, 2018: 11-12.

⑤ ZASTROW E C, KAREN-ASHMAN K K. Understanding human behavior and social environment 6th edition [M]. Stamford: Thomson Brooks, 2004: 412-418.

⑥ 师海玲, 范燕宁. 社会生态系统理论阐释下的人类行为与社会环境: 2004 年查尔斯·扎斯特罗关于人类行为与社会环境的新探讨 [J]. 首都师范大学学报 (社会科学版), 2004: 94-96.

同伴、管理者相互交流，实现知识、技能、能力转变与发展的过程。根据研究的需要，本书选择 Zastrow 与 Coste 的社会生态系统理论作为理论基础，在社会生态系统理论中，博士生学术社会化受社会生态系统中微观系统与中观系统的影响。在微观系统中，博士生学术社会化受教育背景、求学动机等因素的影响；在中观系统中，博士生学术社会化受到与之直接接触的群体或组织的影响，如课题组、高校等因素对其学术社会化的影响；在宏观系统中，博士生学术社会化可能受到研究生培养政策的影响。根据研究需要，本书主要从微观系统与中观系统两个层面探讨博士生的学术社会化（见图 3.2）。

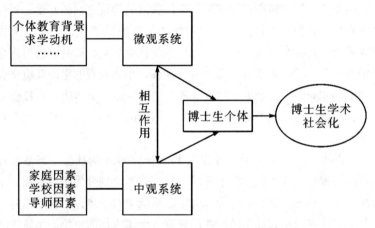

图 3.2 社会生态系统理论下博士生学术社会化模式

3.1.2 学生发展相关理论

第二次世界大战结束后，随着退伍军人法案的颁布及"婴儿潮"的到来，美国高校大学生人数迅速增长，急剧稀释了先前优秀的教育资源[1]，致使美国大学教育质量饱受社会各界质疑[2]，驱使美国高等教育政策制定者开始关注学生发展，注重学生教育质量的提升。因此，以学生发展为基础的理论便应运而生。

3.1.2.1 Astin 学生发展理论

学生发展理论形成于 20 世纪 60 年代，该理论主要关注学生在大学期间的发展与成长规律。20 世纪 70 年代，Astin 在总结原有学生发展理论的基础上，提出著名的 IEO 模型（见图 3.3），即"输入（input）—环境（environment）—输出

---

① 屈廖健. 美国大学院校影响因素理论模型研究 [J]. 比较教育研究, 2015（4）：60.
② PASCARELLA E T, TERENZINI P T. How college affects students: Findings and insights from twenty years of research [M]. San Francisco: Jossey-Bass, 1991: 4.

（output）"模型。该模型提出学生的发展由输入、环境及输出三个部分组成，其中"输入"（input）指学生个体特质、入学前的教育经历等，"环境"（environment）指大学的学术氛围和社会交往等，"输出"（output）指学生的认知、情感等发展[①]。该模型将学生的发展分为入学前境况、在校期间成长情况及毕业时学生发展情况三个部分，对于研究学生在校期间的成长状况有一定的指导意义，但是该模型也存在一定局限性，如模型结构过于简单，缺乏对大学生发展过程的细化，且没有给出评价指标的具体操作性定义[②]。随后，Tinto 与 Pascarella 对原有 IEO 模型进行拓展，并在此基础上分别构建了学生纵向离校模型及学生发展综合因果模型，以此来探寻学生成长与社交环境之间的关系。

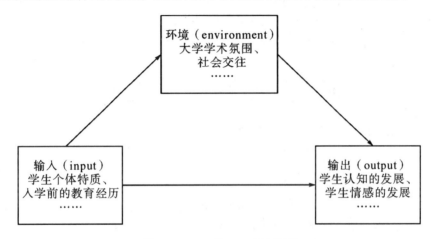

图 3.3　Astin 的 IEO 理论模型

3.1.2.2　Tinto 学生纵向离校模型

在学生纵向离校模型中，Tinto（1993）将学生的发展分为学生背景、学生在校期间的发展状况、学生离校时的发展状况（见图 3.4）。其中，学生背景包括学生的家庭背景、技能与能力、入学前受教育经历及学生求学目标等；学生在校期间的发展状况包括学术整合（学业表现、师生互动等）、社会整合（课外参加各种活动、与同学的交流互动等）；学生离校时的发展状况包括求学目标是否改变及是否决定离校。此外，Tinto 指出学生带着教育经历与个性进入高校，并根据入学前的经历及对大学的期待确立自己的目标，在校园学习

---

①　ASTIN. The methodology of research on college impact［J］. Sociology of Education，1970（3）：223-254.

②　程俊，李明磊. 博士生教育输入—过程—结果质量影响路径研究：基于"院校影响因素理论"模型［J］. 研究生教育研究，2016（5）：12-16.

与生活中逐步接触并融入大学的学术系统与社会系统。如果学生能够很好地融入学术与社会系统，将自身目标与教师价值观及学院制度相匹配，就能够促使学生产生较高的满意度进而推动学生发展；如果学生不能融入学术与社会系统，将造成学生产生负面学习情绪，进而影响学生求学目标的改变，甚至做出退学的决定①。

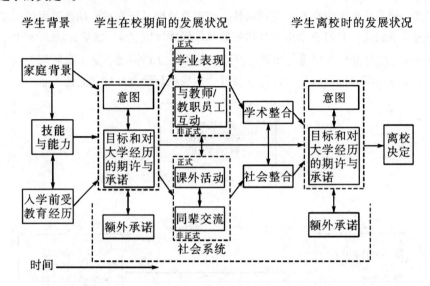

图 3.4　Tinto 学生纵向离校模型

资料来源：屈廖健. 美国大学院校影响因素理论模型研究 ［J］. 比较教育研究，2015（4）：60.

3.1.2.3　Pascarella 学生发展综合因果模型

在学生发展综合因果模型中（见图 3.5），Pascarella 认为学生发展与成长取决于五大因素的影响，这五大因素分别是学生入学前的特征、院校环境、院校组织结构、社会互动性及学生努力的质量②。其中，学生入学前的特征包括学生性别、学生家庭背景、入学前成绩、学生的个性、入学前学习动机、学生民族等；院校组织结构包含学校规模、院校招生人数、师生比、学校的管理模式等。这两个因素互相影响且都对学生的社会互动性及院校环境产生影响。此外，学生入学前特征还影响着学生在校期间学习与认知的发展情况。社会互动

---

① TINTO V. Leaving college：Rethinking the causes and cures of student attrition ［M］. Chicago：University of Chicago Press，1993：114.

② PASCARELLA E T，TERENZINI P T. Interaction effects in Spad's and Tintos conceptual models of college dropout ［J］. Sociology of Education，1979（4）：197-210.

性主要指在校期间学生与教师之间课内外的互动与学习、学生与其他同伴之间的交流、学生与管理者之间的互动、学生与其他组织（社团、协会等）等之间的交流互动。院校环境则指学校为学生提供的生活环境、学校科研平台、学校课程设置、学校文化、学校的发展战略目标与定位等。学生学习投入度为学生在学习、进行科学研究及参加其他活动（科技竞赛、实习等）时所投入的时间、精力及资金。学生入学前的特征、院校环境、院校组织结构、社会互动性决定着学生的学习投入度，学生的学习投入度则直接影响学生的发展。

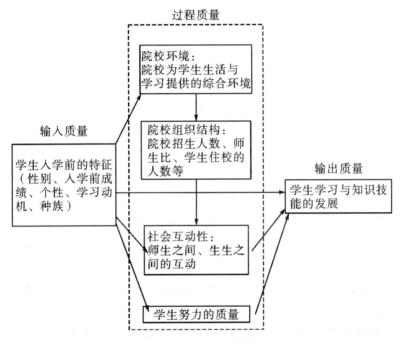

图 3.5　Pascarella 学生发展综合因果模型

　　本部分从社会化及学生发展的相关理论，对博士生学术社会化过程进行了阐述。其中符号互动理论及社会生态系统理论的观点认为，人（学生）通过与外部环境、事物、利益相关者交流互动，实现由个体向社会人的转变。学生发展理论则将学生在校期间的发展过程分为入学前背景、在校期间学生发展状况、离校时学生发展状况三个部分，学生若要成为社会人，成为社会劳动力市场的一部分，就要经历上述三个阶段，在这三个部分转换的过程中不断地成长与发展。

　　学校系统作为社会系统分支，其学生发展也属于个体社会化的一部分，而博士生作为学生群体的重要组成部分，其社会化也隶属学生成长的范畴。鉴于此，根据研究需要，本书将符号互动理论、社会生态系统理论及学生发展相关理论进行整合，在此基础上初步构建博士生学术社会化研究的分析框架（见图3.6）。

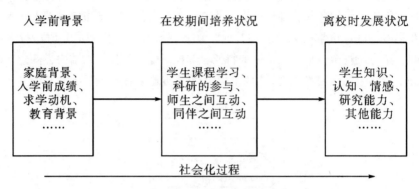

入学前背景　　　　　　在校期间培养状况　　　　　离校时发展状况

| 家庭背景、
入学前成绩、
求学动机、
教育背景
…… | 学生课程学习、
科研的参与、
师生之间互动、
同伴之间互动
…… | 学生知识、
认知、情感、
研究能力、
其他能力
…… |

社会化过程

图3.6　博士生学术社会化研究分析框架

3.2　研究框架的构建

教师、学生构成学校存在与发展的两个基本要素，而学校作为组织存在的一种形式，其发展也应具有组织的特性。鉴于此，该部分将从组织层面对博士生学术社会化的过程进行探讨。

通过对已有文献的梳理，关于组织社会化的研究大致可以分为四种：组织主导作用取向、员工主导作用取向、员工—组织互动取向和综合作用取向。其中组织主导取向的观点认为，在员工组织社会化过程中，组织占据领导地位，起着支配员工社会化发展的作用，员工则在组织社会化过程中处于被支配地位；员工主导作用取向则从员工出发，认为员工是组织社会化的主力，在组织社会化过程中发挥着重要作用；员工—组织互动取向则认为组织社会化的发展既离不开组织的领导，也离不开员工的参与与支持。上述三种组织社会化取向从不同视角阐述了组织社会化中的主体及其作用，有一定积极作用同时也具有一定局限性。鉴于此，Saks对三种取向进行综合与发展，并在此基础上提出了组织社会化综合理论模型。

组织社会化综合理论模型的主要观点为：第一，影响组织社会化结果的因素分为组织外部因素与组织内部因素，其中组织外部因素为国家的法律法规、组织发展的战略与结构、组织的规模及人口多样性等。组织内部因素则分为个人层面与组织层面两部分，个人层面的影响因素包括个人前期社会化程度、个人自我管理等；组织层面的因素则涵盖组织社会化内容、组织社会化策略、组织社会化培训等。第二，在组织社会化过程中，个体前期社会化程度不仅会影响个人层面的组织社会化认知过程，而且会影响个体与组织的社会化效果。此外，组织社会化差异也会对个体社会化发展造成影响。第三，背景因素及社会化因素会影响员工组织社会化（角色的转变、社会认知的发展、个人与工作匹配、个人与组织匹配等）的进程，而员工的组织社会化进程也会影响组织社会化结果，具体关系见图 3.7①。

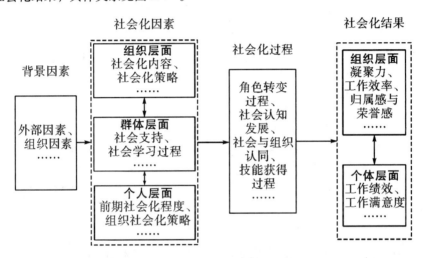

图 3.7 Saks 组织社会化综合理论模型

在组织社会化综合理论模型中，组织社会化过程应该是员工与组织之间互相融合、互相交流的过程，员工在与组织的交流互动中，逐步融入组织中，认同组织的发展战略、组织文化等；在与组织的交流中，员工的相关知识储备、相关实践工作能力也会得到相应的发展与提升。在完成组织社会化过程后，员工与组织之间形成一种较为融洽的组织关系。

此外，在博士生学术社会化阶段层面，相关学者也进行了大量研究。如 Weidman 等（2001）通过研究认为，学术社会化是一个动态发展的过程，这个过程

① SAKS. Organizational socialization: making sense of the past and present as a prologue for the future [J]. Journal of Vocational Behavior, 1997 (51): 234 –279.

并不是简单线性的，而是要经历不同的互动阶段，每个阶段都受到内外部环境的影响①。通过对已有研究梳理发现，相关学者在研究博士生学术社会化过程时，根据不同阶段博士生学习发展情况，将博士生学术社会化分为三个不同阶段。

结合 Saks 的组织社会化综合理论模型及学者关于博士生学术社会化阶段的相关研究，本书对博士生学术社会化初步框架进行进一步拓展，形成博士生学术社会化的拓展框架（见图3.8）。

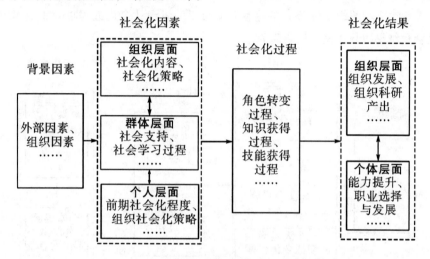

图 3.8 博士生学术社会化拓展框架

本书通过 Saks 的组织社会化综合理论模型，初步构建了博士生学术社会化框架。在此基础上，本小节结合相关理论及研究对博士生学术社会化的初步框架进行再次拓展与丰富。组织社会化综合理论及学生发展理论将博士生学术社会化分为博士生教育背景、博士生学位获得阶段及博士生学术职业选择与发展三个阶段。其中，博士生学位获得阶段又可分为三个部分：第一部分为知识获得，在此部分博士生通过课程参与、学术会议等活动参与，逐步积累知识；第二部分则为博士生身份形成，该部分博士生通过科研项目参与、学习投入逐步融入科研团队并成为团队中的成员；第三部分为博士生能力发展，通过研究及实验逐步形成相应的科研成果，并逐步完成学术论文及毕业论文，直至获得博士学位。

随后，关于博士生学术社会化过程中影响因素的拓展，本书通过对文献梳

① WEIDMAN J C, TWALE D J, STEIN E L. Socialization of graduate and professional students in higher education: A perilous passage [M]. San Francisco: Jossey-Bass, 2001: 17-23.

理与分析，得到博士生学术社会化的影响因素包括：第一，博士生个人因素，如博士生性别、博士生求学动机、教育背景（本科阶段就读高校类型、硕士阶段就读高校类型、博士阶段就读高校类型）、博士生学习投入度、学术活动参与等维度；第二，导师因素，包括导师科研指导、导师学术支持、导师职业指导、公开发表论文等维度；第三，学校组织因素，主要包括学校的课程设置、学校的组织与管理及学校的学术氛围等。

根据 Saks 的组织社会化综合理论模型、Astin 与 Pascarella 关于学生发展的相关理论、社会学相关理论（符号互动理论、社会生态系统理论）、Weidman 与 Gardner 等学者关于博士生学术社会化的相关研究结果，本书确定了博士生学术社会化的过程。随后结合上文中关于博士生学术社会化影响因素的相关研究，最终确立了博士生学术社会化的分析框架（见图 3.9）。

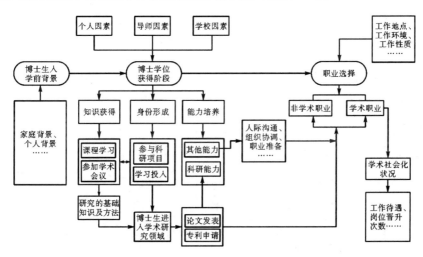

图 3.9　博士生学术社会化分析框架

3.3　本章小结

本章基于已有研究基础，构建了博士生学术社会化的分析框架。首先，对博士生学术社会化的相关理论进行梳理，以此奠定研究的理论基础；其次，利用 Saks 组织社会化综合理论模型、学生发展相关理论、符号互动理论、社会生态系统等相关理论，对博士生学术社会化分析框架进行构建；再次，结合

Weidman 与 Gardner 等学者关于博士生学术社会化的相关结论，将博士生学术社会化分为入学前教育背景、博士学位获得阶段、博士生学术职业选择与发展三个阶段；最后，在此基础上结合关于博士生学术社会化影响因素的相关研究，确立博士生学术社会化的分析框架。

4 博士生学术社会化过程及影响因素的质化研究

博士生学术社会化并不是一个线性发展的过程，从某种程度上来说，它更像是一个漫长的登山过程。博士录取通知书，意味着拿到了博士生学术社会化的入场券，往上攀登的路更像学术社会化的历程，位于山顶的目的地则代表着学术社会化发展的目标。登山过程并非简单易行，途中困难重重、险象环生，充满着各种不确定性与不安全性。为保障登山者顺利到达山顶，就需要对登山的路径及途中的各种困难进行详尽的规划与分析，找到最优的路径及解决方案。博士生若要成功实现学术社会化发展，也需要规划出一条通往学术职业的"路径"并找出制约其前行的障碍（影响因素）。这究竟是一条什么样的"路径"？在这条"路径"上行走会遇到什么样的困难？为此，本章采用质化研究方法，对博士生学术社会化过程及影响因素进行定性的分析，以期勾勒出一条博士生通往学术职业的"路径"。

4.1 访谈提纲的编制

质化研究是一种对社会现象进行全方位的图像构建和深度了解的过程①。其基本观点为社会世界是由不断变化的社会现象所组成的，这些现象并不是固定的，而是不断变化发展的。这就需要研究者在现实情境中，根据研究需要不断调整资料收集方法，对所研究的社会现象或行为进行整体性探索，利用归纳方法对所搜集资料进行分析与挖掘，从而构建起研究所需要的框架（见图 4.1）。

---

① 潘淑满. 质性研究：论与应用 [M]. 台北：心理出版社股份有限公司，2003：18-19.

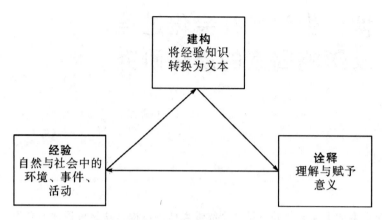

图4.1 质化研究中对建构与诠释之间的理解

在质化研究中，若要测度社会现实，首先要利用已有知识储备对社会现象进行分类；其次根据自身的研究需要编订访谈问卷，对所要测度的社会现实进行访谈并收集相关资料；再次对所收集资料进行建构（将收集到的经验转换为文本）；最后利用已有的理论及观点对转换后的文本进行诠释与分析①。具体到本研究中，首先对博士生学术职业社会研究进行总体的分类，找出与研究需要相关的资料；其次根据研究问题（博士生是如何由学术自由者变为学术职业者？博士生学术社会化影响因素有哪些？）编订相应的问卷进行访谈（见表4.1）并收集相关资料；再次对访谈资料进行编码与整理；最后利用已有的理论与观点对编码后的文本进行诠释与分析。

表4.1 访谈提纲

题号	访谈题目
1	基本信息介绍
2	您攻读博士学位之前的职业期望是什么？与您现在的职业发展现实差距大吗
3	您当初为什么选择大学教师这个职业？这项工作最吸引您的地方是什么
4	您如何看待您曾接受的博士生阶段教育？您觉得博士生教育阶段的哪些因素影响了您的职业发展（导师培养、教育经历、取得的学术成果等方面）

① BAUER M W, GASKELL G. 质性资料分析：文本、影像与声音［M］. 罗世宏，蔡欣怡，薛丹琪，译. 台北：五南图书出版股份有限公司，2008：8.

表4.1(续)

题号	访谈题目
5	请您简单描述一下您的博士生阶段的学习经历（分阶段描述一下自己在博士一年级、二年级、三年级一直到自己博士毕业时的学习、研究及发展情况）。在您博士的学习阶段，导师和学校提供了哪些帮助，您如何看待这些帮助
6	您认为为促使博士生更好地实现高校教师身份的转变，在博士教育期间，高校、导师、制度等方面还需要做出哪些方面的努力
7	您对自己目前的职业状况满意吗？请做简单的评述

4.2 访谈对象的选取

本书在访谈对象选取过程中，采用了目的性抽样与滚雪球式抽样。之所以选取这两种抽样方式，基于以下考虑：第一，运用目的性方式有目的地选择能够为研究问题提供必要信息的人作为访谈对象，访谈对象应具有典型性或代表性。本书关注博士生由学术自由者向学术职业者（高校中的青年教师）转化的过程，因此，访谈对象主要是毕业不久且进入高校从事学术职业的青年教师。此外，在访谈对象选取过程中，充分考虑了背景因素的差异，选取了来自不同层次的学校（一流高校、一流学科高校、非双一流高校）、不同年龄、不同专业、不同职称的青年教师作为访谈对象，以使访谈结果能够更加全面地反映出博士生学术社会化的过程。第二，研究者所能接触到的青年教师有限，因此在访谈中需要采取滚雪球的方式求助于已经建立研究关系的访谈对象，让这些访谈对象帮助研究者寻找新的访谈对象，以此来扩大访谈对象的范围。

本书运用质化研究的目的在于通过深度访谈获得关于研究问题的深度信息，呈现访谈对象的个人经验。在访谈过程中，共选取28名访谈对象，其中预访谈4人，正式访谈24人。根据已编制好的访谈提纲，首先进行预访谈（目的是对已编制访谈提纲进行修正与完善），预访谈结束后修正访谈提纲，再进行正式访谈，访谈对象基本情况如表4.2所示。

表 4.2　访谈对象基本情况（正式访谈）

序号	毕业学校层次	性别	年龄	职称	访谈形式
01	一流高校	男	33	副教授	面谈
02	一流高校	女	31	讲师	电话访谈
03	一流高校	男	37	副教授	面谈
04	一流高校	女	42	副教授	电话访谈
05	一流学科高校	男	38	副教授	电话访谈
06	一流学科高校	女	29	讲师	面谈
07	一流学科高校	男	35	副教授	电话访谈
08	非双一流高校	男	38	副教授	电话访谈
09	一流高校	女	33	讲师	电话访谈
10	一流学科高校	男	36	副教授	电话访谈
11	非双一流高校	男	43	副教授	电话访谈
12	一流高校	女	35	副教授	面谈
13	一流高校	男	38	副教授	面谈
14	一流高校	女	32	讲师	电话访谈
15	一流学科高校	女	41	副教授	面谈
16	非双一流高校	女	28	讲师	电话访谈
17	非双一流高校	男	32	讲师	面谈
18	一流学科高校	女	37	副教授	电话访谈
19	一流学科高校	男	30	讲师	面谈
20	一流高校	男	43	副教授	电话访谈
21	非双一流高校	女	29	讲师	面谈
22	一流学科高校	女	32	讲师	面谈
23	一流高校	女	28	讲师	电话访谈
24	非双一流高校	男	37	副教授	电话访谈

4.3　访谈资料的整理

4.3.1　访谈对象的信息编码

在进行访谈资料转录之前，需要对访谈对象的基本信息进行编码。在本书中采用五位制编码对访谈对象进行编码。编码首位用 1、2、3 代表博士生毕业高校的类型，其中 1 代表博士生毕业于一流高校，2 代表博士生毕业于一流学科高校，3 代表博士生毕业于非双一流高校；编码的第二层代表职称，E 代表副教授，H 代表讲师；编码的第三层代表性别，M 代表男性，F 代表女性；编码的第四层代表年龄，X 代表 31~35 岁，Y 代表 35~40 岁，Z 代表 41 岁及以上；编码的第五层代表毕业博士生就业高校层次，一流高校用 A 表示，一流学科高校用 B 表示，非双一流高校用 C 表示。本书根据以上编码原则对 24 名被访谈者进行了编码。

4.3.2　访谈资料的转录

在完成访谈对象编码后，接着对访谈资料进行转录。Bruce 认为对于访谈资料的转录一般要遵循以下原则：第一，对转录者而言，形成的资料文本要具有可管理性；第二，对于分析者而言，形成的资料文本要具有可读性、可学性及可诠释性[①]。为保证原始文本资料的准确性，本书在访谈资料转录过程中，完全按照录音内容逐字逐句地转录，不做任何修改和信息删减。

此外，对于编辑后的访谈资料，会以电子邮件的形式发送给访谈对象，然后与访谈对象进行交流，在取得他们的同意后才使用这些访谈资料。

4.4　博士生学术社会化过程及影响因素分析

4.4.1　博士生学术社会化的路径

虽然博士学习生涯已经结束，但是当访谈对象再次谈起博士求学经历时都记忆深刻，求学时候的场景仍历历在目。根据访谈对象回溯性的描述，结合已有研究基础，本书从以下几个部分对博士生学术社会化的路径进行阐述：

4.4.1.1　从准博士生到正式博士生的过渡阶段

博士生招生是博士生入学的第一道门槛，也是高校获得新鲜"血液"的重要途径，每年下半年高校会发布博士生招生简章，第二年 3 至 4 月各个高校会集中开展博士生招生考试工作，4 至 6 月各高校也会相继公布博士生录取结果，8 至 9 月博士生正式开学（部分高校每年招收两批次的博士生，具体招收

①　FLICK U. 质性研究导论 [M]. 李政贤，廖志恒，林静如，译. 台北：五南图书出版股份有限公司，2007：277.

流程与上述流程可能存在差异）。从博士生获取录取通知成为一名准博士生开始到正式成为一名博士生其间有3至4个月的"空窗期"，在"空窗期"阶段，准博士生是如何向正式博士生过渡的呢？为厘清此问题，本书对相关访谈对象进行了访谈。

"刚在官网获取被录取的通知后，整个人非常激动、开心，马上将这个好消息告诉了我的父母和爱人（当时的女朋友），和他们一同分享自己的喜悦，晚上还特意在QQ空间上发了一条说说，向亲戚朋友告知这个消息。过了几天后，随着高兴劲儿的消散，我逐步恢复了平静，开始迷茫，不知道我接下来的读博之路如何去走。在迷茫之余，我开始在知乎、人大经济论坛上搜各种关于读博的帖子，学习一些过来人的经验，同时也会通过QQ向认识的师兄师姐咨询各种读博的事情。一番咨询之后，我得到的结论是若要顺利完成博士学业，要提前做好相应的准备工作。到底要做哪些准备工作，怎么去做？在我一筹莫展时，导师的一个信息，让我有了方向。导师得知我被录取后给我发了一条信息，首先对我被录取博士生表示了祝贺，随后就暑假期间的工作做了一些安排，让我在开学之前好好阅读课题组近几年发表的论文，提前了解一下课题组现在的研究进展；同时也要我阅读与之相关的中英文文献，了解该领域的发展趋势。之后，按照导师的意思，我下载了相关文献进行阅读与分析，通过文献的阅读，我对该领域现状、发展趋势及课题组现在在做什么有了一定了解，初步明确了我以后要做什么，也不再像以前那样迷茫。"（1-EMYC）

与此同时，1-EMXA老师说道："博士面试完以后，我赶紧回硕士学校忙着硕士生导师的实验及自己的硕士毕业论文，由于先前准备考博的事情，硕士论文进度严重滞后。现在考博结束了，我的主要重心就在自己的硕士论文上了，没有太关注考博的结果。有天硕士生导师给我发信息说：'今天帮你问了下考博的结果，报考的导师说打算录取你，已经把名单上报到学院，就等学院那边公布啦！'接到消息后，我当时也比较激动与开心，但是想到毕业前还有很多任务，一下就高兴不起来了。临近毕业的时候（大概是6月初），硕士生导师的实验及毕业论文已基本上完成。本打算毕业后好好放松一下，顺便学个车，一天一个陌生电话打来，上面显示的地址是考博学校的地址，我当时犹豫了一会儿还是接了，电话那边首先要求我对自己的信息进行确认，接着那边老师又做了个自我介绍，最后让我论文答辩结束后赶紧去读博的学校，说有任务安排。在完成答辩后，我去了读博的学校。到那边以后是一个师兄负责接待的，第二天，给我打电话的那个老师（读博期间的小老板）出现了，他把实验室的其他成员召集起来，简单开了个会，给大家引荐了一下，接着安排了接下来的实验任务。会后小老板让我先了解一下他们实验室的基本运行情况、实验室的构成、实验室里面的基本规章制度等，并安排了昨天接我的师兄带带我，让那个师兄给我普及一下实验室的基本构成、规章制度及考勤，课题组现在研究的进展与研究方向等。在师兄的带领下，我对实验室的基本架构、实验仪器的基本操作、课题组研究成果及今后的研究方向等有了进一步了解，通过一个暑假的学习，已基本熟悉了实验室的各种流程。"（1–EMXA）

通过访谈笔者发现，准博士生到正式博士生的过渡并不是简单的时间过渡与身份转变，而是研究方向、所学知识的转变（见图4.2）。在转变过程中，准博士生首先需要实现研究方向的转变。一般而言，硕士期间导师研究方向与博士期间导师研究方向或多或少存在差异，为更好地适应博士阶段的研究，在"空窗期"阶段，准博士生首先要调整研究方向，使之与博士生导师的研究方向与领域趋同；其次要实现知识储备的转变，与硕士阶段相比，博士阶段研究所需要的知识储备更充足，知识面更丰富，而这些知识在博士期间导师并不会"手把手"地去传授，需要博士生进入博士学习之前提前自学，以备博士阶段的研究需要；最后要实现身份角色的转变，从准博士生向正式博士生身份转变。在角色转变过程中，可能存在角色的冲突与角色的不适应性，这在下文中将继续给予关注。

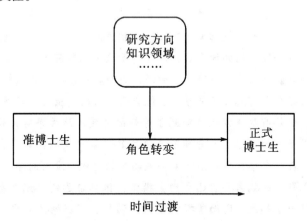

图4.2　准博士生到正式博士生的角色转变

4.4.1.2　博士学位获得阶段

（1）从"学什么"到"我要学"，学习观念的变革

Park认为博士生教育是"训练学者的过程"。这就要求博士生要将主要时

间与精力用于接受学术训练，获得进行学术研究的基础知识、方法与技能①。然而长期以来，我国博士生教育秉持"增加知识"的本质观，在课程设置与安排中以创新知识为指引，过分强调博士生科学能力的培养，忽视了学生基础知识、研究方法、独立思考的能力及批判性思维的培养②。

在访谈中 2-EFYC 老师说道："刚踏入博士生大门时，我比较迷茫。不知道要学些什么，就跟着大家后面学，别人选什么课，我就跟着选什么课，有时候为了比别人多学点，我还跨专业多选了几门课，把自己的课程排得满满的。每周一到周五都忙着去上课，准备上课要汇报的 PPT，每天都很忙，感觉很疲惫。一学期下来后，课程是选修了不少，也了解了不少新的知识，但是总感觉很多东西只是学到了皮毛，很多知识都没有领悟透彻，整个学期下来，感觉浑浑噩噩的什么都没有学到。下学期刚开学，导师让我开始参与团队研究，刚开始研究时就遇到了问题，面对这个问题我不知道用什么理论和方法去解决。这时候开始着急了，到处找人问，请教周围的同学。在请教过程中还处处碰壁，有同学对我的请教爱理不理。当时非常气愤又无奈，差点就哭出来了，后来我就在反问自己，博士阶段究竟要学习哪些知识，我该怎么去学，我该从哪里去学？带着这些问题，我就在网上各种海搜，逛各种论坛，看别人读博的心得体会，发现很多人在说他们读博的心得时，很少涉及导师的帮助，更多强调自学，自我去摸索、去探究，不懂的可以发帖子求助。一番搜寻之后，我开始尝试自己来解决这个问题，找相关文献及学习相关的研究方法，不懂的时候就在网上求助，通过一段时间的摸索后，发现对于这个问题有了一些眉目，便开始尝试用才学的方法和理论去解决这个问题，整个解决过程非常曲折，但是最终还是赶在下次组会之前完成了任务。在组会上汇报时，虽然有很多不完善和待修改的地方，但是有些地方还是得到了导师的肯定。这件事后，我慢慢发现，博士阶段的很多东西是课堂上老师不会讲授的，需要我们在课后自己去摸索、自己去学习，在一个谁先发表谁就掌握主动权的时代，没有同学会主动跟你分享他的学习成果，这就需要自己主动去摸索，根据自己的研究需要去有目的、有意识地学习一些知识，进而掌握学习的主动权、掌握研究的主动权。"（2-EFYC）

由访谈可知，2-EFYC 老师按照学校的培养计划，从一开始就跟随学校的课程安排来上课，听从老师的讲授，到后来遇到问题不知如何解决，在求助受

---

① 沈文钦. 博士培养质量评价：概念、方法与视角 [J]. 北京大学教育评论, 2009 (2)：52-55.

② 罗英姿, 陈小满, 李雪辉. 基于培养过程的博士生科研绩效提升策略研究 [J]. 教育发展研究, 2018 (9)：54.

阻的情况下，转而开始自学，根据研究的目标，自己学习相关理论与研究方法，不断提升自己的科研能力。访谈中 2-EFYC 老师学习观念的转变，在于她发现在博士阶段，学校课程设置虽然能够帮助她开阔眼界、拓展知识面，但是并不能够帮助她解决研究过程中遇到的问题，周围的同学可能因为一些原因不会毫无保留地给予她学习上的帮助，这就使她学习上遇到困境。但是遇到困难只能迎难而上，直到最终解决问题，同时在解决问题的过程中也锻炼与提升了自我能力。

与 2-EFYC 老师一样，1-EMYA 老师在博士阶段的学习中也遇到类似的转变："真的太受打击了，感觉自己弱爆了……我不能闭门造车，要多出去看看，多参加学术会议……"这是访谈中 1-EMYA 老师在谈论博士期间学习方式转变时的感触，1-EMYA 老师本硕期间成绩不错，也取得了一定的研究成果，算是小有成就。博士期间他去了另外一个学校，刚开始时鉴于已有研究成果，他做起事来还是自信满满，觉得自己还不错，平时上上课，课余时间给"老板"（博士生导师的别称）做做实验，闲暇时间做点别的事，小日子过得还算可以。直到有一天，导师派他去美国参加一个国际性的学术会议，参会代表来自世界各地，既有各个研究领域的大咖，又有来自世界排名 TOP100 学校的博士生，会议期间各个学术大咖展示了他们最近的研究发现及研究进展，1-EMYA老师也跟周围的学生进行了交流与互动，在交流中他发现这些来自世界排名 TOP100 学校的博士生，他们的研究领域非常前沿，研究视角也很独特，而且研究观点非常新颖。整个会议下来，1-EMYA 老师收获很多、感触很多、转变也很多，在他看来，以前学校上上课，整天埋头在实验室做实验并不能够很好地适应学科发展的潮流与趋势，自己要多出去看看，多参加国际学术会议，在会议中多学点知识，这样才能够跟上学科发展的潮流。

访谈中，2-EFYC 老师与 1-EMYA 老师学习观念的转变（见图 4.3），在于当他们遇到一些事件（研究中遇到困难、参与学术会议发现差距），发现原有的课程体系及培养计划并不能够很好地帮助他们解决问题，帮助他们紧跟学科发展的步伐，使他们在博士阶段的学习较为被动。为摆脱此种尴尬境地，他们开始转变以往的学习观念，变被动为主动，主动"出击"，积极参加高质量的学术会议，了解学科发展的最新动态；同时，利用课外时间自主学习相关理论与研究方法，不断地增加自己的知识储备量，做到"手中有粮，心中不慌"。从"学什么"到"我要学"的转变，改变了博士生以往较为被动的学习局面，使博士生学习更具有针对性、目标性与自主性，让博士生在学习中变"客人"为"主人"，掌握学习的主动权。此种观念的转变，对于博士生今后的学习与工作也将产生积极的作用。

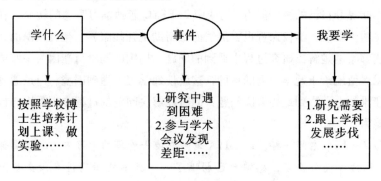

图 4.3   "学什么"到"我要学"观念的转变

（2）从"局外人"到"局内人"，身份融合的曲折

组织社会化是组织新进员工学习适应新的工作环境、工作角色以及组织文化，使自身的行为与工作要求及他人期望达到一致的过程①。一般而言是个人根据组织的规则、文化、制度、发展愿景，来调整自我的发展目标、期望、价值观和行为，使之与组织文化与氛围相切合②，在调整过程中，逐步融入组织群体中，并成为组织发展的传递者与组织秩序的维护者。整个调整过程并非一帆风顺，这就需要组织与员工互相改变、互相磨合，以使彼此适应对方发展的需要。

具体到博士生层面，"想跟他们打成一片真的很难……"，2-EFYA 老师接着说道："刚踏入这所学校，成为一名正式的博士时，周围的一切都是那样陌生。环境又不是特别熟悉，同学不认识多少，跟同门师兄弟之间只是认识，又不是那么熟悉，感觉就像是'最熟悉的陌生人'。每天，大家都来实验室，报到打卡，各自忙着做自己的实验，做完实验后就离开实验室。每次进实验室，大家之间象征性地打个招呼，然后就各自忙各自的，很少有人跟我交流。渐渐地我觉得实验室越来越压抑，进去之后感觉浑身不舒服。转眼到学期末了，刚好自己的生日又要到了，有天周末我约上实验室的伙伴们一起出去聚餐和逛街，实验室大部分人在外面溜达了大半天。那天聚会后，大家之间的交流渐渐变多了，渐渐地我感觉实验室不再那么压抑了。转眼又到寒假，由于从学校回

---

① PARKER D, LAJUNEN T, SUMMALA H. Anger and aggression among drivers in three European countries accident [J]. Analysis and Prevention, 2002（2）: 229-235.

② SHINAR D. Aggressive driving: The contribution of the drivers and the situation [J]. Transportation Research Part: Traffic Psychology and Behaviour, 1998（2）: 137-160.

家的车票不好买，一直没有抢到比较好的时段的车票，回家的票没有着落，我就打算晚点回去。这时候，实验室的其他成员开始陆续回家，见我还在实验室，让我帮他们照看一下实验的样本，我当时答应了他们的请求。那年我是过年前两天才回家的，回家之前我将实验室所有实验样本整理一番才回去。下学期开学后，实验室的伙伴们陆续回来，看见各自的实验样本都还好好的，他们非常开心。从那以后慢慢地和我熟络起来，渐渐地大家就成为一个整体。"（2-EFYA）

与 2-EFYA 老师相比，1-EMYB 老师在博士期间，团队身份的融合也同样充满着曲折。1-EMYB 老师回忆起博士期间融入团队的过程时，摇头感慨道："真的太难了，过程太痛苦了。" 1-EMYB 老师是外校考进来的，笔试成绩第一，面试成绩也比较靠前，加上硕士期间也发表了一些有质量的期刊，参与过硕士导师的课题，积累了一定的科研基础，所以备受报考导师的青睐，在录取过程中成功挤掉了本校的学生（自己博导的硕士），最后成了一名博士生。刚进课题组时她处处受到其他成员的排挤与孤立，课题组其他成员都不愿意跟她交流，更不愿意搭理她。"我感觉自己像被孤立一样，他们有自己的小圈子，有自己的小团队，根本不愿意带我玩，我发现想同他们打成一片很难，他们也不会给我机会，不愿意理我。" 不能融入他们的团队，自己只能干自己的，做好自己该做的学习与研究工作，过着自己的生活，转眼就过了一个多学期。

1-EMYB 老师接着补充道："有一次，大老板接了地方政府的横向项目，在接到项目后，便安排小老板带领着我们一帮硕士和博士去地方调研。小老板在接到任务后，在 QQ 群里安排了集合的时间、地点、任务及各自所要带的东西。到了那个地方，在简单跟地方相关部门商议后，第二天便开展调研工作。才到新的环境，大家有各种不适应，加上天气有点热，调研环境比较恶劣，大家开始各种抱怨，有的开始有点消极怠工，调研工作开展得比较慢。调研过程中测绘的设备与仪器比较重，大家互相推诿，都不想去扛。见此情景，我当时主动站出来，去扛这些笨重的大家伙，减轻其他人的负担。同时，在调研过程中，我完成了自己的任务后，会主动地帮助那些还没有完成任务的伙伴，总是想着自己多做点，这样大家就可以快点完成调研的工作，早完成可以早点回家。刚开始他们还有点不太愿意，但后来随着调研的深入，他们也开始接受我的帮助，就这样大家慢慢地开始熟起来，开始有了交流与沟通。随着调研的结束，大家彼此的话题多了，共同语言多了，就开始接纳我了。随着交流的深入，我与伙伴之间冰冷的关系开始变得暖和，大家彼此不再像以前那样排斥我，也不再建立小团体孤立我，开始慢慢地接纳我，愿意带着我玩，大家渐渐

地融为一个和谐友爱的小团体。"(1-EMYB)

　　2-EFYA 老师与 1-EMYB 老师都是从一个学校到另一个学校读博，作为新来者，他们对另一个课题组的文化、制度等都不熟悉，造成其在课题组学习、生活处处受到束缚。为摆脱此种尴尬境地，他们开始转变自己，积极地同课题组其他成员互动、交流，经过不断努力，最终被课题组其他成员接纳，真正成为课题组的"局内人"(见图 4.4)。课题组相当于一个小的组织，它有自身的文化与圈子，对内各个成员交流与沟通，对外各个成员相互"协作"。若要进入这个组织并加入他们的圈子，就要对组织的"文化"及"规则"进行学习与了解，在此基础上采取针对性的措施"各个击破"，才能慢慢融入组织中。博一新生作为一个"新来者"，对于课题组的"文化"与"规则"不太熟悉，加上课题组其他成员间的"协作"，往往使新生很难融入课题组，常常在课题组"门外"徘徊，很难进入课题组"门内"。此时，就需要借助外部的力量即需要课题组的管理者（课题组小老板及高年级的博士）采取相应的措施与策略，帮助新手完成组织社会化的过程，使他们由"局外人"转变为"局内人"，真正融入课题组，与其他成员并肩协作，共同为课题研究努力。

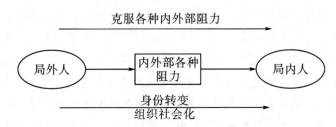

图 4.4　"局外人"到"局内人"身份的融合

　　(3) 从"边缘人"到"核心骨干"，团队地位的转变

　　通常组织为激励员工努力工作，追求更快更有质量的工作效率，在内部会建立较为完善的晋升制度。这种晋升制度既包括薪酬待遇的提升，同时也包括职务（地位）的晋升。当组织员工完成相应任务或对组织发展有贡献时，组织管理者会根据员工的贡献量来给予员工相应奖励及职务的晋升。晋升制度在激发员工的工作积极性的同时，也会增强员工的工作使命感，延缓员工的工作流动行为，降低员工辞职率，进而保障组织健康、正常、有序地发展。课题组作为一个小的组织，其成员发展路径也将遵循企业组织的晋升机制。

　　"刚开学的第一次组会，老板让我发言，我说得结结巴巴，而且没有任何底气，表现得相当不好。"1-EFYC 老师解释道，"之所以会这样主要因为刚来跟课题组老师与成员都不是很熟悉，说话放不开；加上我没有任何拿得出手的科研成果，看着师兄师姐一大堆学术成果，我感觉非常有压力。鉴于第一次的表现后，在接下来几次组会中，看着老板与其他师兄师姐互相交流，自己插不上话且不敢插话，生怕说错了，于是就默默地成了一位'合格'的听众，边听还边拿个小本子记下。转眼到了下学期，我开始全面参与导师的课题，开始撰写学术论文，开始了论文写作与发表之路。好不容易完成一篇文章，投出去后被杂志社无情地拒稿，没办法再改投下一家，就这样来回改投了几次后，被一个很不错的期刊录取了，老板知道后也非常开心并给予了我鼓励。从那以后，再开组会，老板在和其他师兄师姐交流完以后，还主动跟我交流，让我在会议上发表观点与想法。我这次表现比上次好不少。随着自己学术成果的不断增加，我在组会上发言的胆量、发言次数及发言时间也不断增加，老板对我意见的采纳率也在增加，同时课题组其他成员也开始对我刮目相看。"（1-EFYC）

与 1-EFYC 老师一样，2-EMYA 老师在谈论到自己在博士生期间的变化时，也感慨不易。他说道："刚踏入博一时，一切都那么不熟悉，加上没有任何研究成果。此时，团队中其他成员也不太愿意跟我交流，我就按照老板给予的研究思路开展研究。整个博一阶段，我一直忙着做实验，导师也很少给我安排其他任务。到博士二年级快结束时，我试验差不多做完了，也出了一些成果，发表了几篇 SCI，达到了学校毕业的要求。博三刚开学，老板布置其他研究课题的同时，也让我开始带师弟师妹做做实验，指导他们写论文。其他师弟师妹们也开始向我请教一些问题，让我帮忙看看论文什么的。完成自己学习任务的同时，突然发现自己的其他任务变多了，这严重挤占了我写博士论文的时间。有时候特别想拒绝这些事情，但是碍于面子，又不得不去做这些事情。"（2-EMYA）

"刚进去就像是一个打杂的，自己啥活都要干，不干还不行。"2-EMYB 老师讲道："我读博期间，'大老板'承接了好几个横向课题。拿到课题后，'小老板'带着我们一帮学生去搞调研工作。每隔一段时间都要跑出去调研，每次调研我就像一个'杂工'，各种苦力活都要干。调研回来后，我有时候还会被安排去财务处报账，成天围绕着课题、调研、报账转悠，根本没有太多时间去做我想做的研究。进入博士二年级以后，出去调研的次数少了，此时我有时间忙自己的研究，趁着这段时间，我拼命地学习，经过一年的努力，总算有些收获。到博士三年级开始准备毕业论文了，由于大论文里涉及实证部分，我跟'小老板'申请，主动参与他们的调研活动，调研过程中遇到了一些问题。回来后，'小老板'召集课题组成员一起讨论这些问题。在会议上，我根据阅读的相关文献（其他人关于类似问题的解决策略），提出自己的想法供大家参考，其他成员对我的方案进行激烈的讨论，最终采纳了她的方案。后来，他们把我的研究方案，运用到现实中，发现效果还不错。从那以后，'小老板'开始对我有点刮目相看，课题组其他成员也对我另眼相看。"（2-EMYB）

访谈中发现，1-EFYC老师、2-EMYA老师与2-EMYB老师在博士生学习阶段都有相类似的经历——由课题组的"边缘人"逐步向"核心骨干"转变，地位转变也表明在课题组这样的小组织中也同样存在着晋升与奖励的机制（更多是口头、形式上的奖励）。地位转变反映出在组织内部，地位的获得并不只是简单的时间积累，更是能力的体现。三位老师在团队中地位之所以会改变，不仅是因为随着时间推移他们资历变高，更多是在这个时间推移过程中，他们的能力得到提升，特别是科研能力不断发展、学术成果不断涌现、对课题组贡献也在不断增加使得他们在导师与同学心中的形象与地位不断提升，使他们的地位由"边缘人"开始向"核心骨干"转变（见图4.5）。

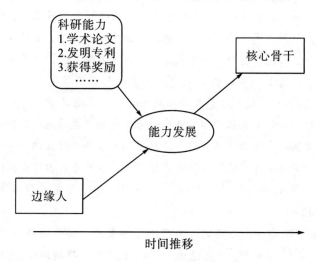

图4.5 "边缘人"向"核心骨干"地位的转变

（4）小结

本小节从"学什么"到"我要学"、"局外人"到"局内人"、"边缘人"到"核心骨干"，三个不同层面展示了博士生获得博士学位的过程（见图4.6）。从"学什么"到"我要学"，学习观念转变的同时，其学习目标始终如一即为了解决研究问题、为了跟上学科发展的步伐等，这一切的最终目标是获取更多知识，促使自我不断发展与进步。知识获得与自我发展的需要，推动着博士生不断地改进自我学习的方式，由被动学习向主动学习转变，不断地学习、不断地进步。"局外人"到"局内人"身份的转变说明，个人要融入组织进而成为组织的一部分，就要参与组织社会化，在社会化过程中，逐步成为组织成员。"边缘人"到"核心骨干"团队中地位的转变，这种转变不仅需要时间的积累，更需要科研能力的支撑。科研能力支撑能够让博士生发表更有质量的学术论文，获取更有分量的奖励，帮助团队做更多的贡献。从某种程度上来说，团队地位的变化，实质上博士生能力的体现，是能力变化（科研能力提升）的真实写照。知识获得推动"学什么"到"我要学"的转变，身份形成促使"局外人"向"局内人"的融合，能力发展支撑"边缘人"到"核心骨干"的变化；这与上文中关于博士学位获得三阶段的理论相互印证。

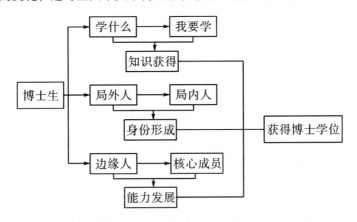

图 4.6　博士生获得博士学位的过程

4.4.1.3　博士毕业生职业选择与发展的过程

博士生毕业后，会逐步进入学术劳动力市场与非学术劳动力市场，不同领域的劳动力市场，其职业的选择与发展也存在差异，具体差异情况如图 4.7 所示。

通过图 4.7 的分析得到，博士生从毕业到职业稳定与发展要经历两个阶段，第一阶段是职业选择阶段，博士毕业生根据博士阶段教育、自身发展需要、各种外部条件决定自己的求职意愿；第二阶段为职业发展阶段，从博士毕业生选择该职业到逐步稳定与发展的阶段。具体到本书中表现为：

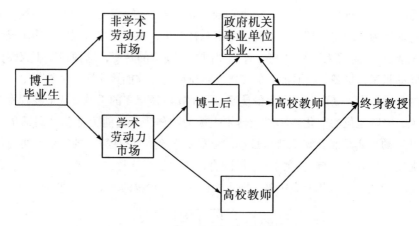

图4.7 博士毕业生职业选择与发展的过程

（1）从学生到教师，职业身份的转变

在该阶段中，进入学术劳动力市场的博士毕业生选择了学术职业，成为高校教师。在此过程中，博士毕业生从学生角色转变为教师角色，职业身份发生了改变。博士毕业生为什么选择学术职业？为什么愿意从学生变为高校教师？在谈及这些问题时，不同教师给予了不同的回答："之所以选择高校从事学术职业工作，主要是因为我们专业就业面比较狭隘，好的且对口的单位并不是很多，高校算是对口单位中比较好的单位了。"（1-EFZA）；"我选择某某高校就业，更多考虑的是家庭，我先生是做生意的，经常在外面出差，很少有时间管家里。高校节假日时间比较多，这样我就有更多的时间来兼顾家庭。"（3-EFYC）；"当时选择某某大学老师的职业，看中的是该大学的福利待遇比较好。"（2-EFYA）；"我开始在公司干过一两年，压力大、任务重、天天加班，身体有点吃不消，后来就转岗了进入高校当老师，与之前在公司相比，高校的压力与任务相对来说要小很多。"（1-EMYB）；"选择某某高校教师的职业，主要是受导师影响，读博期间导师的学术品格、魅力及学校的学术氛围，让我对学术研究产生了兴趣，开始喜欢上学术研究。"（1-EFYC）；"由于自己读博期间的平台较好，加上读博期间自己也取得了一定的科研成果，这些在高校发展较有优势，所以我选择高校从事教学工作。"（2-EMYC）；"我和我妻子都是独生子女且都是本地人，父母不希望我们走很远，同时也不希望我们工作非常辛苦，最后在导师与亲戚的帮助下，我和妻子都进入高校工作。"（2-EMZA）。

在对访谈资料进行编码时发现，影响博士毕业生学术职业选择的因素集中于以下几个层面：家庭层面、个人层面、导师层面、学校层面及其他外部层面。其中家庭层面因素主要包括父母因素、配偶因素等；个人层面因素则包括身体因素、个人兴趣、学习动机、学术成果等；导师层面因素则为导师指导、导师学术支持、导师职业指导等；学校层面因素则包括学校学习环境、学校学术氛围；其他外部层面因素则为从事学术职业为学者所带来的福利与待遇等。

（2）从"学术型博士"到"全能型博士"，职业不断发展

博士毕业生经历了博士生阶段的培养，其学术研究的能力得到了提升，俨然成为一名以学术研究为主的"学术型博士"。进入高校系统以后，随着工作任务的增加，博士毕业生的工作重心与精力也开始由单纯科研向上课、科研、班级管理转移。

第一，繁重的课时任务。

"每天不是在上课就是在上课的路上，繁重的课程任务，让我根本没有时间做科研或干别的事情。"2-EFYC 老师就职于一所省属的地方性大学，学校注重教师的教学能力，主要以教师课时量作为考核标准。为了更顺利地通过学校考核，学院给每个教师特别是新来的教师安排了大量教学任务，导致教师每天忙碌于课程的教学，而无心顾及其他事情。

与 2-EFYC 老师相比，1-EMYC 老师的繁重教学任务则来自自身。1-EMYC 老师就职于一所不错的研究型大学，学校主要关注教师的科研成果与课题，对教师教学任务并未做太多要求，这使 1-EMYC 老师在教学上相对轻松。但是，1-EMYC 老师刚买房，经济压力大，加上刚来课题也较少，收入并不是很可观。为减少经济压力、增加收入，1-EMYC 老师主动地揽下其他老师不愿意上的课程，这无形中增加了 1-EMYC 老师的课时任务，加重了 1-EMYC 老师的工作压力。

作为新入职的教师，2-EFYC 老师与 1-EMYC 老师都遇到了同样的问题——繁重的课时任务挤占了科研时间，使他们没有时间与精力从事科研工作，无法产出科研成果；没有科研成果，职称就无法提升；没有职称，新教师的收入、地位、待遇也就无法提升；这将严重影响教师的工作积极性与热情，进而影响学校教师队伍的发展。一系列的连锁反应都源于教学与科研之间的矛盾。为改变此种情况，中山大学、中南大学等部分一流高校开始探索新的模式：新教师入职后 2~3 年主要进行科学研究，可以不用参与学校的教学工作，这无形中减轻了新教师的教学压力，使他们能够专心从事自己的科研工作。作为一种新的教师培养模式，其实施效果如何还有待时间的检验。

第二，举步维艰的科研起步期。

新教师进入高校后，除了要面对繁重的教学任务，还将面对另一个难题——如何利用已有的基础，开展属于自己的科研工作。1-EMYB 老师认为，由

学术自由者到学术职业者的转变，不仅是身份角色的转变，更是一种职责与任务的转变。博士期间自己按照导师的课题任务，调整研究方向与进度，在整个课题研究过程中，扮演着一个"决策执行者"的角色。进入教师岗位以后，自身角色发生改变，由一个"决策执行者"转变为"决策制定者"（申报课题、统筹与安排课题研究计划、开展课题研究、课题结题），如何制定"有效的决策"，成为新入职老师开展科学研究时所要解决的问题。

"进入学校不久，学院这边开会要求新入职的教师积极申报各种课题项目，这让我很懵。博士期间虽然跟着老板做过一些项目，但那都是老板出个idea，我们跟着老板的idea来申报课题，整个申报流程都是老板全权负责，自己主要负责写本子与改本子。课题立项后，老板就根据课题要求，安排师兄弟们开展课题研究工作，整个过程中都是老板负责，我们只要参与就好。现在轮到自己来申请课题，根本不知道如何去下手，只能上网看看或问问其他同事，看怎么去弄这个课题。"（1-EMYB）

与1-EMYB老师相比，1-EFYC老师的境况相对好一些，但却面临着其他问题。

"读博期间，大老板比较忙，主要由小老板管我们，小老板平时各种事情很多，就把其中一些事情分派给我们完成，给了我们很多锻炼的机会。每次国家自科及省部级课题要申报的时候，小老板就会发个申报指南给我们，让我们自己跟着申报指南来选定课题的研究方向，然后在小组讨论修改，确定课题的题目，接着我会按照选题的方向来写课题申报书，填写各种申报表，最后把这些东西统统交给小老板就行了。长期的课题申报训练，让我积累了一些相关的经验，使自己在课题申报过程中不再那样迷茫，但现在在课题申报过程中面临着另外一个问题——如何组建一支结构合理的团队？刚到新的环境，跟同事不是特别熟悉，在课题申报时，人家也不愿意跟我一起合报项目，自己读博期间的导师团队又隔得太远，造成现在我想报课题，但苦于没有团队又不敢去报，报了如果中了，没有团队帮忙完成，结不了题，这将影响后期申报工作，这让我既纠结又惆怅。"（1-EFYC）

作为新入职的教师，1-EMYB老师与1-EFYC老师在课题申报过程中都遇到了困难，之所以存在困难其原因可能为：第一，新教师刚由学生变为教师，身份转换过程中还存在各种不适应性，加上学生期间并没有或很少单独申请课题，相关课题申报经验不足，造成在课题申报过程中极为被动；第二，对课题申报的流程及要求并不了解，不知道怎么做课题，不清楚怎么安排课题组成员，导致其在组建课题申报团队时就不知所措，团队组建不好，课题申报的工作就举步维艰。新教师遇到的问题，也是现阶段在读博士生今后从事学术职业所要面临的问题。为避免发生此类问题或降低此类问题发生的概率，有志于从事学术职业的博士生应该提前做好相应的准备工作，读博士期间积极申报一些属于自己的课题项目，独立自主地开展科学研究工作，提升自己的科研能力；此外，在读博期间，可适当扩大自己的交际范围，建立属于自己的"朋友圈"，为今后开展课题合报奠定基础。

第三，分身乏术的班级管理。

当1-EMYB老师在回顾自己刚工作经历时，他用身心俱疲四个字来概括当时的感受。1-EMYB老师8年前进入大学工作，刚工作时他被学校安排成新生班主任，协助学院相关部门管理学生工作。

"刚开学时，自己的课时任务比较多，每天都忙于上课、备课。空闲时间本来可以休息一下，陪陪家人，谁知道又被安排成班主任，闲暇之余还要去看看这些新生军训的情况。每次下课后，我总会抽时间去看下自己班级学生的军训情况，有时候跟教官交流一番，好不容易军训完了，又要找个时间给新生开班会，选举班干部。等一切安排妥当，班级可以正常运转后，本以为啥事情都没有，可以忙于自己的事情时，又遇到其他棘手的问题。一天学院辅导员给我打电话说：'老师，您在学校不，在的话来我这边，你班级有些事情需要跟您反映一下。'接到电话后，我赶紧到了学院辅导员办公室。学院辅导员跟我说：'老师，你们班级有不少同学跟我反映他们对本专业比较迷茫，有转专业的想法，您看有没有必要给他们开个会，做下他们的思想工作。'这让我很为难，根本不知道如何下手，为开好这个会，我又花了不少精力去学习与策划，好不容易办完这事，其他的事情又来了。这个班主任让我很头疼，也很无奈，身心俱疲，太累了。"（1-EMYB）

2-EFYC老师与1-EMYB老师有着相类似的经历，2-EFYC老师回忆起刚开始带班时，也是一肚子苦水。"太累了，琐碎的事情太多了。"2-EFYC老师刚来没多久，被学院安排成为毕业班级实习带队老师，关于实习工作，她有自己的想法："实习工作看似简单没有太多事情要做，但当真正负责这个事情后，你会发现要做的琐事真的很多，如给实习生开动员大会，讲解一些学校及一些企业、事业单位关于实习生的管理制度；建立实习生实习档案，了解这些实习生在哪里实行，实习的境况怎么样；还要关注他们的安全问题。这一系列的事情做完真的很累很累。"（2-EFYC）

新入职教师除了繁重的课时任务与科研压力外，还需额外承担班级管理工作（2-EFYC老师与1-EMYB老师刚工作就被安排成班主任，管理班级日常工作），这无形中加大了新入职教师的工作任务与工作量，繁重的工作让新老师身心俱疲，无法全身心投入教学与科研工作中。为改变此状况，学院需要改变相应的规章制度，给新老师"松绑"，让新老师能够轻装上阵开展科研教学工作，同时新老师在读博期间应该多参与相关班级管理实践活动，锻炼自己管理方面的能力，让自己在入职之后不会那样的疲惫与手足无措。

4.4.1.4 博士生通往学术职业的初步路径

上文中，根据访谈资料详尽探讨了博士生如何从一名准博士生变为一名学术职业者的过程。在本小节中，结合已有的研究结果，本书从准博士生到正式博士生过渡阶段、博士生获得学位阶段及博士毕业生学术职业选择与发展阶段这三个部分，构建了博士生通往学术职业的初步路径框架（见图4.8）。

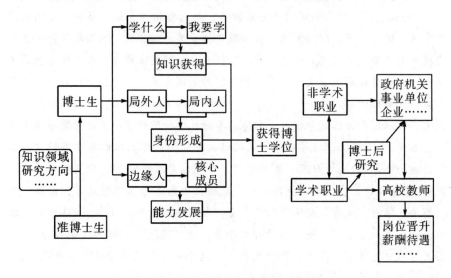

图4.8　博士生通往学术职业的初步路径框架

4.4.2　基于扎根理论的博士生学术社会化影响因素分析

4.4.2.1　扎根理论概述

扎根理论最早由格拉斯和施特劳斯在专著《发现扎根理论：质性研究的策略》中提出①。与量化研究方向相比，扎根理论强调在经验资料的基础上，采取自上而下，从具体事件中提炼出相关理论的方法，注重资料收集的原始性、真实性。其具体操作程序为：①从原始资料中形成概念，对资料进行逐级

---

①　GLASER B, STRAUSS A. The discovery of ground theory：Strategies for qualitative research [M]. Chicago：Aldine, 1967：123-124.

登录；②不断地对资料和概念进行反复的比较，系统地询问与概念生成相关的问题；③发展理论性概念，建立起概念和概念之间的联系；④系统地对资料进行编码；⑤从资料中建构理论①。

为更好探寻博士生学术职业转化的过程及转化过程中各个影响因素的作用路径，本书在扎根理论的基础上，对博士生学术社会化的影响因素进行质化研究。

4.4.2.2 访谈资料的开放式编码

开放式编码（又称"一级编码"），主要是对原始访谈资料中可以编码的片段或句子，加以概念化的标签，进而实现资料的初步概念化。此阶段产生的概念层级比较低且数量巨大，概念与概念之间还可能存在交叉，因此需要根据研究的领域与范畴对产生的初始概念进行重新组合，使之向某个或某几个范畴聚拢，从而形成较为确定的范畴。为避免概念提取过程中的偏差对研究结果产生影响，研究者在概念提取过程中应该尽量避免个人偏见，尽可能将资料的原始状态呈现出来。博士生学术社会化影响因素访谈开放式登录情况如表 4.3 所示。

表 4.3　博士生学术社会化影响因素访谈开放式登录情况

被访问者	原始资料描述	关键词提取	编码
1-EMXA	由于我是男生，父母对我的管教也比较少，不会太多干涉我的个人问题，让我有更多时间去做我自己想做的事情（读书、做实验、搞科研）	性别	XB-1
	读博期间导师的循循善诱，让我学会了如何去开展科学研究	导师科研指导	DS-1
	读博期间学校高端大气上档次的实验平台，为我们从事各种实验活动提供了保障	学校学习资源	ZY-1
	读博期间学校的实验室是一年 365 天、每天 24 小时开放的，这让我们有充足的时间去做实验	学校培养与管理	GX-2
	读博期间，通过课题组的平台，我在 SCI 上发表了一些高质量的文章	SCI 发文数	XX-1

---

① 费菲. 中医研究生培养质量的影响因素的量性与质性研究 [D]. 南京：南京中医药大学，2013：59-60.

表4.3(续)

被访问者	原始资料描述	关键词提取	编码
2-EMZA	我能够取得现在的成就,离不开妻子的默默支持与鼓励	婚姻状况	HY-1
	我积极参加国内外各种学术活动,认识了很多老师与同学,在与他们的交流中,我学到了很多	参与国内外学术会议	CH-1
	除了回家外,我大部分时间都待在实验室里,跟着导师做实验	学习投入时间	TR-1
	导师比我们都还要积极,除了出差外,大部分时间都待在实验室,指导我们做实验	导师科研指导	DS-2
	博士毕业于一流高校,好的平台与师资让我在博士期间学到很多东西,也顺利找到好的工作	博士阶段就读高校类型	JY-1
	像我们这种专业(工程)不仅需要关注自身的科研能力,在校期间学校也会组织我们参与一些项目,到企业一线去实地考察、观摩,对我们的实践技能培养也十分重视	其他能力培养	QT-1
1-EFYC	现在进高校当老师基本都需要博士学位,我想拿到博士学位然后能够进入高校工作	学习动机	DJ-1
	在独立申请科研项目的过程中我学会了开展科学研究的思路和方法等,我觉得这个是很重要的	独立申请科研项目	KX-1
	我认为读博时导师的指导,包括在研究的理论方法、确定选题、论文发表等方面的指导是很重要的	导师科研指导	DS-3
	我很感激我的导师为我的科研水平提升所提供的各种支持	导师学术支持	DX-1
	在学校待了四年,学校浓厚的学术氛围让我逐步喜欢上了科学研究,并愿意在这条道路上走下去	学校学术氛围	GX-3
	我毕业时共发表了6篇核心文章,其中有2篇为SSCI文章,我找工作时是有一定优势的,也是对我科研能力的一个证明	SSCI发文数	XX-2

被访问者	原始资料描述	关键词提取	编码
3-EMYA	我家里就我一个孩子，在选择读博的学校、工作单位的时候我都想离家近点，所以现在就留在了父母所在的城市	家庭因素	JT-1
	我参加过两次国际学术会议，一次在美国，一次在日本，在会议上认识了很多学科领域的大牛，我的一篇投稿文章还得到了专家的一对一指导和点评，感觉收获很大	参加国际学术会议	CH-2
	在博二的时候我申报了研究生创新项目，基本是结合自己的毕业论文独立完成的，工作后我独立申报课题也就有一点经验了	独立开展科研项目	DL-1
	我是定期与导师见面进行论文、课题讨论的，一般是一周一次，可以把每周的收获、疑惑都跟导师进行探讨，导师总是能够给我提供更多的想法	导师科研指导	DS-4
	我主要是在博二和博三发文章，博一主要还是积累的阶段，一共发表了4篇核心文章，在找工作时还是非常有帮助的	SCI发文数	XX-2
1-HFXA	我本科不是"双一流"院校，在找工作的时候确实被一些要求较高的单位筛掉过，不过我觉得本科阶段教育经历对我现在的工作虽然有一定的影响，但是影响并不大	本科阶段就读高校类型	JY-2
	我博士毕业高校是一流高校，学校的名字就是个招牌，尤其我们专业又是国家重点，所以我觉得博士学校的选择太正确了	博士阶段就读高校类型	JY-3
	基本上除了节假日，我每天都要在实验室待8小时以上，我们班基本上都是这种情况，实验需要，我们也习以为常	学习投入时间	TR-2
	导师做事踏实严谨、一丝不苟的品质也深深地影响着我	导师个人因素	DG-1
	学校图书馆文献资料也比较丰富，购买了多个文献数据库，学习起来比较方便	学校学习资源	ZY-2
	我一共发表了4篇SCI，其中一篇的影响因子在5分以上，在找工作过程中比较有优势	SCI发文数	XX-3

表4.3(续)

被访问者	原始资料描述	关键词提取	编码
1-EMYC	我本硕士阶段在一流学科高校,总体来说觉得还不错。我现在在高校工作,当时面试工作时,面试的单位还是比较在意我本科及硕士阶段的教育背景的	硕士阶段就读高校类型	JY-3
	我读博是在一流高校,应聘时还是会去一些好单位试一下,相比于那些非"双一流"毕业的同届生可能机会要大一些	博士阶段就读高校类型	JY-4
	读博期间我不经常参加学术会议,但是工作之后发现,确实应该多参加,因为会议不只是听报告那么简单,还能认识一些业内专家,拓展人脉关系	参加国内学术会议	CH-3
	我读博期间没有独立申请过项目,可能也是跟我的学科有关,这就导致现在我在课题的申请方面缺少经验	独立开展科研项目	DL-1
	导师对我的指导比较多,尤其是在毕业论文开题和定题的时候,中途有一段时间我觉得我的课题都进行不下去了,是导师的悉心指导让我慢慢理清了研究思路,最终坚持做下来了	导师科研指导	DS-4
	我们主要是博一上课,除了必修课程外,大多是学院里的大学科门类的课程,相近但又不同专业的同学在一起讨论,对我很有启发	专业课程设置	KC-1
	我一共发表了4篇CSSCI文章,这在我们专业就是中等水平,面试工作时感觉要是能再多发2篇就好了	CSSCI发文数	XX-3

被访问者	原始资料描述	关键词提取	编码
1-EMYA	考虑到父母年纪越来越大，为了方便照顾他们，我选择回到家乡这边找工作，别的地方就没怎么考虑	家庭因素	JT-1
	读博期间共参与了2位导师的课题项目，对我来说收获很大	参与导师科研项目	KX-2
	每天文献阅读和实验的时间大概需要10个小时，课题组的成员基本都差不多	学习投入时间	TR-2
	只要做一些与学术相关的事情，比如参加培训、学术会议及国外交流项目，导师都是非常支持的	导师学术支持	DX-1
	我们学校给博士生提供了固定的学习场所，我们做实验的话一般都在实验室，那些不做实验的就大多在自习室，有固定的场所利于学习	学校学术氛围	GX-4
	我认为对博士生而言，搞好科研、多发文章只是一方面，在人际交往、团队协作方面也需要学习和加强	学习迁移能力	QY-1
1-HFXB	我还没有结婚，在读博时、找工作及现在从事科研工作时相对来说自由度比较大	婚姻状况	HY-2
	我在读博期间只参加过1次国际学术会议，是在日本，通过会议的形式了解了别的国家、别的学校的同学在做什么，现在的前沿是什么，我觉得很有意义	参加国际学术会议	CH-4
	我读博期间一共参加了导师3个项目，不断跟随导师做课题，整个课题下来，感觉收获非常大	参与导师科研项目	CD-1
	导师多在实验方法方面把关，具体的实验操作和安排由我自己来，每次实验前跟导师的讨论都很重要	导师科研指导	DS-5
	对于以后选择什么样的职业，导师从博二的时候就问过我的想法，我回答想进高校，得到了导师的支持，鉴于我的这种想法，导师进行了针对性的训练	导师职业指导	DZ-1
	我发表过2篇EI文章，写作过程和投稿过程花费的时间、精力都不少，最后这篇文章在工作面试时的收效也很大	EI发文数	XX-4
	现在社会对博士生的要求也不仅是能发文章就行，像团队合作、沟通、人际交往这些能力也很重要，考察的是综合素质	综合能力	ZH-1

表4.3(续)

被访问者	原始资料描述	关键词提取	编码
1-EFZC	导师因为工作原因，一两个月不在学校，这段时间帮着导师代课，锻炼一下自己	有过教学相关体验	YG-1
	博士期间，积极参加导师课题项目，跟着导师外出调研，在调研过程中逐步学会了如何去访谈	参与导师课题项目	CD-2
	导师对我们要求非常严格，基本上每半个月都要开组会，汇报最近的研究进展，对于我们汇报的结果，导师会逐个点评，每次汇报完后，导师会根据大家的研究进度安排后续的研究任务	导师科研指导	DS-6
	每次聚餐的时候，导师都会咨询一下即将毕业的师兄师姐，他们的职业意向及工作落实情况，在咨询结束后，导师会结合师兄师姐们在找工作过程中的问题，给我们讲授职场上的一些事	导师职业指导	DZ-2
1-EFZA	我博士毕业于一流高校，在找工作的时候，一些招聘单位也确实对博士毕业高校进行了筛选，一流高校的毕业生在找工作过程中还是具有比较大的优势	博士阶段就读高校类型	JY-5
	我们专业就业面比较狭窄，好的且对口的单位并不是很多，高校算是对口单位中比较好的单位了	学习动机	DJ-2
	我们专业如果要出好一点的成果，就必须做大量的实验，为了发好一点的文章，博士期间，我大部分时间都是在实验室中度过的	学习投入时间	TR-3
	博士阶段，我跟着导师做项目，跟着导师一起申报课题及奖项，有幸获得一次省级奖励	获得的奖励	HJ-1
	博士期间，导师承接了很多横向与纵向课题，有时忙不过来，就会把一些小的横向课题让我们来做，在做课题的过程中我学会了不少东西	参与科研项目	CD-3
	博士期间，我也会主动地写申报书，申请一些小的课题项目来做，在这个过程中，我逐步熟悉了课题申报的基本流程，这对今后课题申报非常有帮助	独立开展科研项目	DL-2
	我的导师会经常召开课题组组会，对实验进展进行讨论并指导，导师的亲临指导对我的实验进展、文章发表来说都还是很重要的	导师科研指导	DS-7
	读博期间，为了能够达到学校的毕业要求，我也发过几篇SCI，但是影响因子都不是很高	SCI发文数	XX-4

表4.3(续)

被访问者	原始资料描述	关键词提取	编码
1-EMYB	我博士毕业于一流高校,这个平台让我在找工作时能够 PK 掉不少的竞争者,成功拿到录取的 offer	博士阶段就读高校类型	JY-6
	整个读博期间,我跟着导师共参加过 3 次国际学术会议,其中 2 次在美国,还有 1 次在欧洲,学术会议的参与拓展了我的视野,开阔了我的眼界	参加国际学术会议	CH-5
	有次,导员在研究生群里发了一则实习生招聘信息,刚好和我的毕业论文研究方向有一定联系,在征求导师同意的情况下,我去实习了几个月	参加学科领域的实习	XL-1
	读博期间导师对我的指导,包括科研方法、理论等方面,都让我受益匪浅	导师科研指导	DS-8
	我们这个专业既要懂得农业方面的知识,又要掌握工程技术方面的知识,是个综合性很强的专业,要学好这个专业,就要选修其他学科课程,学习其他学科领域的知识.	跨专业课程设置	KZ-1
	读博期间我总共发了 4 篇文章,其中 2 篇为 CSCD,2 篇为 EI,虽然文章的数量不算多,但是影响因子还算可以	EI 发文数	XX-5
2-EFYC	博士期间,我加了个群,里面会经常发一些会议信息,有的是要投会议论文的,有的则不需要,我会选择自己感兴趣的会议参加,在参会过程中,我会将自己最近完成的小论文拿给一些老师看,让他们给予修改意见	参加国内学术会议	CH-6
	导师在申请下项目后,就会把项目分成若干份,让每个人根据自己擅长的领域来选择任务,然后大家根据自己的选择进行项目研究	参与科研项目	CD-4
	导师在我们心中即是老师,又是家长,平时在搞科研的时候,他非常严肃认真,课外的话,他又像是我们的家长,经常帮我们解决一些生活上的困难,逢年过节会把大家聚起来吃吃饭、看看电影。有时会给我们讲一些他的人生阅历,对我们很有启发	导师个人因素	DG-1
	整个博士期间,我一共发了 5 篇 CSSCI 的文章,其中有 1 篇被人大复印报刊资料全文转载,还有 1 篇登在我们专业内较为顶级的期刊上,这些文章的写作与发表,让我逐步掌握了一些论文写作与发表的技巧	CSSCI 发文数	XX-6
	除了学会论文写作与发表的技巧之外,我还学会了一些其他的技能,如时间管理、团队协作、人际沟通、组织与协调等,这对我现在的工作非常有帮助	综合素养	TJ-1

表4.3(续)

被访问者	原始资料描述	关键词提取	编码
2-EMYA	当时考博的时候，我同时考了两所学校，一所一流高校，一所一流学科高校，结果一流高校没有考上，一流学科高校考上了，当时一直犹豫要不要去读这个博士，父母给我做了很多思想工作让我去。来了之后，父母怕我不适应，隔三岔五地给我打电话。我在学习中遇到一些不开心的事的时候，也会向父母倾诉，父母的支持让我顺利地毕业，并走上工作的岗位	家庭因素	JT-2
	在博二的时候，我有幸跟导师去欧洲参加了一次国际会议，在这次会议上，导师给我引荐了她当时做博士后的老师，后来我在CSC项目中就申请了这个导师作为国外合作导师	参加国际学术会议	CH-7
	导师对我们要求非常严格，要求我们每天都按时打卡，每次我们去实验室后，会发现导师已经在实验室了，每次我们做实验的时候，她就会在旁边给予一定的指导	导师科研指导	DS-9
	学院为我们配备了比较好的实验设备，为我们从事各种实验活动提供了保障	学校学习资源	GX-5
	我们学院经常组织学术论坛、专家讲座和学术研讨会，在这些活动中认识的人、学习到的知识让我对本专业、本领域的认识不断加深，对我毕业后的工作也有很大益处	学校学术氛围	GX-6
	博士毕业的时候，我手里有5篇paper，其中有1篇一区的，1篇二区的，这对我以后找工作非常有用	SCI发文数	XX-7
	在出国交流的那段时间里，国外的导师指导方式跟国内导师不太一样，他不会像国内导师那样手把手教我们，更多的时候他只会给我们一些新的idea，让我们自己去探索与研究，在这个探索过程中，我的能力得到了发展	科研能力	QY-2

表4.3(续)

被访问者	原始资料描述	关键词提取	编码
2-EMYB	我每学期都会对自己的学习时间做规划,一方面能够合理有效地利用时间,另一方面也确实帮助我形成了很好的学习习惯	学习投入时间	TR-4
	读研期间,硕导一直让我考个博士,今后好在高校里面当老师,最后在硕导的鼓励下,我考取了博士,打算以后在高校中工作	学习动机	DJ-3
	看到其他同学在申请一些创新项目,我也跟着去申请,没想到还中了,课题申请下来后,一堆麻烦事来了。为了解决这些问题,我就向有经验的师兄师姐请教,最后顺利地完成了课题,整个过程虽然艰辛与曲折,但是收获很多	独立开展科研项目	DL-3
	我的导师在界内有一定的学术影响力,这对我发表文章还是有一定的帮助的,尤其是国内的一些不错的 CSCD 期刊,导师挂名的话对审稿时长和中稿率都有帮助	导师学术支持	DX-2
	我们专业学的东西比较多,也比较综合,在专业上,学校在培养计划中会尽可能地给我们多安排一些课程	专业课程设置	KC-2
	在与师兄师姐的交流中我得知,现在一些高校在招聘过程中不仅看重毕业生的科研能力,同时也会考虑毕业生的其他能力,如职场适应能力、团队协作能力	职业能力	ZN-1
2-EMYC	我很喜欢自己的专业,希望能在这个专业和方向进行深入的了解和学习,以后从事这方面的工作	学习动机	DJ-4
	导师兼有行政职务,平时比较忙,不会像有些导师那样手把手教学生、管学生,对于我们的指导更多的是观念与方向上的指导	导师科研指导	DS-10
	我们这个专业偏向于经济学,常用一些经济学的研究方法来研究问题,这就要求我们熟练地掌握一些量化研究的方法,为了学习方法,我就跨专业选了几门关于研究方法的课程	跨专业课程设置	KZ-2
	博士课程的老师上课方式与本科和研究生不一样,都是抛出一个话题和热点让大家讨论,然后我们回去查找资料,下次上课再一起分享和讨论	教师教学方式	JF-1
	在毕业的时候我一共发了 4 篇文章,出刊了 3 篇,还有 1 篇已录用	CSSCI发文数	XX-8

被访问者	原始资料描述	关键词提取	编码
2-EFYA	刚开始读博的时候，我对这个研究领域并不是特别感兴趣，后来随着研究的深入，我发现这个领域越来越有意思，打算在这个领域一直研究下去	学习动机	DJ-5
	博一、博二的时候比较辛苦，每天至少10个小时以上在实验室里做实验	学习投入时间	TR-4
	学校举办过一些专业领域的相关国际会议，我见到了本专业、本领域很多相关专家，也见识到了国际上的研究前沿和热点，学到了很多东西	参加国际学术会议	CH-8
	我开始做这个领域研究，更多是导师课题的需要，随着研究深入，还有很多未解决的问题，为了弄清这些问题，我会主动融入导师的课题中	参与导师课题项目	CD-5
	我们在做实验与写论文中遇到一些问题时，导师会让我们先通过自己的努力去解决，在问题解决过程中，他会适当给予一定帮助	导师科研指导	DS-11
	在实验室待了几年，我总算有一定成果，发了2篇影响因子大于5分的文章	SCI发文数	XX-8
	在课题组的这几年，我逐步学会了如何解决问题、如何更好地与团队其他小伙伴合作	综合能力	ZH-2
3-EMZB	博士期间，我积极参加导师的课题项目，跟着导师经常外出调研，学到了如何与人打交道、如何做科研	参与导师科研项目	CD-6
	一直以来导师都秉承他的教育观念——育人与教书同样重要。他会给我们讲一些人情世故，教我们如何更好地同其他人打交道	导师个人因素	DG-2
	博士阶段除了发论文，我还申请了几项专利，这些专利对我后来找工作比较有帮助	专利的申请	ZL-1
	导师兼有行政职务，即使平时工作再忙，他也会抽时间来指导我们	导师科研指导	DS-12
	在导师的指导与栽培下，我其他方面的能力也得到了锻炼与发展	综合素养	TJ-2

表4.3(续)

被访问者	原始资料描述	关键词提取	编码
3-EFYC	我们课题组比较看重学术会议,导师也会鼓励、支持我们多参加国内外的学术会议,我参加了多次国内学术会议,开阔眼界的同时,也认识了许多老师与同学,他们对我后来的研究帮助较大	参与国内学术会议	CH-9
	博士的课程比较紧,各种学术会议和讲座很多,要学习的书籍和论文数量庞大,每天会花费大量的时间进行阅读和学习	学习投入时间	TR-5
	在博士期间,我独立申请了校级、厅级课题一项,在科研立项、结项过程中学习到了很多东西,深知做科研很辛苦,但也收获很多	独立开展科研项目	DL-4
	在做科研的过程中,一些不懂的地方,我会请教导师,也得到了导师的热心指导和中肯的意见,这对我的帮助很大	导师科研指导	DS-13
	通过博士的攻读,在短短的3年时间中,我阅读大量的文献和著作,完成了2篇CSSCI以及5篇普刊	CSSCI发文数	XX-9
	读博期间我不仅很好地完成了学习上的任务,还积极参加学校活动和社会活动,接触了很多有趣的人,也向他们学习到了很多知识和技能	综合素养	ZH-3

本书围绕访谈提纲的问题——博士生学术社会化发展的影响因素,经过开放式编码以后,从收集到的资料中提取关键词并命名、进行概念化处理,最终提炼得到了若干个开放式编码(见表4.3),它们分别是:性别、婚姻状况、家庭因素、本科阶段就读高校类型、硕士阶段就读高校类型、博士阶段就读高校类型、参加国内学术会议、参加国际学术会议、学习动机、学习投入时间、独立开展科研项目、参加学科领域的实习、有过教学相关体验、导师科研指导、导师学术支持、导师生活指导、导师职业指导、专业课程设置、跨专业课程设置、教师教学方式、学校学习资源、学校学术氛围、学校培养与管理、SCI发文数、CSSCI发文数、SSCI发文数、EI发文数、专利申请情况、获得的奖励、科研能力、职业能力、综合素养。

4.4.2.3 访谈资料的关联式编码

访谈资料的关联式编码(又称"二级编码"),主要是在开放式编码的基础上,对提取的相关概念进行进一步整合与重组,在此基础上找到各个概念之间的类属联系。本书主要是探讨博士生学术社会化发展的影响因素,根据研究需要要对开放式编码过程中收集到的概念进行深入的整合、归纳与分析,找到它们之间的内在联系。通过对开放式编码的整理、归纳与合并，提炼形成了以下关联式编码（见表4.4），它们分别是：个人背景、教育背景、学习投入度、科研项目参与、教学实践参与、导师指导、课程与教学、学校培养环境、学术成果及能力培养。通过这个编码过程，能够对博士生学术社会化发展的影响因素之间的相互关系有更深入的理解。

表4.4　博士生学术社会化影响因素访谈关联式登录情况

影响因素	包含要素	原始资料的描述
个人背景	性别	由于我是男生，父母对我的管教也比较少，让我有更多时间去做我自己想做的事情（读书、做实验、搞科研） 考虑到自己的性别问题，在博士读博期间还是要多努力一些，希望能够快点达到毕业要求，延期毕业的话，自己要承受更多的家庭压力
	婚姻状况	我能够取得现在的成就，离不开妻子的默默支持与鼓励 我还没有结婚，在读博时、找工作及现在从事科研工作时相对来说自由度比较大
	家庭因素	考虑到父母年纪越来越大，我想博士能够早点毕业出来工作，以此减轻父母的压力 我家里就我一个孩子，在选择读博的学校、工作单位的时候我都想离家近点，所以现在就留在了父母所在的城市
教育背景	本科阶段就读高校类型	不过我觉得本科阶段教育经历对我现在的工作虽然有一定的影响，但是影响并不大
	硕士阶段就读高校类型	我本硕士阶段在一流学科高校，总体来说觉得还不错
	博士阶段就读高校类型	我博士毕业高校是一流高校，尤其我们专业又是国家重点，所以我觉得博士学校的选择太正确了 我读博是在一流高校，应聘时还是会去一些好单位试一下，相比于那些非"双一流"高校毕业的同届生可能机会要大一些

表4.4(续)

影响因素	包含要素	原始资料的描述
学习投入度	学习动机	读研期间在硕导的鼓励下，我考取了博士，打算以后在高校中工作 希望能在这个专业和方向上进行深入的了解和学习，以后从事这方面的工作 现在进高校当老师基本都需要博士学位，我想拿到博士学位然后能够进入高校工作 我们专业就业面比较狭窄，好的且对口的单位并不是很多，高校算是这些对口单位中比较好的单位
	学习投入时间	博一、博二的时候我每天至少10个小时以上在实验室里做实验 我每学期都会对自己的学习时间做规划，希望能够合理有效地利用时间
科研项目参与	参与导师科研项目	在参与科研项目的过程中我学会了开展科学研究的思路和方法等 导师在申请下项目后，就会把项目分成若干份，让每个人根据自己擅长的领域来选择任务
	参加国内学术会议	我会选择自己感兴趣的会议参加，在参会过程中学习了很多
	参加国际学术会议	我在读博期间只参加过一次国际学术会议，是在日本 在博二的时候，我有幸跟导师去欧洲参加了一次国际会议
	独立开展科研项目	博士期间，我会申请一些小的课题项目来做，在这个过程中，我逐步熟悉了课题申报的基本流程，这对今后课题申报非常有帮助
教学实践参与	参加学科领域的实习	刚好和我的毕业论文研究方向有一定联系，在征求导师同意的情况下，我去实习了几个月
	有过教学相关体验	导师因为工作原因，一两个月不在学校，这段时间帮着导师代课，锻炼一下自己

表4.4(续)

影响因素	包含要素	原始资料的描述
导师指导	导师科研指导	导师会经常召开课题组组会，对实验进展进行讨论并指导。每次我们做实验的时候，导师总在旁边给予我们一定的指导 定期与导师见面进行论文、课题的讨论，一般是一周一次，可以把每周的收获、疑惑都跟导师进行探讨，导师总是能够给我提供更多的想法
	导师学术支持	只要做一些与学术相关的事情，比如参加培训、学术会议及国外交流项目，导师都是非常支持的 导师在界内有一定的学术影响力，在投文章的过程中，对质量把控上比较严格
	导师职业指导	读博期间导师会咨询我们以后的就职意向，并根据我们的职业意向针对性地进行指导 导师会结合师兄师姐们在找工作过程中的问题，给我们讲授职场上的一些事情
	导师生活指导	导师在我们心中即是老师，又是家长，经常帮我们解决一些生活上的困难，有时会给我们讲一些他的人生阅历，启发与影响我们 一直以来导师都秉承育人与教书同样重要的观念，生活中会给我们讲一些人情世故，教我们如何更好地同其他人打交道
课程与教学	专业课程设置	我们专业学的东西比较多，也比较综合。在专业上，学校在培养计划中会尽可能地给我们多安排一些课程
	跨专业课程设置	要学好这个专业，就要选修其他学科课程，学习其他学科领域的知识 为了学习方法，我跨专业选了几门关于研究方法的课程
	教师教学方式	博士课程的老师上课方式与本科和研究生不一样，都是抛出一个话题让大家讨论
学校培养环境	学校学习资源	学院为我们配备了比较好的实验设备，为我们从事各种实验活动提供了保障
	学校学术氛围	在学校待了四年，学校浓厚的学术氛围让我逐步喜欢上了科学研究 学院经常组织学术论坛、专家讲座和学术研讨会
	学校培养与管理	读博期间学校的实验室是一年365天、每天24小时开放的，这让我们有充足的时间去做实验 学校在博士生培养中，实行弹性化培养模式

表4.4(续)

影响因素	包含要素	原始资料的描述
学术成果	SCI 发文数	我一共发表了 4 篇 SCI，其中 1 篇论文的影响因子在 5 分以上
	CSSCI 发文数	其中有 1 篇被人大复印报刊资料全文转载，还有 1 篇登在我们专业内较为顶级的期刊上
	SSCI 发文数	我毕业时共发表了 6 篇核心文章，其中有 2 篇为 SSCI 文章
	EI 发文数	读博期间我总共发了 4 篇文章，其中 2 篇为 CSCD，2 篇为 EI，虽然文章的数量不算多，但是影响因子还算比较高
	专利的申请	博士阶段除了发论文，我还申请了几项专利，这些专利对我后来找工作比较有帮助
	获得的奖励	博士阶段，我跟着导师做项目，跟着导师一起申报课题及奖项，有幸获得一次省级奖励
能力培养	科研能力	我认为对博士生而言，搞好科研、多发文章只是一方面他只会给我们一些新的 idea，让我们自己去探索与研究，在这个探索过程中，自己的学习迁移能力得到了发展
	职业能力	一些高校在招聘过程中不仅看重毕业生的科研能力，同时也会考虑毕业生的其他能力如职场适应能力
	综合素养	读博期间我不仅很好地完成了学习上的任务，还积极参加学校活动和社会活动，接触了很多有趣的人，也向他们学习到了很多知识和技能 除了学会论文写作与发表的技巧之外，我还学会了一些其他的技能，如时间管理、团队协作、人际沟通、组织与协调等，这对我现在的工作非常有帮助

4.4.2.4 访谈资料的核心式登录

访谈资料的三级编码是通过分析诸多概念的属性及内在联系，找出这些概念中具有较强关联性且能够反映出事物本质属性的核心概念类属。它就像一根"拉网的线"，起到提纲挈领的作用，不仅能够将事物各个部分紧密地联系起来，更能够有效地表达各个部分之间的内在逻辑关系，使各个部分之间的建构关系能够得到清晰准确的表达。在上一层关联式登录的过程中，我们对博士生学术社会化发展的影响因素进行了归纳、分析与整理，找出了影响博士生学术社会化发展的影响因素。它们分别是：个人背景、教育背景、学习投入度、科研项目参与、教学实践的参与、导师指导、课程与教学、学校培养环境、学术成果及能力培养，为了更加深入地探寻这些影响因素之间的相互关系，需要对它们进行进一步的核心式登录（见表 4.5）。

表 4.5 博士生学术社会化的影响因素访谈核心式登录情况

直接因素	关联因素	关键词提取
个人因素	个人背景	性别、婚姻状况、家庭因素
	教育背景	本科阶段就读高校类型、硕士阶段就读高校类型、博士阶段就读高校类型
	学习投入度	学习动机、学习投入时间
	学术活动参与	参与导师科研项目、独立开展科研项目、参加国内学术会议、参加国际学术会议
	教学实践参与	参加学科领域的实习、有过教学相关体验
导师因素	导师指导	导师科研指导、导师学术支持、导师职业指导、导师生活指导
	学术成果	SCI 发文数、CSSCI 发文数、SSCI 发文数、EI 发文数、专利的申请、获得的奖励
学校因素	课程与教学	专业课程设置、跨专业课程设置、教师教学方式
	学校培养环境	学校学习资源、学校培养与管理、学校学术氛围
	能力培养	科研能力、职业能力、综合素养

经过此阶段的核心式登录后，笔者发现个人因素、导师因素、学校因素这几个核心编码反复出现，可以看作博士生学术社会化发展的直接影响因素，它们分别连接着其他若干因素，共同对博士生学术社会化发展起着作用。

综合已有的开放式、登录式及核心式编码结果，本书最终得到核心编码的作用路径：

核心编码一：个人因素

①作用路径一：个人因素——个人背景

②作用路径二：个人因素——教育背景

③作用路径三：个人因素——教学实践参与

④作用路径四：个人因素——学习投入度

⑤作用路径五：个人因素——学术活动参与

核心编码二：导师因素

①作用路径一：导师因素——导师指导

②作用路径二：导师因素——学术成果

核心编码三：学校因素

①作用路径一：学校因素——课程与教学

②作用路径二：学校因素——学校培养环境

③作用路径三：学校因素——能力培养

4.4.2.5 编码的信效度检验

（1）编码的效度检验

研究效度这一概念用来评价研究结果与研究内容的相符程度，与量化研究（在研究之前对研究方法及工具进行检验）不同的是，质化研究的效度检验往往发生在研究过程开始之后①。因此，为了保障研究的效度，本书在研究中采用了3种效度检验的方法，对收集到的资料进行效度检验。

①描述性效度检验

描述性效度主要是对外在可观察的现象与事物进行准确描述的程度②。本书基于已有的访谈录音，对访谈过程中的每个核心概念、次核心概念及一般概念的类属进行了详细的归纳与描述，以此增加资料的描述性效度。

②研究参与者检验法

在对访谈资料进行准确描述的基础上，研究者将整理好的资料通过微信、QQ或电子邮件的方式发送给被访谈者，让他们对访谈资料的准确程度进行评判，然后根据他们的反馈意见进行进一步的修改与完善。

③同行检验法

在完成原始资料三级编码后，将编码后结果发送给相同学科领域的其他教师及对质化研究熟悉的学者进行交流与讨论，得到的结果与自身访谈整合后的结果大致上一致，说明访谈整体效度较高。

（2）编码的信度检验

研究信度这一概念为采用同样的方法对某个对象进行重复的测量，计算其结果一致性程度。在质化研究中，即使是在相同时间、相同地点对相同的研究对象进行同一问题的访谈，得到的结果也会因研究者及访谈对象当时心理活动的不同而存在差异。一般而言，质化研究不强调证实事物，不认为事物能够以完全一模一样的形式重复出现，因此在质化研究中不讨论信度问题③。

---

① 陈向明. 质的研究方法与社会科学研究 [M]. 北京：教育科学出版社，2001：12.

② 孙斐. 地方政府绩效评价的价值冲突管理：基于四川省Z县政府的质性研究 [D]. 兰州：兰州大学，2014：44.

③ 陈向明. 质的研究方法与社会科学研究 [M]. 北京：教育科学出版社，2000：100-101.

4.4.2.6　访谈的伦理问题

遵循研究伦理既是对访谈者的尊重，也是研究者所应恪守的准则。在质化研究过程中，从与访谈人员建立访谈关系到实施访谈，并完成访谈的整个过程，研究者都是遵循着自愿、平等、保密及有偿等伦理原则。首先，在访谈对象选取过程中遵循了自愿原则，在与访谈对象建立访谈关系之前，都会通过QQ、微信、电话等方式与访谈对象进行沟通，在其同意接受访谈后，才会与访谈对象建立访谈关系；其次，在访谈过程中遵循自愿与保密原则，访谈过程中访谈对象出现不愿意继续访谈时，会随时终止访谈，对于访谈过程中所涉及的个人较为隐私且与访谈提纲关系不大的信息，会终止录音，尽可能保障访谈对象的隐私；再次，访谈结束之后，会给予访谈对象一定的物质（经济）补偿；最后，在资料收集整理过程中，严格遵循保密原则，不会将访谈的原始录音发送给第三方或用于其他用途，同时在访谈资料的编码过程中，对于访谈者的较为敏感的信息会进行处理（用字母或编号的形式替代），确保访谈资料能够最大限度保障被访问对象的隐私。

4.5　博士生通往学术职业的路径构建

通过质化研究，本书初步勾勒出博士生通往学术职业的路径框架，在此基础上，通过扎根理论的方法找出博士生学术社会化发展的影响因素。为更准确地反映出博士生通往学术职业的路径，本书结合第 3 章中博士生学术社会化的理论框架，对博士生通往学术职业的路径图进行修正与重构（见图 4.9）。

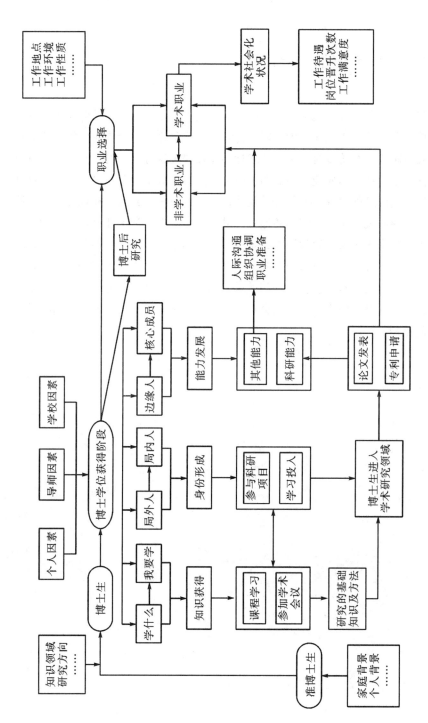

图4.9 博士生学术社会化路径框架

4.6　本章小结

　　本章主要包括以下几个部分：第一部分是关于博士生学术社会化历程的研究，该部分从博士生入学阶段、博士生获得学位阶段及博士毕业生学术职业选择与发展阶段三个阶段对博士生学术社会化发展过程进行探讨，并在此基础上构建博士生通往学术职业初步的路径框架；第二部分则是关于博士生学术社会化发展影响因素的研究，该部分采用扎根理论的方法，经过开放式登录、关联式登录、核心式登录三级编码的形式，最终确定博士生学术社会化历程的核心影响因素为个人因素、导师因素、学校因素，其中个人因素包括个人背景、教育背景、学习投入度、科研项目参与、教学实践参与；导师因素为导师指导、学术成果；学校因素则包含课程与教学、学校培养环境、能力培养。在此基础上，结合第3章中博士生学术社会化框架图，最终勾勒出一条博士生通往学术职业的路径。

5 博士生学术社会化影响因素的量化研究

5.1 研究工具与数据来源

5.1.1 研究工具的设计

一流高校建设离不开一流的教师，而一流师资队伍的建设，除了对在职教师进行培训提升外，其后备人才队伍建设也是一个需要重视的问题。博士生作为高校教师队伍后备人才的主力军，其学术社会化状况对于高校师资队伍的建设会产生重要影响。因此，探寻博士生学术社会化就显得极为重要。博士生学术社会化如何进行？其学术社会化的背后包含哪些影响因素？这些因素通过何种路径与方式影响博士生学术社会化？这一系列问题成为本书问卷设计的重要基础。此外，为了更真实与客观地反映博士生学术社会化状况，本书确定问卷调查的主要相关因素，既包含调查问卷设计的合理维度，也包含问卷的具体选项指标，该项工作主要从以下几个层面展开：

5.1.1.1 相关文献的整理与借鉴

国内外学者在博士生学术社会化影响因素的方面已经进行了相关研究，并取得了一些研究成果。如 Susan（2008）通过对历史与化学学科博士生社会化过程进行研究发现，女性与男性在学术知识社会化中，社会化程度会存在差异[①]。Rernolds（1997）通过实证研究发现，学生学习投入时间、科研参与情

---

① SUSAN. Fitting the mold of graduate school：A qualitative study of socialization in doctoral education [J]. Innovation Higher Education，2008（33）：125-138.

况直接影响博士生学术参与的积极性进而影响学生的科研产出①。Gardner
(2014) 对两所研究型大学中历史学和化学系学生的社会化问题进行了研究，
通过观察、访谈、文本分析等方法，对处于不同阶段的 40 名博士生进行了细
致访谈，在此基础上，探讨了在博士生学术社会化过程中，哪些因素起到阻碍
或促进作用②。

通过对文献的整理，本书将博士生学术社会化的影响因素概括为三个层
面：第一，博士生个人因素，如博士生性别、博士生求学动机、入学前的教育
经历、学习投入度、学术实践的参与等维度；第二，导师因素，包括导师科研
指导，导师对学生参与国内及国际会议、活动的支持（博士生参与国际学术
会议、活动及项目与导师支持密切相关，在本书中将博士生国际化与导师因素
进行整合）等维度；第三，学校组织因素，主要包括学校的课程设置、学校
的组织与管理及学校的学术氛围等。

5.1.1.2　质化研究的分析与提炼

在问卷编制之前，笔者对一些青年教师进行了关于博士生学术社会化影响
因素的质化访谈，得到博士生社会化影响因素包括性别、婚姻状况、家庭因
素、本科阶段就读高校类型、硕士阶段就读高校类型、博士阶段就读高校类
型、学习动机、学习投入度、导师科研指导、导师学术支持、导师职业指导、
学校学习资源、学校学术氛围、学校培养与管理等，初步确立了问卷编制的基
本内容与框架。在此基础上，问卷还将结合国内外相关的研究文献及其他问卷
进行进一步的开发与完善。

5.1.1.3　相关领域专家探讨

在进行问卷设计之前，笔者邀请相关领域的学者、教师等，对问卷设计的
思路、指标、问题类型等进行深入的探讨③。在问卷调查设计过程中，为使问
卷设计更具科学性、合理性，笔者还对相关领域的专家进行访谈，同时这一过
程也是充分利用专家学者的经验和学识，来增强问卷调查的效度。

在问卷编写结束后，笔者以所在学院为小样本测试，找出问卷存在的一些
表述不合理、不准确或有歧义的选项，同时在小样本问卷测试的时候，笔者会

---

① RERNOLDS. Engaging classrooms：Student participation and the instructional factors that shape it
[C]. ASHE Annual Conferenc，1997.

② GARDNER S K. Socialization to inter disciplinarity：Faculty and student perspectives [J].
Higher Education，2014（3）：255-271.

③ 冯遵永. 我国大学内部治理中学生参与研究 [D]. 徐州：中国矿业大学，2019：102-
106.

让被调查者对问卷提出修改意见，结合被调查者的修改意见对问卷进行再次的修正与完善。在学院完成小样本测试后，笔者以学校为单位进行预调查，收集被调查者对问卷的反馈信息与结果，结合专家的意见进行再次修改与完善，最终确立了研究所需的问卷（见表5.1）。

表5.1　调查问卷框架

调查题项	问题类型	选项类型	数据类型
个人的基本情况 （性别、年龄、婚恋状况等）	封闭式	单选题	分类变量/ 连续变量
本科毕业的院校	封闭式	单选题	连续变量
本科就读学科	封闭式	单选题	分类变量
硕士毕业的院校	封闭式	单选题	连续变量
硕士就读学科	封闭式	单选题	分类变量
博士毕业的院校	封闭式	单选题	连续变量
博士就读学科	封闭式	单选题	分类变量
博士录取方式	封闭式	单选题	分类变量
专业课程设置	封闭式	单选题	连续变量
跨专业课程设置	封闭式	单选题	连续变量
教师课程教学活动	封闭式	单选题	连续变量
学习投入的时间 （每天学习的时间、每周学习的时间）	封闭式	单选题	连续变量
学习的动机	封闭式	单选题	分类变量
学习方式	封闭式	单选题	分类变量
参加学术活动 （学术讲座、学术会议等）	封闭式	单选题	分类变量
参加实习实践活动 （实习、助教或班主任）	封闭式	单选题	分类变量
学校学习资源	封闭式	单选题	连续变量
学校学术氛围	封闭式	单选题	连续变量
学校管理与培养	封闭式	单选题	连续变量
导师科研指导	封闭式	单选题	连续变量
导师学术支持	封闭式	单选题	连续变量

表5.1(续)

调查题项	问题类型	选项类型	数据类型
导师实践支持	封闭式	单选题	连续变量
导师职业指导	封闭式	单选题	连续变量
导师生活指导	封闭式	单选题	连续变量
公开发表的论文	封闭式	单选题	连续变量
获奖次数	封闭式	单选题	连续变量
获得项目资助情况	封闭式	单选题	分类变量
申请专利情况	封闭式	单选题	连续变量
学术能力发展	封闭式	单选题	连续变量
职业能力发展	封闭式	单选题	连续变量
综合素养提升	封闭式	单选题	连续变量
职业选择 （工作的地点及区域、 工作单位的性质、 工作岗位的性质等）	封闭式	单选题	分类变量/ 连续变量
职业发展 （职业发展的前景、晋升、待遇等）	封闭式	单选题	连续变量

5.1.2 问卷的发放与数据收集

本书在调查过程中采用方便抽样和滚雪球抽样两种方法，其中方便抽样指根据研究需要选择朋友圈中最容易获得的样本进行调研；滚雪球抽样指借助已经确定的成员，通过确定成员不断增加新成员数量，从而扩大样本容量。课题组成员通过联系高校研究生院教师获得部分毕业博士生的联系方式，再通过问卷星平台、邮件、微信等形式进行问卷发放。此外，调研过程中获得高校教师、行政教师的帮助，提高了问卷的发放率和回收率。本次调查共回收有效问卷712份，基本信息如表5.2所示。

表 5.2 调研数据的基本情况

个人信息	性别		年龄特征				
	男	女	≤25岁	26~30岁	31~35岁	36~40岁	≥41岁
毕业博士生人数/人	408	304	8	275	233	137	59
比例/%	57.30	42.70	1.12	38.62	32.72	19.24	8.29

高校情况	高校层次类型						
	一流高校		一流学科高校			非双一流高校	
毕业博士生人数/人	263		345			104	
比例/%	36.94		48.46			14.61	

其他情况	读博的录取方式				职业选择		婚姻状况		
	公开招考	申请—考核	硕博连读	直博	学术职业	非学术职业	已婚	恋爱中未婚	单身
毕业博士生人数/人	102	344	189	77	468	244	346	218	148
比例/%	14.33	48.31	26.54	10.81	65.73	34.27	48.60	30.62	20.79

生源教育背景	本科阶段就读高校类型			硕士阶段就读高校类型		
	一流高校	一流学科高校	非双一流高校	一流高校	一流学科高校	非双一流高校
毕业博士生人数/人	153	238	321	292	248	172
比例/%	21.49	33.43	45.08	41.01	34.83	24.16

5.1.3 问卷信效度检验

为测定问卷信度，本书采用克隆巴赫系数（Cronbach's α）对其进行检验。若问卷的 $\alpha \geq 0.8$，表明该问卷或者测验的信度非常高；若 $0.7 \leq \alpha < 0.8$，则说明问卷或测验的信度比较高；若 $0.6 \leq \alpha < 0.7$，则认为该问卷或测验的信度在可以接受的范围内；若 $\alpha < 0.6$，说明该问卷或测验的结果不是很理想，需要对问卷或测验进行重新设计与调整。本书运用 SPSS25.0 统计软件对问卷进行信度分析，结果表明大部分观测变量的信度值都在 0.782 以上，表明问卷具有较高信度。

关于问卷效度检验，通常采用 KMO（取值范围通常在 0~1）和 Bartlett 球形检验。若 KMO≥0.9，说明问卷效度非常好；若 0.8≤KMO<0.9，则表明问卷效度比较好。本书通过 SPSS25.0 统计软件分析，发现问卷的 KMO 值为 0.813，Bartlett 球形检验结果的显著性水平为 Sig＝0<0.01，表明问卷效度较好，数据的相关性较高。

5.1.4　问卷数据的处理

根据上文所述，本书使用的调查问卷是在研究文献、质化研究及预调研的基础上，结合专家访谈编制而成的。该问卷共分为四个部分，第一部分为人口学变量（年龄、性别、是否结婚）等基本信息，设定题型为单项选择（连续变量/分类变量）；第二、三、四部分是博士生学术社会化的相关影响因素，题项主要采用李克特（Likert）五点式进行设计（1～5 分别表示完全不符合、基本符合、一般、基本符合、完全符合），设定题型为单项选择（连续变量）与单项选择题（李克特五点量表）。由于数据类型不同（调研数据中既包含连续变量又包含分类变量），所以在数据处理过程中所采用的方法也会存在差异。

第一，针对分类变量的处理。分类变量主要为二分变量，一般而言只有 0 与 1 两种形态，这种变量在数据分析过程中常常被设置为虚拟变量。因此，在统计分析过程中，利用相关数据分析软件 SPSS25.0 对其进行虚拟化处理，将这种变量分为 0 与 1 的两种形态。

第二，针对连续变量的处理。一般而言连续变量主要为数值连续不断地增加或减少的变量，在数据分析过程中要对其进行无量纲化的处理。具体到本书中，首先利用 Excel 对数据进行录入；其次将数据导入 SPSS25.0 数据分析软件中，进行编码与处理（相关变量的编码转换及缺失值的补充等）；再次对转换后的变量进行无量纲化处理（数据的标准化处理），将数值转化为 0 到 1 的区间；最后将转化后的值代入相关模型中进行计算分析。经过数据的二次处理后，原始数据发生转变，接着本书利用转变后的数据进行描述性、差异性、相关性及影响因素的分析。

5.2　博士生学术职业选择的影响因素分析

博士生学术职业选择是博士生学术社会化的前提，本节将对博士生学术职业选择的影响因素进行分析，为后文博士生学术社会化影响因素的研究奠定基础。

5.2.1 研究假设与研究框架构建

5.2.1.1 研究假设

(1) 关于个人因素与博士生学术职业选择的研究

在个人因素与博士生学术职业选择的研究层面，相关学者的研究结论主要集中在以下几个层面：①个人教育背景与博士生学术职业选择之间的关系研究。如 Robert（1992）通过对毕业生背景因素、毕业生最初职业以及现阶段毕业生职业发展情况的研究，证明了毕业生背景因素对于毕业生职业地位的获得会产生重要的影响[①]。刘精明（2016）则从教育公平与社会分层的视角出发，说明教育背景对于毕业生职位获得及人力资本收益将产生重要影响[②]。Bedeian 等（2010）的研究认为博士阶段就读高校的声望对于博士生今后的学术职业选择与发展产生直接而显著的影响[③]。②关于个人性别与博士生学术职业选择的研究。武学超（2016）通过对瑞士高校教师的性别结构研究发现，在瑞士高校高层学术职业性别结构失衡，女性高层学术人才严重缺失，已成为影响国家创新竞争能力提升的重要因素[④]。李澄锋等（2019）通过对 2017 年中国博士毕业生调查数据分析发现，与男博士相比，女博士更倾向于选择相对稳定的学术职业[⑤]。③关于学术兴趣与博士生学术职业选择的研究。朱晓博（2012）以研究型大学的博士生为研究对象，分析了博士生读博动机对于博士生职业选择及职业满意度的影响[⑥]。潘懋元等（2015）认为对学术发展充满热情与信心，成为学术带头人的必要的非智力因素[⑦]。黄海刚等（2016）则将学术动机纳入研究范畴，挖掘学术动机与博士生培养及职业发展之间的关系[⑧]。鲍威等

① ROBERT E. The constant flux: A study of class mobility in industrial societies [M]. Gold thorpe: Clarendon press, 1992: 23-27.

② 刘精明. 教育公平与社会分层 [M]. 北京: 中国人民大学出版社, 2016: 301-318.

③ BEDEIAN A G, CAVAZOS D E, HUNT J G, et al. Doctoral degree prestige and the academic marketplace: A study of career mobility within the management discipline [J]. Academy of Management Learning and Education, 2010 (9): 11-25.

④ 武学超. 瑞士大学高层学术职业性别平等保障措施及启示: 以洛桑大学为例 [J]. 外国教育研究, 2016 (1): 93-96.

⑤ 李澄锋, 陈洪捷, 沈文钦. 博士研究生学术职业选择的群体差异: 基于中国博士毕业生调查数据 [J]. 学位与研究生教育, 2019 (8): 36-41.

⑥ 朱晓博. 上海研究型大学博士生学术职业定向研究: 以上海 E 大学及 J 大学为例 [D]. 上海: 华东师范大学, 2012: 43-48.

⑦ 潘懋元, 郑宏. 潘懋元是如何带博士生的 [N]. 中国教育报, 2015-07-13 (9).

⑧ 黄海刚, 金崴. 通往 PH.D 之路: 中国博士生入学动机的实证研究: 兼论学术动机对博士生培养质量的意 [J]. 复旦教育论丛, 2016 (5): 61-63.

（2017）通过实证研究，证实了博士生学术动机对于博士毕业生学术职业选择产生重要的影响①。罗英姿等（2021）通过对 1 107 名毕业博士进行调查分析发现，博士生读博期间的学术意愿与学术兴趣也将影响博士生学术职业的选择②。

基于上述研究结果及研究需要（为更好地探寻博士生教育背景与学术职业选择之间的关系，在本书中将博士教育背景分为本科阶段就读高校类型、硕士阶段就读高校类型及博士阶段就读高校类型三个部分），本书提出以下假设：

H_{A11}：本科阶段就读高校类型直接显著影响博士生学术职业的选择。

H_{A12}：硕士阶段就读高校类型直接显著影响博士生学术职业的选择。

H_{A13}：博士阶段就读高校类型直接显著影响博士生学术职业的选择。

H_{A2}：性别直接显著影响博士生学术职业的选择。

H_{A3}：学术兴趣直接显著影响博士生学术职业的选择。

（2）关于博士生培养与博士生学术职业选择的研究

博士生培养与博士生学术职业选择之间是否存在关系，存在何种关系？对此，国内外学者进行了相关研究，如 Mangematin（2000）通过研究发现，博士生在求学期间参与学术活动的经历对其毕业后职业的选择产生影响③。Kiley（2005）指出博士生在读期间参与所在学院和学校的学术共同体活动对于其职业发展至关重要④。蒋承（2011）通过实证研究发现，博士毕业生求学期间学习参与情况对于其学术职业选择产生显著影响⑤。张英丽（2009）通过对两所高校博士毕业生调研发现，博士生学术职业选择与博士生教育（导师学术指导、职业指导）之间存在密切的联系⑥。卢菲菲（2011）的实证结果显示导师

① 鲍威，杜嫱，麻嘉玲. 是否以学术为业：博士研究生的学术职业取向及其影响因素 [J]. 高等教育研究，2017（4）：68-69.

② 罗英姿，韩霜，顾剑秀. 过程性视角下博士学术职业选择的形成机制研究 [J]. 中国高教研究，2021（3）：82-87.

③ MANGEMATIN V. PhD job market: professional trajectories and incentives during the PhD [J]. Research policy, 2000（6）：741-756.

④ KILEY M. Engaging doctoral in research communities [C]. Australian Universities Quality Forum, 2005：73.

⑤ 蒋承. 博士生学术职业期望影响因素研究：一个动态视角 [J]. 北京大学教育评论，2011（3）：50-52.

⑥ 张英丽. 我国博士生学术职业选择及其影响因素 [J]. 高教探索，2009（2）：23-25.

因素（导师指导方式、导师能力等）对博士生今后的职业选择将产生重要影响①。董泽芳（2009）认为博士生培养过程中的课程和教学实践环节设置作为博士生教育的主要载体，对博士生影响显著②。郭丽君等（2013）以社会化视角对美国博士生学术社会化的准备工作进行了剖析，发现美国博士生对大学教师的工作要素、性质、价值缺乏系统的认识，为改变此状况，促使博士毕业生更好地适应大学教师的岗位，联邦政府与高校共同开展未来高校教师培养计划，对学生进行研究、教学与职业准备的一体化培训③。王传毅等（2020）基于 2019 年 Nature 全球博士生调查数据分析发现，学校课程设置及教师支持有助于提高博士生的职业前景期待，增加博士生选择学术职业的可能性④。杨佳乐（2020）通过对 6 812 名毕业博士的职业选择数据分析发现，在博士生培养过程中，高校、学院及导师的支持能够显著地增加博士生选择学术职业的概率⑤。已有研究表明，博士生培养中的个人因素、导师因素、学校因素等与博士生学术职业选择之间存在密切关系，鉴于此，本书提出以下假设：

H_{B1}：博士生学习投入时间直接显著影响博士生学术职业的选择。

H_{B2}：博士生科研项目参与直接显著影响博士生学术职业的选择。

H_{B3}：博士生学术会议参与直接显著影响博士生学术职业的选择。

H_{B4}：博士生独立开展科研项目直接显著影响博士生学术职业的选择。

H_{B5}：博士生教学实践参与直接显著影响博士生学术职业的选择。

H_{B6}：导师科研指导直接显著影响博士生学术职业的选择。

H_{B7}：导师学术支持直接显著影响博士生学术职业的选择。

H_{B8}：导师职业指导直接显著影响博士生学术职业的选择。

H_{B9}：学校课程设置直接显著影响博士生学术职业的选择。

H_{B10}：学校的培养与管理直接显著影响博士生学术职业的选择。

（3）关于学术产出与博士生学术职业选择的研究

在学术产出与博士生学术职业选择的研究上，相关学者进行了大量探索。

---

① 卢菲菲.影响博士生选择学术职业的因素分析：基于厦门大学博士生的问卷调查 [J].扬州大学学报（高教研版），2011（6）：52-54.

② 董泽芳.博士生创新能力的提高与培养模式改革 [J].高等教育研究，2009（5）：51-56.

③ 郭丽君，吴庆华.试析美国博士生教育为学术职业发展准备的社会化活动 [J].学位与研究生教育，2013（7）：65-68.

④ 王传毅，王宇昕.博士生自我认知、培养环境与学术职业选择：基于 2019 年 Nature 全球博士生调查数据的实证研究 [J].国家教育行政学院学报，2020（3）：87-92.

⑤ 杨佳乐.组织学术职业支持是否影响博士生就业意愿：基于 2019 年 Nature 全球博士生调查的实证分析 [J].中国高教研究，2020（4）：44-48.

如 Thomas 等（1999）研究指出，博士生在教育期间的学术产出对于博士毕业后学术职位的获得及学术职业的发展都是有利的[①]。Mangematin（2000）通过对法国 200 多名社会科学类博士毕业生的职业生涯调查发现，博士生在求学期间发表的论文数与其毕业后的职业选择有密切的关系[②]。Roach 等（2010）的调查显示，那些希望自由选择研究课题、希望从事基础研究并且学术发表更加突出的博士生明显地倾向于选择在学术界而非企业就业[③]。沈文钦（2017）在对 13 所高校博士毕业生调查后发现，博士生学术成果（博士生在 SCI、SSCI、EI、CSSCI 等期刊的发文数）影响博士毕业生的职业选择[④]。程诗婷等（2020）基于 C9 高校数据的实证分析得到，博士生学术成果的数量与质量成为博士生是否选择学术职业的首要指标[⑤]。鉴于此，本书提出以下假设：

H_{C1}：学术成果直接显著影响博士生学术职业的选择。

5.2.1.2 研究框架构建

尽管国内外学者从不同视角探讨了博士生学术职业选择的影响因素，但仍存在一些不足，相关研究大多是从学术从业者的家庭背景、性别、学术兴趣、学术产出等单独角度来探讨影响其学术职业选择的因素，研究的是单一变量与学术职业选择之间一对一的关系，未关注多变量与学术职业选择之间多对一的关系，造成研究的片面性与单一性[⑥]。此外，已有关于博士生学术职业选择的研究主要选取在校博士生为调研对象，以博士生学术职业期望作为学术职业选择的因变量，由于学术职业期望与实际学术职业选择之间存在偏差，造成研究结果并不能客观、科学地反映博士生职业选择状况。鉴于此，本书以博士毕业生为调研对象，从学术从业者背景（生源教育背景、性别等）、博士生培养（学生学习投入时间、科研项目参与、教学实践参与、导师科研指导、导师学术支持等）及学术产出（学术论文）多维度出发，构建多因素分析框架（见

---

① THOMAS C, BUCHMUELLER J. Graduate training and the early career productivity of Ph.D economists [J]. Economics of Education Review, 1999 (14): 65-77.

② MANGEMATIN V. The careers of social science doctoral graduates in France: the influence of how the research was carried out [J]. European Journal of Education, 2000 (1): 111-124.

③ ROACH M, SAUERMANN H. A taste for science? PhD scientists' academic orientation and self selection into esea-rch careers in industry [J]. Research Policy, 2010 (3): 422-434.

④ 沈文钦. 中国博士毕业生的就业偏好与实际就业部门分布：基于 2016 年 13 所高校的调查数据 [C]. 徐州：中国高等教育学会院校研究分会 2017 年年会，2017：542-548.

⑤ 程诗婷，廖文武. 多元化就业与博士生教育：基于 C9 高校数据的实证分析 [J]. 研究生教育研究，2020 (5): 24-28.

⑥ 张存群，马莉萍. 学术活跃度与博士生学术产出的实证分析：以中国某研究型大学为案例 [J]. 研究生教育研究，2013 (6): 1-7.

图 5.1），在此基础上探讨博士毕业生学术职业选择的影响因素并提出相关建议，以期为今后博士毕业生学术职业选择的研究提供借鉴与参考。

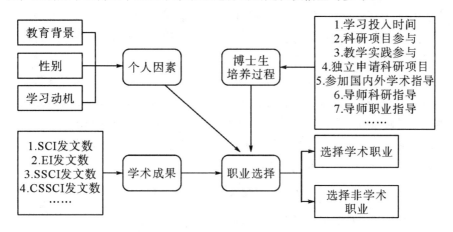

图 5.1　博士生学术职业选择影响因素的分析框架

5.2.2　变量选取与描述统计

（1）因变量

在博士生学术职业选择影响因素的研究中，因变量为职业选择，根据博士毕业生从事职业的性质，将其分为学术职业与非学术职业。其中学术职业指将四年制本科院校作为其职业发展场所的学者和他们所从事的学术工作，非学术职业则为在其他单位工作的从业者①。

（2）自变量

影响博士生学术职业选择的因素众多，本书主要从以下几个层面选取自变量：第一，个人因素层面，该层面主要包括博士生教育背景、博士生性别及博士生的学习动机。其中博士生教育背景分为本科阶段就读高校类型与硕士阶段就读高校类型，根据研究需要将高校分为一流高校、一流学科高校及非双一流高校三类，并对其进行编码。第二，在博士生培养层面，包括博士生学习投入时间、博士生科研项目参与、博士生教学实践参与、导师科研指导、导师学术支持（导师对于学生参加国内外学术会议及活动的支持）、专业课程设置。在研究中采用李克特五点量表，对这些变量进行测量与处理。第三，学术成果层面，学术成果主要指在一定时期内，科研团队或个人所创造的科研成果，其载

---

① 沈红. 论学术职业的独特性 ［J］. 北京大学教育评论，2011（3）：18-28.

体为发表的论文、申请的专利与课题、出版的著作，具体到博士生层面最直接的表现形式为学术论文产出的质量与数量①。现阶段关于个体科研绩效的评测方法主要有以下几种：学术产出数量法——以会议论文、学术论文与专著的数量作为评测标准；质量分析法——以发表论文的质量作为评测标准；同行评议法——相同领域专家与学者对科研成果进行评测；综合评议法——运用文章数量与质量来评议科研绩效②。目前为止，以博士生为研究对象，探寻其科研绩效的定量研究尚不充分，加上测量方法的影响，造成测量结果不能客观地反映博士生科研绩效特点。鉴于此，本书采用综合评议法（根据 SCI、SSCI、EI、CSSCI 等期刊的发文数量与质量）评测博士生科研绩效水平，具体记分方法参考鲍威等人对学术论文的记分法则（见表 5.3）③。

表 5.3 变量分类及描述性分析

变量	性质	平均数	标准差	说明
A. 控制变量				
婚姻状况	分类	—	—	1=已婚；2=恋爱未婚；3=单身
家庭所在地	分类	—	—	1=省会城市；2=地级市；3=县城；4=乡镇；5=农村
B. 自变量				
性别	分类	—	—	1=女性；2=男性
本科阶段就读高校类型	分类	—	—	1=一流高校；2=一流学科高校；3=非双一流高校
硕士阶段就读高校类型	分类	—	—	1=一流高校；2=一流学科高校；3=非双一流高校
博士阶段就读高校类型	分类	—	—	1=一流高校；2=一流学科高校；3=非双一流高校
学习动机	分类	—	—	1=受硕士生导师的影响；2=学术志趣；3=职业发展需求；4=受家庭因素的影响；5=受同伴的影响

---

① 边国英. 科研过程、科研能力以及科研训练的特征分析 [J]. 教育学术月刊，2008（5）：22-25.

② HARTLY, MONKS, ROBINSON. Economists publication Patterns [J]. American Economist, 2001（45）：80-82.

③ 鲍威，陈杰，万蜓婷. 我国"985工程"的运行机制与投入成效分析：基于国际比较与实证研究的视角 [J]. 复旦教育论坛，2016（3）：11-16.

表5.3（续）

变量	性质	平均数	标准差	说明
学习投入时间	连续	3.250	0.851	1=1~3小时/天；2=4~6小时/天；3=7~9小时/天；4=9小时以上/天
科研项目参与	连续	6.720	1.033	2道观测题，采用李克特五点量表：1~5分（1=不满意，5=非常满意）
教学实践参与	连续	7.020	1.112	2道观测题，采用李克特五点量表：1~5分（1=不满意，5=非常满意）
参加国内学术会议	连续	3.450	0.913	1道观测题，采用李克特五点量表：1~5分（1=不满意，5=非常满意）
参加国际学术会议	连续	3.130	0.804	1道观测题，采用李克特五点量表：1~5分（1=不满意，5=非常满意）
独立开展科研项目	连续	6.920	1.041	2道观测题，采用李克特五点量表：1~5分（1=不满意，5=非常满意）
导师科研指导	连续	10.360	1.450	3道观测题，采用李克特五点量表：1~5分（1=不满意，5=非常满意）
导师学术支持	连续	6.480	1.203	2道观测题，采用李克特五点量表：1~5分（1=不满意，5=非常满意）
导师职业指导	连续	9.690	1.022	3道观测题，采用李克特五点量表：1~5分（1=不满意，5=非常满意）
课程设置	连续	7.410	1.670	3道观测题，采用李克特五点量表：1~5分（1=不满意，5=非常满意）
学校培养与管理	连续	18.780	1.812	6道观测题，采用李克特五点量表：1~5分（1=不满意，5=非常满意）
学术成果	连续	2.720	1.145	人文社科：国外学术期刊论文+国内核心期刊论文×0.8+国内一般期刊论文×0.3；理科和工科：国外学术期刊论文+国内学术期刊论文×0.4
C. 因变量				
博士生学术职业选择	分类	—	—	学术职业；非学术职业

（3）控制变量

已有研究将生源地、年龄、婚姻状况、家庭所在地等作为博士生职业选择研究的控制变量。通过T检验发现：博士生科研绩效在年龄、婚姻状况等变量上并未产生差异，而在婚姻状况及家庭所在地上存在显著差别，因此采用婚姻状况及家庭所在地作为控制变量进行处理。

5.2.3 研究方法与模型选取

本书关注诸因素对博士生职业选择的影响，因变量博士生职业选择为二分变量，即"学术职业"与"非学术职业"两类。因此，采用二分类 Logistic 回归模型对调研结果进行计量分析。

假设职业选择为因变量 y，当 $y = 1$ 时表示选择学术职业事件发生，而当 $y = 0$ 时表示选择学术职业事件不发生，影响 y 的 n 个自变量为 x_1，x_2，x_3，$\cdots$，x_n，此时 Logistic 回归模型如下：

$$p = \frac{e(\beta + \sum_{i=1}^{n} \beta_i x_i)}{1 + e(\beta + \sum_{i=1}^{n} \beta_i x_i)} \qquad \text{式（5.1）}$$

$$1 - p = \frac{1}{1 + e(\beta + \sum_{i=1}^{n} \beta_i x_i)} \qquad \text{式（5.2）}$$

其中 p 表示选择学术职业事件发生的概率，$1 - p$ 则表示选择学术职业事件不发生的概率。

随后，将式（5.1）与式（5.2）的比进行对数转换得 Logistic 回归模型的线性模式：

$$\text{Logit} P = \text{Logit}(\frac{p}{1-p}) = \beta + \sum_{i=1}^{n} \beta_i x_i + e$$

其中，β_i 为回归系数，表示当其他自变量取值保持不变的情况下，该自变量变化引起的自然对数值及事件发生比数的变化量；β 为常数项；e 为干扰项；x_i 表示影响博士生职业选择的自变量与控制变量。

5.2.4 数据分析与处理

基于调查数据，本书采用逐步分层回归的方式对各假设自变量进行统计分析（见表5.4）。为避免共线性问题对回归结果准确性的影响，本书对模型1、模型2、模型3、模型4的回归方程进行共线性诊断（计算方差膨胀因子 VIF，若 VIF>10，则存在共线性问题）。通过计算发现各个回归方程中的 VIF 都小于3，因此可判定本书中各自变量之间不存在严重的多重共线性问题。

首先，将控制变量——婚姻状况、家庭所在地代入回归模型1中，发现博士生婚姻状况、家庭所在地与博士生学术职业选择之间无显著相关性；其次，将博士生性别、本科阶段就读高校类型、硕士阶段就读高校类型、博士阶段就读高校类型、学习动机代入回归模型2中，发现除博士阶段就读高校类型对博士生学术职业选择会产生显著影响外，其他因素如博士生性别、本科阶段就读高校类型、硕士阶段就读高校类型、学习动机对博士生学术职业选择均不会产生显著影响；再次，将博士生培养过程如学习投入时间、科研项目参与、教学实践参与、参加国内外学术会议、独立开展科研项目等变量代入回归模型3中，发现博士阶段就读高校类型、学习投入时间、参加国内外学术会议、科研项目参与、独立开展科研项目等因素对博士生学术职业选择均会产生显著的正向影响；最后，在已有回归模型的基础上，将博士生的学术成果代入回归模型4中，进行逐步分层回归。

通过对模型4分析发现，博士生性别、本科阶段就读高校类型、硕士阶段就读高校类型、博士阶段就读高校类型、学习投入时间、参加国内外学术会议、独立开展科研项目、学校课程设置、学术成果均会对博士生学术职业选择产生正向的显著影响；而其他变量如博士生婚姻状况、家庭所在地、学习动机等变量对博士生学术职业选择的影响均不显著。

表5.4　博士生学术职业选择的逐步分层回归

变量	学术职业选择			
	模型 1	模型 2	模型 3	模型 4
常数	0.362	−0.135	−0.129	−0.205
A. 控制变量				
婚姻状况	−0.217	−0.154	−0.104	−0.102
家庭所在地	0.314	0.235	0.206	0.196
B. 自变量				
性别		−0.110	−0.169	−0.173*
本科阶段就读高校类型		0.031	0.028	0.022*
硕士阶段就读高校类型		0.220	0.224	0.241**
博士阶段就读高校类型		0.356**	0.372*	0.365*
学习动机		0.314	0.283	0.261
学习投入时间			0.503**	0.458**
科研项目参与			0.030	0.025
参加国内外学术会议			0.362**	0.374**

表5.4(续)

变量	学术职业选择			
	模型1	模型2	模型3	模型4
独立开展科研项目			0.312**	0.341**
教学实践参与			0.023	0.024
导师科研指导			0.105	0.161
导师学术支持			0.187	0.177
导师职业指导			0.298	0.291
学校课程设置			0.448**	0.417***
学校的培养与管理			0.145	0.261
学术成果				0.598*
Pseudo R^2	0.172	0.245	0.327	0.346

注：*表示sig<0.1，**表示sig<0.05，***表示sig<0.01。

5.2.5 研究结论

通过实证分析检验，本书研究了博士生个人因素（教育背景、性别、学术兴趣）、博士生教育经历（学习投入时间、科研项目参与、教学实践参与、导师科研指导、导师学术支持等）及学术成果（学术论文）与博士生学术职业选择的关系。具体实证研究结果如表5.5所示。

表5.5 假设检验结果汇总表

研究假设		是否支持
H_{A11}	本科阶段就读高校类型直接显著影响博士生学术职业的选择	不支持
H_{A12}	硕士阶段就读高校类型直接显著影响博士生学术职业的选择	不支持
H_{A13}	博士阶段就读高校类型直接显著影响博士生学术职业的选择	支持
H_{A2}	性别直接显著影响博士生学术职业的选择	不支持
H_{A3}	学术兴趣直接显著影响博士生学术职业的选择	不支持
H_{B1}	博士生学习投入时间直接显著影响博士生学术职业的选择	支持

表5.5(续)

研究假设		是否支持
H_{B2}	博士生科研项目参与直接显著影响博士生学术职业的选择	不支持
H_{B3}	博士生学术会议参与直接显著影响博士生学术职业的选择	支持
H_{B4}	博士生独立开展科研项目直接显著影响博士生学术职业的选择	支持
H_{B5}	博士生教学实践参与直接显著影响博士生学术职业的选择	不支持
H_{B6}	导师科研指导直接显著影响博士生学术职业的选择	不支持
H_{B7}	导师学术支持直接显著影响博士生学术职业的选择	不支持
H_{B8}	导师职业指导直接显著影响博士生学术职业的选择	不支持
H_{B9}	学校课程设置直接显著影响博士生学术职业的选择	支持
H_{B10}	学校的培养与管理直接显著影响博士生学术职业的选择	不支持
H_{C1}	学术成果直接显著影响博士生学术职业的选择	支持

通过对表5.5的分析，发现：①在个人因素层面，首先性别对博士生学术职业选择影响并不显著。马明霞等（2014）通过对我国某科研机构2008—2012年22 405名毕业博士生的就业数据梳理与分析发现，性别差异对博士毕业生职业选择并无显著影响，女博士不存在就业难的问题①。金蕾莅等（2018）以清华大学为例，通过分析2005—2014年工科女博士的学术职业去向与选择发现，十年来女博士的学术职业落实率显著高于男博士，男女博士在学术职业选择上并无显著差异②。本书认为，随着社会经济的快速发展，劳动力市场对于高端人才的需求日益增加，加上博士毕业生培养数量基数较小，出现供不应求的状况。在劳动力市场中，女博士毕业生不再是毕业季中的弱势群体。此外，在博士层次的招聘中，雇主对于雇员招聘，更多关注的是雇员（博士毕业生）的科研能力、创新能力及通用能力等，而对于性别关注较少。性别不再是影响雇主招聘的重要因素，男女博士毕业生在学术职业选择上不存在显著差异。其次，求学动机并不能直接显著地影响博士生学术职业的选择。

① 马明霞，王启烁，赵娜. 性别差异对博士生就业的影响：科研院所女博士就业状况研究 [J]. 研究生教育研究，2014 (2)：73-77.
② 金蕾莅，王轶玮，林成涛，等. 工科女博士学术职业去向和层次：基于清华大学2005—2014年博士毕业生的分析 [J]. 研究生教育研究，2018 (3)：3-7.

马斯洛需求层次理论将个人需求分为低层次需求（生存、安全、归属与爱、尊重）与高层次需求（求知、审美与自我实现）两部分，只有当低层次需求得到满足时，高层次需求才会出现。具体到博士生层面，其在进行学术职业选择时，也会将低层次的需求（学术职业为博士生带来的薪酬待遇及福利是否能够满足自身基本生存需求）作为首要考虑因素，已有研究也证实了博士研究生在进行学术职业选择时会重点考虑学术职业给其带来的薪酬与福利①②。只有当这些需求得到满足的时候，博士生在进行学术职业选择时才会将学术兴趣、今后职业发展等作为考虑因素。最后，在博士生教育背景方面，博士毕业生读博期间就读高校类型对博士生学术职业选择产生显著影响。究其原因与"学历查三代"有关，《中国青年报》的调查显示，在被调查的 1 078 名求职者中，有 57.5%的求职者认为用人单位在招聘过程中存在着"学历查三代"的情况③，这表明在现有劳动力市场中普遍存在着"学历查三代"的情况，即用人单位（高等院校）在招聘过程中不仅要看求职者博士阶段就读高校的层次，还会将求职者本科阶段就读高校是否为"双一流"高校作为招聘选拔的标准。一方面，这种以教育背景作为选拔标准的招聘方式将"双一流"高校毕业生作为招聘的对象，而把非"双一流"高校毕业生排除在招聘选拔的范畴之外，无形中加剧了劳动力市场的不公平性，不利于劳动力市场中正常的人才流动与发展④⑤⑥；另一方面，与非"双一流"高校相比，"双一流"高校的博士毕业生质量相对较高，在学术劳动力市场中比较受用人单位的青睐与认可，这有利于博士毕业生获取更好的学术职位。在研究中发现，博士阶段就读高校类型对博士毕业生学术职业选择会产生显著影响。而现有劳动力市场中，许多用人单位对招聘人员读博期间的高校类型进行限制，这将在一定程度上阻碍博士生学术职业选择。为了保障招聘的公平，在招聘过程中，用人单位应该摒弃"以

---

① 张英丽. 论学术职业与博士生教育的关系 [D]. 武汉：华中科技大学，2008：160-162.

② 徐之品. 基于价值观视角的职业选择的影响因素研究：以上海某高校为例 [D]. 上海：复旦大学，2013：23-30.

③ 中国青年报. 74.9%的人认为"查三代"加剧"唯学历是用" [EB/OL]. (2011-06-14) [2021-12-18]. http://zqb.cyol.com/html/2011-06/14/nw.D110000zgqnb_20110614_2-07.htm.

④ 河北省人民政府网站. 我市印发《关于实施现代产业人才集聚工程的若干措施》 [EB/OL]. (2018-04-11) [2021-10-19]. http://www.hebei.gov.cn/hebei/11937442/10756595/10756614/14209842/index.html.

⑤ 内蒙古新闻网. 呼和浩特市发布 2018 年高层次人才需求目录 [EB/OL]. (2018-04-11) [2021-10-19]. http://inews.nmgnews.com.cn/system/2018/04/11/012478673.shtml.

⑥ 湖北经济学院人事处. 湖北经济学院 2017—2018 教师招聘简章 [EB/OL]. (2017-10-20) [2021-10-20]. http://rsc.hbue.edu.cn/3c/a2/c1342a146594/page.htm.

出身定岗"的招聘方式，以博士生的科研能力、通用能力及综合能力作为招聘考核的标准，吸引更多博士毕业生投入学术研究工作。

②在博士生培养层面，第一，博士生学习投入时间对于博士生学术职业选择产生显著影响。学生发展理论认为，学生在校期间个人的学习投入与参与，对其今后发展将产生显著的影响①。本书的研究结果也认为，博士生在校期间学习投入时间越多则其在毕业后更倾向于选择学术职业。而现阶段则出现部分博士生边兼职边进行科学研究，导致博士生不愿或不能投入大量时间与精力进行科学研究②，针对此种现象，学校应重视与关注。第二，在学术活动参与方面：博士生在校期间参与国内外学术会议、独立开展科研项目都会显著增加其毕业后选择学术职业的可能性。此外，参加专业实习项目这类非学术活动会显著减少博士选择学术职业的概率。第三，在课程设置方面，课程作为博士生获得博士学位的组成部分，其作用在于增加学生理论知识的储备与帮助学生掌握研究方法，而合理的专业课程设置能够帮助学生掌握更多理论知识与研究方法，为博士生今后从事学术研究奠定基础③。

③在学术产生层面，学术成果直接显著影响博士生学术职业的选择。本书认为，在读博期间论文发表越多的博士生，越有可能选择学术职业。这和国内外大多数研究结果一致，即读博期间发表论文数量越多，越容易在高校就职，且越容易被高层次的高校聘用④。

5.3 博士生学术社会化的影响因素分析

5.3.1 研究样本与研究变量的选取

5.3.1.1 研究样本的选取

在已收集的 712 份有效问卷的基础上，根据研究需要，选取其中 468 名毕

---

① TINTO V. Leaving college：Rethinking the causes and cures of student attrition［M］. Chicago：University of Chicago Press，1993：114.

② 中国网. 政府工作报告放大招：博士研究生的补贴要涨了［EB/OL］.（2017-03-05）［2021-11-15］.http://www.china.com.cn/lianghui/news/2017-03/05/content_40411106.htm.

③ 罗英姿，陈小满，李雪辉. 基于培养过程的博士生科研绩效提升策略研究［J］. 教育发展研究，2018（9）：52-53.

④ VISENTIN F. A revealed preference analysis of PhD students' choices over employment toutcomes［J］. Research Policy，2015（10）：1931-1947.

业博士生作为研究样本（选取依据为博士毕业生就业单位性质，选取在高等院校从事学术工作的博士毕业生作为研究样本）对其进行进一步的分析，样本基本情况如表5.6所示。

表5.6　选择学术职业的毕业博士生的基本情况

个人信息	性别		年龄特征				
	男	女	≤25 岁	26~30 岁	31~35 岁	36~40 岁	≥41 岁
毕业博士生人数/人	256	212	5	129	179	112	43
比例/%	54.70	45.30	1.07	27.56	38.25	23.93	9.19

高校情况	高校层次类型						
	一流高校		一流学科高校			非双一流高校	
毕业博士生人数/人	138		257			73	
比例/%	29.49		54.91			15.60	

其他情况	读博的录取方式				户籍性质		婚姻状况		
	公开招考	申请一考核	硕博连读	直博	农村户口	非农户口	已婚	恋爱中未婚	单身
毕业博士生人数/人	64	214	134	56	287	181	256	129	83
比例/%	13.68	45.73	28.63	11.97	61.32	38.68	54.70	27.56	17.74

生源教育背景	本科阶段就读高校类型			硕士阶段就读高校类型		
	一流高校	一流学科高校	非双一流高校	一流高校	一流学科高校	非双一流高校
毕业博士生人数/人	87	131	250	157	176	135
比例/%	18.59	27.99	53.42	33.55	37.61	28.85

学科背景	本科、硕士及博士阶段学科背景均相同	本科、硕士及博士阶段学科背景均不同	本科与硕士阶段学科背景相同，博士阶段不同	本科与博士阶段学科背景相同，硕士阶段不同	硕士与博士阶段学科背景相同，本科阶段不同
毕业博士生人数/人	193	38	83	54	100
比例/%	41.24	8.12	17.74	11.54	21.37

5.3.1.2 研究变量的选取

根据已有文献梳理及质化研究的结论，本文共选取博士生教育背景①、学习投入度、学校培养环境、导师指导、学术活动参与、教学实践参与、课程与教学、学术成果及能力培养 9 个因素作为结构方程模型中的外生潜变量，将博士生学术社会化状况作为结构方程模型中的内生潜变量，整个结构方程模型中共有 10 个潜变量，结构方程模型中具体的研究变量体系如表 5.7 所示。

表 5.7　研究变量体系说明

潜变量	观测变量	观察变量的编码
教育背景（ξ_1）	本科阶段就读高校类型	x_1
	硕士阶段就读高校类型	x_2
	博士阶段就读高校类型	x_3
学习投入度（ξ_2）	学习动机	x_4
	学习投入时间	x_5
学校培养环境（ξ_3）	学习资源	x_6
	学术氛围	x_7
	管理与服务	x_8
导师指导（ξ_4）	导师学术支持	x_9
	导师科研指导	x_{10}
	导师职业指导	x_{11}
	导师生活指导	x_{12}
学术活动参与（ξ_5）	参加国内外学术会议	x_{13}
	参加高水平学术竞赛	x_{14}
	独立申报校内外课题	x_{15}
教学实践参与（ξ_6）	担任助教或助管	x_{16}
	参与社会实践活动	x_{17}

---

① 博士生教育背景分为本科阶段就读高校类型、硕士阶段就读高校类型、博士阶段就读高校类型，每个阶段就读高校类型分为一流高校、一流学科高校、非双一流高校三类，而高校类型作为分类变量与研究所要测量的连续变量不相符。鉴于此，在研究过程中对这些分类变量进行权重的赋值，使其转换为连续变量。

表5.7(续)

潜变量	观测变量	观察变量的编码
课程与教学（ξ_7）	专业课程设置	x_{18}
	跨专业课程设置	x_{19}
	教师课程教学活动	x_{20}
学术成果（ξ_8）	公开发表的论文	x_{21}
	获奖次数	x_{22}
	获得的项目资助	x_{23}
	申请的专利	x_{24}
能力培养（ξ_9）	学术能力	x_{25}
	职业能力	x_{26}
	综合素养	x_{27}
学术社会化状况（η）	岗位晋升次数	y_1
	工资待遇	y_2
	工作更换次数	y_3
	工作满意度	y_4
	岗位满意度	y_5

5.3.1.3 信度与效度检验

在确定问卷中变量后，需要对其信度进行分析。本书采用克隆巴赫系数（Cronbach's α）对问卷中的 10 个变量进行了信度分析，其分析结果如表 5.8 所示。

表 5.8 10 个变量的信度分析

潜变量	α
教育背景（ξ_1）	0.806
学习投入度（ξ_2）	0.831
学校培养环境（ξ_3）	0.814
导师指导（ξ_4）	0.836
学术活动参与（ξ_5）	0.811
教学实践活动参与（ξ_6）	0.839
课程与教学（ξ_7）	0.761

表5.8(续)

潜变量	α
学术成果（ξ_8）	0.772
能力培养（ξ_9）	0.735
学术社会化状况（η）	0.783

由表5.8可知，所选取的10个变量中大部分变量的Cronbach's α系数大于0.8，虽然有部分变量的Cronbach's α系数小于0.8，但都大于0.7，达到了较好的信度。因此，从总体上来看，各变量内部之间均表现出良好的一致性，量表的结构较为稳定与合理，通过了信度检验。

此外，在效度检验上，通常采用KMO（取值范围通常在0到1之间）和Bartlett球形检验来检验数据的效度。通过SPSS25.0统计软件分析，发现468份数据的KMO值为0.804，Bartlett球形检验结果的显著性水平为Sig = 0 < 0.01，表明数据效度较好。

5.3.2　样本的统计分析

5.3.2.1　样本的描述性分析

利用SPSS25.0统计软件对调查问卷中观测变量的基本情况进行了描述性分析，其统计结果如表5.9所示。

表5.9　调查问卷中观测变量的描述性分析结果

观测变量	N	均值	标准差
本科阶段就读高校类型（x_1）	468	3.670	0.643
硕士阶段就读高校类型（x_2）	468	3.890	0.745
博士阶段就读高校类型（x_3）	468	4.030	0.714
学习动机（x_4）	468	2.830	0.672
学习投入时间（x_5）	468	3.210	0.794
学习资源（x_6）	468	18.780	0.872
学术氛围（x_7）	468	26.720	0.938
管理与服务（x_8）	468	28.440	1.073
导师学术支持（x_9）	468	6.840	1.421
导师科研指导（x_{10}）	468	12.480	1.289

观测变量	N	均值	标准差
导师职业指导（x_{11}）	468	9.900	1.475
导师生活指导（x_{12}）	468	6.740	1.724
参加国内外学术会议（x_{13}）	468	6.820	0.921
参加高水平学术竞赛（x_{14}）	468	3.510	1.356
独立申报校内外课题（x_{15}）	468	3.340	0.813
担任助教或助管（x_{16}）	468	3.260	1.208
参与社会实践活动（x_{17}）	468	7.100	1.003
专业课程设置（x_{18}）	468	9.660	1.701
跨专业课程设置（x_{19}）	468	6.920	1.368
教师课程教学活动（x_{20}）	468	7.260	1.742
公开发表的论文（x_{21}）	468	3.780	1.119
获奖次数（x_{22}）	468	1.540	1.125
获得项目资助（x_{23}）	468	0.760	0.953
申请的专利（x_{24}）	468	0.520	0.872
学术能力（x_{25}）	468	23.450	1.035
职业能力（x_{26}）	468	24.840	1.413
综合素养（x_{27}）	468	27.600	1.259
岗位晋升次数（y_1）	468	2.510	1.173
工资待遇（y_2）	468	3.620	1.207
工作更换的次数（y_3）	468	2.710	1.359
工作满意度（y_4）	468	23.940	1.271
岗位满意度（y_5）	468	16.800	1.039

注：研究中观测变量主要采用李克特五点量表进行计分，但部分变量作为分类变量与研究所要测量的连续变量不相符，因此在计算过程中对其进行了赋值处理。如教育背景中的本科、硕士、博士阶段就读高校类型（一流大学、一流学科高校、非双一流高校）作为分类变量，在研究过程中参照南京大学的赋值标准对其进行赋值处理，使其变为连续变量。学术成果主要指在一定时期内，科研团队或个人所创造的科研成果，其载体为发表的论文、申请的专利与课题、出版的著作，具体到博士生层面最直接的表现形式为学术论文产出的质量与数量。其具体计算方法为人文社科：国外学术期刊论文+国内核心期刊论文×0.8+国内一般期刊论文×0.3；理科和工科：国外学术期刊论文+国内学术期刊论文×0.4（该计分法则主要参考北京大学鲍威老师对学术论文的记分法则）。

5.3.2.2　样本的差异性分析

为进一步分析各个潜变量在不同背景因素下的差异情况，检验某个变量在不同背景下平均数的差异是否显著，本书分别对其进行了相关数据统计与分析。

（1）各个变量在性别层面的差异情况

本书利用 SPSS25.0 对博士生学术职业发展中的各个潜变量在不同性别层面进行了统计分析，以此检验某个变量在性别层面的平均数差异是否显著，具体统计结果如表 5.10 所示。

表 5.10　各个变量在性别层面的差异检验结果

变量		性别	均值	Levene 检验	T	Sig（双侧）
教育背景	（假设方差相等）	男（256）	3.910	0.771	1.966	0.713
	（假设方差不相等）	女（212）	3.870		1.941	0.713
学习投入度	（假设方差相等）	男（256）	5.920	0.660	1.222	0.681
	（假设方差不相等）	女（212）	6.130		1.182	0.682
学校培养环境	（假设方差相等）	男（256）	71.250	0.607	2.667	0.626
	（假设方差不相等）	女（212）	76.610		2.647	0.627
导师指导	（假设方差相等）	男（256）	37.150	0.657	2.374	0.646
	（假设方差不相等）	女（212）	34.770		2.358	0.645
学术活动参与	（假设方差相等）	男（256）	14.260	0.744	1.566	0.751
	（假设方差不相等）	女（212）	12.240		1.552	0.751
教学实践活动参与	（假设方差相等）	男（256）	11.180	0.610	1.308	0.684
	（假设方差不相等）	女（212）	9.120		1.303	0.675
课程与教学	（假设方差相等）	男（256）	21.460	0.690	2.382	0.657
	（假设方差不相等）	女（212）	25.220		2.365	0.649
学术成果	（假设方差相等）	男（256）	7.140	0.720	1.643	0.708
	（假设方差不相等）	女（212）	5.100		1.621	0.704
能力培养	（假设方差相等）	男（256）	76.820	0.605	1.519	0.638
	（假设方差不相等）	女（212）	72.460		1.543	0.636
学术社会化状况	（假设方差相等）	男（256）	41.340	0.558	1.224	0.038**
	（假设方差不相等）	女（212）	40.680		1.221	0.038**

注：* 表示 sig<0.1，** 表示 sig<0.05，*** 表示 sig<0.01。

①教育背景在性别层面的差异

通过分析表 5.10 发现，男博士在教育背景维度上得分（均分为 3.910）略高于女博士（均分为 3.870）。此外，在方差方程 Levene 检验中 P = 0.713 > 0.05，则意味着均值方程 T 检验是在方差相等的情况下得出的。此时，T 检验的 P = 0.713 > 0.05，说明方程方差不接受零假设，即女博士与男博士在教育背景维度上不存在显著差异。

②学习投入度在性别层面的差异

通过分析表 5.10 发现，男博士在学习投入度维度上得分（均分为 5.920）略高于女博士（均分为 6.130），表明在学习投入度上，女博士比男博士投入的时间与精力要多一些。此外，在方差方程 Levene 检验中 P = 0.660 > 0.05，意味着均值方程 T 检验是在方差相等的情况下得出的。此时，T 检验的 P = 0.681 > 0.05，说明方程方差不接受零假设，即在学习投入度维度上男、女博士不存在显著的差异。

③学校培养环境在性别层面的差异

通过分析表 5.10 发现，女博士在学校培养环境维度上得分（均分为 76.610）略高于男博士（均分为 71.250），说明对学校培养环境的认可度上，女博士要高于男博士。此外，在方差方程 Levene 检验中 P = 0.607 > 0.05，则意味着均值方程 T 检验是在方差相等的情况下得出的。此时，T 检验的 P = 0.626 > 0.05，说明方程方差不接受零假设，即女博士与男博士在学校培养环境层面不存在显著差异。

④导师指导在性别层面的差异

通过分析表 5.10 发现，男博士在导师指导维度上得分（均分为 37.150）略高于女博士（均分为 34.770）。此外，在方差方程 Levene 检验中 P = 0.657 > 0.05，则意味着均值方程 T 检验是在方差相等的情况下得出的，此时 T 检验的 P = 0.646 > 0.05，说明方程方差不接受零假设，即女博士与男博士在教育背景维度上不存在显著差异，男、女博士都会积极接受导师的各种指导。

⑤学术活动参与在性别层面的差异

通过分析表 5.10 发现，在学术活动参与维度，男博士得分（均分为 14.260）略高于女博士（均分为 12.240），表明在学术会议参与上，男博士表现更为积极一些。此外，在方差方程 Levene 检验中 P = 0.744 > 0.05，则意味着均值方程 T 检验是在方差相等的情况下得出的。此时，T 检验的 P = 0.751 > 0.05，说明方程方差不接受零假设，即在学术会议参加维度上男博士与女博士之间不存在显著差异。

⑥教学实践参与在性别层面的差异

通过分析表 5.10 发现，男博士在教学实践参与维度上得分（均分为 11.180）略高于女博士（均分为 9.120）。此外，在方差方程 Levene 检验中 P = 0.610>0.05，则意味着均值方程 T 检验是在方差相等的情况下得出的。此时，T 检验的 P = 0.684>0.05，说明方程方差不接受零假设，即在教学实践参与维度上，女博士与男博士之间不存在显著差异。

⑦课程与教学在性别层面的差异

通过分析表 5.10 发现，在课程与教学维度上，男博士得分（均分为 21.460）低于女博士（均分为 25.220），表明在课程与教学维度上，女博士表现更为积极一些。此外，在方差方程 Levene 检验中 P = 0.690>0.05，则意味着均值方程 T 检验是在方差相等的情况下得出的。此时，T 检验 P = 0.657>0.05，说明方程方差不接受零假设，即在课程与教学维度上男博士与女博士不存在显著差异。

⑧学术成果在性别层面的差异

通过分析表 5.10 发现，女博士在学术成果维度上得分（均分为 5.100）低于男博士（均分为 7.140）。此外，在方差方程 Levene 检验中 P = 0.720>0.05，则意味着均值方程 T 检验是在方差相等的情况下得出的。此时，T 检验的 P = 0.708>0.05，说明方程方差不接受零假设，即在学术成果维度上，女博士与男博士之间不存在显著差异。

⑨能力培养在性别层面的差异

通过分析表 5.10 发现，在能力培养层面，女博士得分（均分为 72.460）低于男博士（均分为 76.820）。此外，在方差方程 Levene 检验中 P = 0.605>0.05，则意味着均值方程 T 检验是在方差相等的情况下得出的。此时，T 检验的 P = 0.638>0.05，说明方程方差不接受零假设，即女博士与男博士在其他能力培养维度上不存在显著差异。

⑩学术社会化状况在性别层面的差异

通过分析表 5.10 发现，在学术社会化状况维度上男博士得分（均分为 41.340）高于女博士（均分为 40.680），说明与女博士相比，男博士在学术社会化方面的表现更好一些。此外，在方差方程 Levene 检验中 P = 0.558>0.05，则意味着均值方程 T 检验是在方差相等的情况下得出的。此时，T 检验的 P = 0.038<0.05，说明方程方差接受零假设，即女博士与男博士在学术社会化状况维度上存在显著差异。

总结，通过差异性分析发现，在学术社会化状况层面，男博士与女博士之间存在显著的差异，究其原因为女博士毕业以后大部分处于适婚年龄，此时在劳动力市场中雇主往往会存在性别偏见，认为女博士会因生育及家庭原因而影响工作①。在招聘或工作安排中，雇主不愿意录取或不会安排女博士从事重要的工作，这样会对女博士今后的学术社会化造成一定影响。此外，在研究中还发现，由于男、女博士同时接受相同的教育，因此在教育背景、学术活动参与、教学实践活动参与等维度上并不存在显著差异。

（2）各个变量在是否延期层面的差异情况

本书利用 SPSS25.0 对博士生学术社会化中各个潜变量在是否延期层面进行了统计分析，以此检验某个变量在是否延期层面的平均数差异是否显著，具体统计结果如表 5.11 所示。

表 5.11　各个变量在是否延期层面的差异检验结果

变量		是否延期	均值	Levene 检验	T	Sig（双侧）
教育背景	（假设方差相等）	按期（193）	4.030	0.169	1.663	0.016*
	（假设方差不相等）	延期（275）	3.780		1.651	0.015*
学习投入度	（假设方差相等）	按期（193）	6.320	0.141	1.224	0.018*
	（假设方差不相等）	延期（275）	5.730		1.208	0.017*
学校培养环境	（假设方差相等）	按期（193）	75.450	0.707	2.475	0.626
	（假设方差不相等）	延期（275）	72.310		2.452	0.624
导师指导	（假设方差相等）	按期（193）	38.450	0.189	2.124	0.021*
	（假设方差不相等）	延期（275）	34.170		2.108	0.022*
学术活动参与	（假设方差相等）	按期（193）	14.530	0.153	1.566	0.031*
	（假设方差不相等）	延期（275）	12.010		1.552	0.032*
教学实践活动参与	（假设方差相等）	按期（193）	10.020	0.510	1.213	0.632
	（假设方差不相等）	延期（275）	10.310		1.207	0.633
课程与教学	（假设方差相等）	按期（193）	23.460	0.590	2.082	0.617
	（假设方差不相等）	延期（275）	22.220		2.069	0.619
学术成果	（假设方差相等）	按期（193）	7.240	0.127	1.503	0.002***
	（假设方差不相等）	延期（275）	5.470		1.501	0.003***

① 任锡源，武勤，李洁. 基于性别差异的博士生就业影响因素研究 [J]. 中国海洋大学学报（社会科学版），2013（6）：48-49.

变量		是否延期	均值	Levene 检验	T	Sig（双侧）
能力培养	（假设方差相等）	按期（193）	75.720	0.708	1.617	0.838
	（假设方差不相等）	延期（275）	73.660		1.615	0.836
学术社会化状况	（假设方差相等）	按期（193）	42.150	0.658	1.307	0.569
	（假设方差不相等）	延期（275）	40.280		1.301	0.569

注：＊表示 sig<0.1，＊＊表示 sig<0.05，＊＊＊表示 sig<0.01。

①教育背景在是否延期层面的差异

通过分析表 5.11 发现，按期毕业博士在教育背景维度上得分（均分为 4.030）略高于延期毕业博士（均分为 3.780）。此外，在方差方程 Levene 检验中 P＝0.169>0.05，则意味着均值方程 T 检验是在方差相等的情况下得出的。此时，T 检验的 P＝0.016<0.05，说明方程方差接受零假设，即按期毕业博士与延期毕业博士在教育背景维度上存在显著差异。

②学习投入度在是否延期层面的差异

通过分析表 5.11 发现，在学习投入度维度上，延期毕业博士得分（均分为 5.730）低于按期毕业博士（均分为 6.320），说明按期毕业博士投入的时间与精力比延期毕业博士多一些。此外，在方差方程 Levene 检验中 P＝0.141>0.05，则意味着均值方程 T 检验是在方差相等的情况下得出的。此时，T 检验的 P＝0.018<0.05，说明方程方差接受零假设，即在学习投入度维度上，按期毕业博士与延期毕业博士之间存在显著差异。

③学校培养环境在是否延期层面的差异

通过分析表 5.11 发现，按期毕业博士在学校培养环境层面的得分（均分为 75.450）高于延期毕业博士（均分为 72.310），说明对学校培养环境的认可度上，按期毕业博士要高于延期毕业博士。此外，在方差方程 Levene 检验中 P＝0.707>0.05，则意味着均值方程 T 检验是在方差相等的情况下得出的。此时，T 检验的 P＝0.626>0.05，说明方程方差不接受零假设，即按期毕业博士与延期毕业博士在学校培养环境层面认可度上不存在显著差异。

④导师指导在是否延期层面的差异

通过分析表 5.11 发现，按期毕业博士在导师指导维度上得分（均分为 38.450）高于延期毕业博士（均分为 34.170），说明在博士生培养阶段，按期毕业博士更愿意与导师交流，接受导师指导。此外，在方差方程的 Levene 检验中 P＝0.189>0.05，则意味着均值方程 T 检验是在方差相等的情况下得出的。此时，T 检验的 P = 0.021<0.05，说明方程方差接受零假设，即按期毕业博士与延期毕业博士在导师指导维度上存在显著差异。

⑤学术活动参与在是否延期层面的差异

通过分析表 5.11 发现，按期毕业博士在学术活动参与上得分（均分为14.530）高于延期毕业博士（均分为 12.010），表明按期毕业的博士在学术活动参与方面比较积极。此外，在方差方程 Levene 检验中 P = 0.153>0.05，则意味着均值方程 T 检验是在方差相等的情况下得出的。此时，T 检验的 P = 0.031<0.05，说明方程方差接受零假设，即按期毕业博士与延期毕业博士在学术活动参与维度上存在显著差异。

⑥教学实践参与在是否延期层面的差异

通过分析表 5.11 发现，按期毕业博士在教学实践参与上得分（均分为10.020）略低于延期毕业博士（均分为 10.310）。此外，在方差方程 Levene 检验中 P = 0.510>0.05，则意味着均值方程 T 检验是在方差相等的情况下得出的。此时，T 检验的 P = 0.632>0.05，说明方程方差不接受零假设，即在教学实践参与层面，按期毕业博士与延期毕业博士不存在显著差异。

⑦课程与教学在是否延期层面的差异

通过分析表 5.11 发现，在课程与教学维度上，按期毕业博士得分（均分为23.460）高于延期毕业博士（均分为 22.220），表明按期毕业博士表现更为积极一些。此外，在方差方程 Levene 检验中 P = 0.590>0.05，则意味着均值方程 T 检验是在方差相等的情况下得出的，此时 T 检验的 P = 0.617>0.05，则意味着方程方差不接受零假设，即在课程与教学维度上，按期毕业博士与延期毕业博士之间不存在显著的差异。

⑧学术成果在是否延期层面的差异

通过分析表 5.11 发现，在学术成果维度上按期毕业博士在学术成果层面上得分（均分为 7.240）高于延期毕业博士（均分为 5.470）。此外，在方差方程 Levene 检验中 P = 0.127>0.05，则意味着均值方程 T 检验是在方差相等的情况下得出的。此时，T 检验的 P = 0.002<0.05，说明方程方差接受零假设，即在学术成果层面，按期毕业博士与延期毕业博士之间存在显著差异。

⑨能力培养在是否延期层面的差异

通过分析表 5.11 发现，在能力培养维度上，按期毕业博士得分（均分为75.720）高于延期毕业博士（均分为 73.660）。此外，在方差方程 Levene 检验中 P = 0.708>0.05，则意味着均值方程 T 检验是在方差相等的情况下得出的。此时，T 检验的 P = 0.838>0.05，则意味着方程方差不接受零假设，即按期毕业博士与延期毕业博士在能力培养维度上不存在显著差异。

⑩学术社会化状况在是否延期层面的差异

通过分析表 5.11 发现，按期毕业博士学术社会化状况得分（均分为 42.150）高于延期毕业博士（均分为 40.280）。此外，在方差方程 Levene 检验中 P=0.658>0.05，则意味着均值方程 T 检验是在方差相等的情况下得出的。此时，T 检验的 P=0.569>0.05，说明方程方差不接受零假设，即按期毕业博士与延期毕业博士在学术社会化状况维度上不存在显著差异。

总结，通过差异性分析发现：①在教育背景层面，按期毕业博士与延期毕业博士之间存在显著差异。Tinto（1993）认为在学生发展过程中，学生入学前所接受的教育将直接影响学生在校期间的课程与教学、师生互动等活动，进而影响学生的发展[1]。黄海刚等（2016）在研究博士生学术动机与科研产出之间的关系时，发现学生教育背景不同将直接影响学生读博的学术动机，进而影响学生的学术成果[2]，而科研产出则决定着博士生是否能够顺利毕业。②在学术活动参与维度，按期毕业博士与延期毕业博士之间存在显著差异，此现象出现的原因正如 Turner（2012）的研究结论，即博士生学术参与经历能够促进其学术能力的提升，而学术能力的提升有助于博士生更好地完成学校博士毕业任务，进而顺利获得博士学位[3]。③在导师指导层面，按期毕业博士与延期毕业博士之间存在显著差异，究其原因在博士生教育中，导师为博士生培养的第一责任人，负责博士生的培养与教育。此过程中，导师会给予学生更高的科研平台，教授学生研究范式及研究方法，并指导学生进行科学研究，进而潜移默化地增强博士生科研能力，促进博士生科研水平的提升，帮助其达到学校的博士毕业要求。此外，研究还发现，由于按期毕业博士与延期毕业博士同时接受相同的教育，在教学实践参与、能力培养等维度上不存在显著差异。

（3）各个变量在不同培养模式层面的差异情况

本书利用 SPSS25.0 对博士生学术社会化中各个潜变量在不同培养模式[4]

① TINTO V. Leaving college：Rethinking the causes and cures of student attrition [M]. Chicago：University of Chicago Press, 1993：114.

② 黄海刚，金夷. 通往 PH.D 之路：中国博士生入学动机的实证研究：兼论学术动机对博士生培养质量的意 [J]. 复旦教育论坛, 2016（5）：61-63.

③ TURNER L G. Imagined and emerging career patterns：perceptions of doctoral students and research staff [J]. Journal of Further & Higher Education, 2012（4）：535-548.

④ 在现阶段博士生培养层面，不同招生方式决定了不同的博士生培养模式，根据招生方式的不同可将培养模式分为贯通式培养模式（硕博连读、直接攻博）及分段式培养模式（公开招考、"申请—考核"制）两种。

层面的差异情况进行了统计分析，以此检验某个变量在不同培养模式层面的平均数差异是否显著，具体统计结果如表 5.12 所示。

表 5.12　各个变量在不同培养模式层面的差异检验结果

变量	培养模式	均值	Levene 检验	T	Sig（双侧）
教育背景	（假设方差相等）贯通式（203）	4.170	0.131	1.861	0.001***
	（假设方差不相等）分段式（265）	3.650		1.859	0.001***
学习投入度	（假设方差相等）贯通式（203）	6.290	0.127	1.071	0.018*
	（假设方差不相等）分段式（265）	5.820		1.072	0.017*
学校培养环境	（假设方差相等）贯通式（203）	74.630	0.776	1.537	0.669
	（假设方差不相等）分段式（265）	72.710		1.535	0.667
导师指导	（假设方差相等）贯通式（203）	37.130	0.525	2.668	0.559
	（假设方差不相等）分段式（265）	35.370		2.665	0.557
学术活动参与	（假设方差相等）贯通式（203）	13.870	0.653	1.639	0.717
	（假设方差不相等）分段式（265）	13.240		1.632	0.712
教学实践活动参与	（假设方差相等）贯通式（203）	9.820	0.627	1.827	0.706
	（假设方差不相等）分段式（265）	10.740		1.821	0.708
课程与教学	（假设方差相等）贯通式（203）	23.750	0.648	3.102	0.657
	（假设方差不相等）分段式（265）	21.940		3.078	0.659
学术成果	（假设方差相等）贯通式（203）	6.810	0.103	2.509	0.006**
	（假设方差不相等）分段式（265）	5.950		2.503	0.007**
能力培养	（假设方差相等）贯通式（203）	74.960	0.813	2.117	0.861
	（假设方差不相等）分段式（265）	74.030		2.115	0.861
学术社会化状况	（假设方差相等）贯通式（203）	41.860	0.620	1.103	0.637
	（假设方差不相等）分段式（265）	41.020		1.101	0.636

注：* 表示 sig<0.1，** 表示 sig<0.05，*** 表示 sig<0.01。

①教育背景在不同培养模式下的差异

通过分析表 5.12 发现，贯通式培养模式的博士在教育背景维度上得分（均分为 4.170）高于分段式培养模式的博士（均分为 3.650），说明在教育背景维度上，贯通式培养模式的博士优于分段式培养模式的博士。此外，在方差方程 Levene 检验中 P=0.131>0.05，则意味着均值方程 T 检验是在方差相等的情况下得出。此时，T 检验的 P=0.001<0.05，说明方程方差接受零假设，即贯通式培养模式的博士与分段式培养模式的博士在教育背景维度上存在显著差异。

②学习投入度在不同培养模式下的差异

通过分析表 5.12 发现，贯通式培养模式的博士得分（均分为 6.290）高于分段式培养模式的博士（均分为 5.820），说明在学习投入度层面，贯通式培养模式的博士比分段式培养模式的博士投入的时间要多一些，这可能与贯通式培养模式的博士较早进入导师课题组开展科学研究有关（与分段式培养模式相比，贯通式培养模式下的博士生在硕士阶段或本科毕业后就会提前进入导师课题组，参与导师科研项目，进行相关科学研究）。此外，在方差方程 Levene 检验中 P = 0.127>0.05，则意味着均值方程 T 检验是在方差相等的情况下得出的。此时，T 检验的 P = 0.018<0.05，则意味着方程方差接受零假设，即在学习投入度维度上，贯通式培养模式的博士与分段式培养模式的博士之间存在显著差异。

③学校培养环境在不同培养模式下的差异

通过分析表 5.12 发现，贯通式培养模式的博士在学校培养环境层面得分（均分为 74.630）高于分段式培养模式的博士（均分为 72.710），说明对学校培养环境的认可度上，贯通式培养模式的博士要高于延期分段式培养模式的博士。此外，在方差方程 Levene 检验中 P = 0.776>0.05，则意味着均值方程 T 检验是在方差相等的情况下得出的。此时，T 检验的 P = 0.669>0.05，说明方程方差不接受零假设，即贯通式培养模式的博士与分段式培养模式的博士在学校培养环境层面认可度上不存在显著差异。

④导师指导在不同培养模式下的差异

通过分析表 5.12 发现，贯通式培养模式的博士在导师指导维度上得分（均分为 37.130）高于分段式培养模式的博士（均分为 35.370）。此外，在方差方程 Levene 检验中 P = 0.525>0.05，则意味着均值方程 T 检验是在方差相等的情况下得出的。此时，T 检验的 P = 0.559>0.05，说明方程方差不接受零假设，即贯通式培养模式的博士与分段式培养模式的博士在导师指导维度上不存在显著差异。

⑤学术活动参与在不同培养模式下的差异

通过分析表 5.12 发现，贯通式培养模式的博士在学术活动参与维度上得分（均分为 13.870）高于分段式培养模式的博士（均分为 13.240），表明与分段式培养模式的博士相比，在学术活动参加层面，贯通式培养模式的博士表现更为积极一些。此外，在方差方程 Levene 检验中 P = 0.653>0.05，则意味着均值方程 T 检验是在方差相等的情况下得出的。此时，T 检验的 P = 0.717>0.05，说明方程方差不接受零假设，即在学术活动参与维度上，贯通式培模式的博士与分段式培养模式的博士之间不存在显著差异。

⑥教学实践参与在不同培养模式下的差异

通过分析表 5.12 发现，贯通式培养模式的博士在教学实践参与上得分（均分为 9.820）低于分段式培养模式的博士得分（均分为 10.740）。此外，在方差方程 Levene 检验中 P＝0.627>0.05，则意味着均值方程 T 检验是在方差相等的情况下得出的。此时，T 检验的 P＝0.706>0.05，说明方程方差不接受零假设，即在教学实践参与层面，贯通式培养模式的博士与分段式培养模式的博士不存在显著差异。

⑦课程与教学在不同培养模式下的差异

通过分析表 5.12 发现，贯通式培养模式的博士在课程与教学维度上得分（均分为 23.750）高于分段式培养模式的博士（均分为 21.940），表明在课程与教学层面，贯通式培养模式的博士表现更为积极一些。此外，在方差方程 Levene 检验中 P＝0.648>0.05，则意味着均值方程 T 检验是在方差相等的情况下得出的。此时，T 检验的 P＝0.657>0.05，说明方程方差不接受零假设，即在课程与教学维度上，贯通式培养模式的博士与分段式培养模式的博士之间不存在显著差异。

⑧学术成果在不同培养模式下的差异

通过分析表 5.12 发现，贯通式培养模式的博士在学术成果维度上得分（均分为 6.810）高于分段式培养模式的博士（均分为 5.950）。此外，在方差方程 Levene 检验中 P＝0.103>0.05，则意味着均值方程 T 检验是在方差相等的情况下得出的。此时，T 检验的 P＝0.006<0.05，说明方程方差接受零假设，即在学术成果层面，贯通式培养模式的博士与分段式培养模式的博士之间存在显著差异。

⑨能力培养在不同培养模式下的差异

通过分析表 5.12 发现，在能力培养维度上，贯通式培养模式的博士得分（均分为 74.960）高于分段式培养模式的博士（均分为 74.030）。此外，在方差方程 Levene 检验中 P＝0.813>0.05，则意味着均值方程 T 检验是在方差相等的情况下得出的。此时，T 检验的 P＝0.861>0.05，说明方程方差不接受零假设，即贯通式培养模式的博士与分段式培养模式的博士在其他能力培养维度上不存在显著差异。

⑩学术社会化状况在不同培养模式下的差异

通过分析表 5.12 发现，贯通式培养模式的博士学术社会化状况维度上得分（均分为 41.860）高于分段式培养模式的博士（均分为 41.020）。此外，在方差方程 Levene 检验中 P＝0.620>0.05，则意味着均值方程 T 检验是在方差相等的情况下得出的，此时 T 检验的 P＝0.637>0.05，说明方程方差不接受零假设，即贯通式培养模式的博士与分段式培养模式的博士在学术社会化维度上不存在显著差异。

总结，通过差异性分析发现：①在教育背景层面，贯通式培养模式的博士与分段式培养模式的博士之间存在显著差异，一般而言贯通式培养模式的生源为同群体中成绩较为优异的学生，生源质量相对较高，学生的个人能力较强，其社会化过程较快；与贯通式培养模式相比，分段式培养模式的生源质量相对较低，学生能力相对较弱，造成了两种不同培养模式下，生源教育背景存在显著差异①。②在学习投入度层面，贯通式培养模式的博士与分段式培养模式的博士之间存在显著差异，此现象出现的原因为，现阶段我国博士生培养模式主要分为贯通式培养模式（招生方式为硕博连读、直接攻博）与分段式培养模式（公开招考、申请—考核）两种。其中，贯通式培养模式中，硕博连读培养过程为硕士生入学考试—硕士生课程学习—硕士生科研（参与课题组调研、实验等，研究方向与博士阶段研究方向相近或相同）—博士生入学考试—博士生课程学习—博士生科研（参与课题组研究，继续硕士阶段的研究）—博士生学术论文；直接攻博培养过程为博士生入学考试—博士生课程学习—博士生科研（参与课题组研究，确定研究方向）—博士生学术论文。而分段式培养模式的培养过程为硕士生入学考试—硕士生课程学习—硕士生科研—硕士生学术论文—博士生入学考试—博士生课程学习—博士生科研（参与课题组研究，确定研究方向）—博士生学术论文。不同培养模式，博士生学习投入时间也会不同，与分段式培养模式相比，贯通式培养模式下的博士生在硕士阶段或本科毕业后就会提前进入导师课题组，较早地参与导师科研项目（在科研项目的投入时间多于分段式培养模式的博士），造成不同培养模式下，博士生学习投入时间存在差异。③在学术成果层面，贯通式培养模式的博士与分段式培养模式的博士之间存在显著差异。刘宁宁（2018）基于33所研究生院博士生科研绩效调查的数据进行分析发现，不同招生方式下，博士生科研绩效是存在差异的，在人文社科中直接攻博的博士生科研绩效>硕博连读博士生>公开招考博士生，工学类的硕博连读博士生科研绩效>直接攻博博士生>公开招考博士生②；闵韡（2018）通过对35所理工科高校博士生科研绩效的调查发现，博士生录取方式的不同，其科研绩效也存在差异，具体表现在硕博连读博士生

---

① 张国栋. 我国贯通式培养博士生培养模式的研究 [D]. 上海：上海交通大学，2008：47-68.
② 刘宁宁. 不同招考方式博士生的科研创新能力存在差异吗？：基于33所研究生院高校的调查 [J]. 学位与研究生教育，2018（4）：61-64.

科研绩效>直接攻博的博士生>普通招考博士生[1]；张国栋（2009）通过对贯通式博士模式的研究发现，录取方式不同博士生学术论文质量也不同[2]。高耀等（2019）基于2015年与2016年全国博士论文抽查大数据的实证分析发现，贯通式培养模式的博士生学位论文质量高于分段式培养模式的博士生学位论文质量[3]。本书也发现不同培养模式下，博士生学术成果会存在显著差异。此现象出现原因可能为，与分段式培养模式相比，贯通式培养模式的博士较早进入某个研究领域，在某个研究领域会投入更多的时间与精力，对某个领域的研究会更深入与全面，加上贯通式培养模式的生源为同群体中成绩较为优异的学生，生源质量相对较高，学生的个人能力较强，其社会化进程较快，这样就更易出研究成果。此外，本书还发现，由于分段式培养模式与贯通式培养模式的博士同时接受相同的教育，在教学实践参与、能力培养等维度上不存在显著差异。

5.4 博士生学术社会化的结构方程模型研究

5.4.1 结构方程模型的概述

结构方程模型作为一种验证性方法，将一些无法直接观测而又欲探讨的问题作为潜变量，通过其他一些可直接观测变量来反映潜变量的关系模型。通常而言结构方程模型分为测量模型与结构模型两部分，其中测量模型由观测变量与潜变量组成，主要反映的是观测变量与潜变量之间的线性关系，其基本公式为 $X = \Lambda X + \delta$（ΛX 为 $q \times n$ 阶矩阵，表示连接 X 变量对外因潜变量 ξ 的系数；δ 表示 X 变量的测量误差；X 表示外因潜变量 ξ 的观测变量），$Y = \Lambda Y + \varepsilon$（$\Lambda Y$ 为 $p \times m$ 阶矩阵，表示连接 Y 变量对内因潜变量 η 的系数；ε 表示 Y 变量的测量误差；Y 表示内因潜变量 η 的观测变量）。而结构模型则是由不同潜变量与观测变量组成的，主要反映的是各个潜变量之间的关系，其基本公式为 $\eta = B\eta + \Gamma\xi + \zeta$（$B$ 为内因潜变量的系数矩阵，表示内因潜变量 η 之间的相互影响；η 为内因潜变量；Γ 为外因潜变量的系数矩阵，表示外因潜变量 ξ 对内因潜变量 η 的影响；ξ 为外因潜变量；ζ 表示随机干扰项）。

① 闵辉. 理工科博士招生方式对培养效果的影响：基于35所研究生院理工科博士生的调查 [J]. 研究生教育研究, 2018 (2): 38-42.
② 张国栋. 贯通式培养模式的特点及适用范围 [J]. 中国高教研究, 2009 (9): 37-39.
③ 高耀, 沈文钦, 陈洪捷, 等. 贯通式培养博士生的学位论文质量更高吗：基于2015、2016年全国抽检数据的分析 [J]. 高等教育研究, 2019 (7): 68-72.

5.4.2 模型变量的提取

为了更精确地计算博士生学术社会化的影响因素，我们需要对具体的因素进行进一步处理与分析。本书采用主成分分析法，对教育背景、学术活动参与、学习投入度、导师指导等9个变量进行分类与概括。依据成分矩阵显示，可将这9个因素概括为三个主因素：第一类为个人因素（教育背景、学习投入度、学术活动参与、教学实践参与）；第二类为导师因素（导师指导、学术成果）；第三类因素为学校因素（课程与教学、学校培养环境、能力培养），这与上文中访谈编码的结果较为吻合（见表5.13）。

表 5.13 成分矩阵

变量	成分		
	因子 1	因子 2	因子 3
教育背景	0.612		
学习投入度	0.638		
学术活动参与	0.625		
教学实践参与	0.606		
导师指导		0.681	
学术成果		0.624	
课程与教学			0.391
学校培养环境			0.662
能力培养			0.653

结合上文访谈编码结果及量化分析结果，本书将博士生学术社会化影响因素概括为三大类：个人因素包括教育背景、学习投入度、学术活动参与、教学实践参与；导师因素包括导师指导、学术成果；学校因素包括课程与教学、学校培养环境、能力培养，这与上文质化访谈结果较为一致。在此基础上，根据本书的研究需要，提出以下研究假设：

假设1：个人因素与博士生学术社会化之间显著相关。

假设2：导师因素与博士生学术社会化之间显著相关。

假设3：学校因素与博士生学术社会化之间显著相关。

5.4.3 模型变量的验证性因子分析

验证性因子分析（CFA）主要是在已有的理论观点或研究框架的基础上，

借助数学程序与运算来检验该理论观点或研究框架是否合理,侧重于对假定模型中观察变量与潜在变量之间的关系进行验证,从而确保模型的拟合程度。一般而言,验证性因素分析分为五个阶段:第一阶段建立初始的理论模型;第二阶段确定模型能否得出参数估计的唯一解;第三阶段估计模型参数;第四阶段根据拟合指标对模型进行评价;第五阶段根据修正指数修改初始模型[①]。

在衡量模型的拟合程度时,必须检查多个拟合指标,既包括绝对拟合指标也包括相对拟合指标,绝对拟合指数是将理论模型与饱和模型相比较得到的统计量;相对拟合指数是将理论模型与基准模型相比较得到的统计量[②]。本书在参考侯杰泰等(2004)[③] 及吴明隆(2010)[④] 等人观点的基础上,确定了以下的模型拟合指标(见表5.14)。

表5.14 本书采用拟合指标的参考值

统计检验量	适配的标准或临界值
A. 绝对适配度指数	
χ^2	P>0.050
RMR 值	<0.050
RMSEA 值	<0.080
GFI 值	>0.900;若 GFI>0.800 表示可以接受
AGFI 值	>0.900;若 AGFI>0.800 表示模型可以接受
B. 增值适配度指数	
NFI 值	>0.900;若 NFI>0.800 表示模型可以接受
RFI 值	>0.900;若 RFI>0.800 表示模型可以接受
IFI 值	>0.900;若 IFI>0.800 表示模型可以接受
TLI 值	>0.900;若 TLI>0.800 表示模型可以接受
CFI 值	>0.900;若 CFI>0.800 表示模型可以接受
C. 简约适配度指数	
PGFI 值	>0.050

---

① 林嵩. 结构方程模型原理及应用 [M]. 武汉:华中科技大学出版社,2008:108.

② 孙少博. 战略性人力资源管理对组织效能的影响研究:基于竞值架构的视角 [D]. 济南:山东大学,2012:134-135.

③ 侯杰泰,温忠麟,成子娟. 结构方程模型及其应用 [M]. 北京:教育科学出版社,2004:78-83.

④ 吴明隆. 结构方程模型:AMOS 的操作与应用 [M]. 重庆:重庆大学出版社,2010:240-241.

表5.14(续)

统计检验量	适配的标准或临界值
PNFI 值	>0.050
PCFI 值	>0.050
CN 值	>200
AIC 值	理论模型值小于独立模型值且同时小于饱和模型值
CAIC 值	理论模型值小于独立模型值且同时小于饱和模型值

注：卡方自由比值受样本量变化的影响较大，在本书中不将其作为研究的范畴。

5.4.3.1 个人因素的验证性因子分析

由于个人因素包含教育背景、学习投入度、学术活动参与、教学实践参与四个相关因素，而每个相关因素又包括若干个观测变量，传统的一阶验证性因素分析法并不能满足研究需要。因此，本书将采用二阶验证性因素分析法进行分析，其基本模型如图5.2所示。

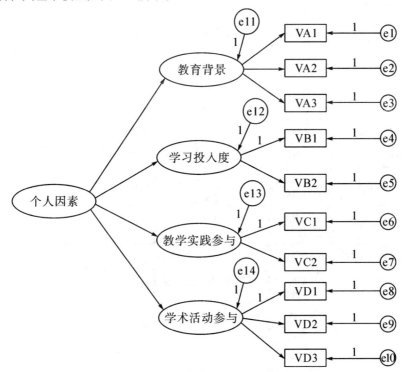

图5.2 个人因素的验证性因子分析模型

注：VA1、VA2、VA3 等分别代表教育背景、学习投入度、教学实践参与等所对应的观测变量。

验证性因子分析对假设模型隐含的协方差矩阵与样本协方差矩阵的差异程度进行比较，根据差异性的大小来判定模型的适配度，若差异较小，表明假设的模型与样本数据匹配度较好[①]。从表 5.15 发现，在模型的验证性因子分析中，模型的卡方值 χ^2 = 41.420，显著性概率值 P = 0.067>0.050，接受虚无假设。模型适配度指标如 RMR = 0.032<0.050、RMSEA = 0.034<0.080、GFI = 0.913>0.900、AGFI = 0.925>0.900、IFI = 0.922>0.900、NFI = 0.930>0.900、PGFI = 0.626>0.500、PNFI = 0.712>0.500、PCFI = 0.614>0.500、AIC 值为 128.147 小于独立模型值且同时小于饱和模型值、CAIC 值为 253.441 小于独立模型值且同时小于饱和模型值，均达到模型可以接受的水平。而模型的其他适配性指标如 CFI（0.815）、RFI（0.832）、TLI（0.846）虽没有达到理想的适配性标准，但都在模型可接受的范围。此外，当 α = 0.050 时，CN = 432>200；当 α = 0.010 时，CN = 506>200，模型基本上可达到适配的标准。

表 5.15　个人因素的拟合优度检验

统计 检验量	适配的标准或临界值	检验结果 数据	模型 适配性 判断
A. 绝对适配度指数			
χ^2	P>0.050	41.420 P=0.067>0.050	是
RMR 值	<0.050	0.032	是
RMSEA 值	<0.080	0.034	是
GFI 值	>0.900；若 GFI>0.800 表示模型可以接受	0.913	是
AGFI 值	>0.900；若 AGFI>0.800 表示模型可以接受	0.925	是
B. 增值适配度指数			
NFI 值	>0.900；若 NFI>0.800 表示模型可以接受	0.930	是
RFI 值	>0.900；若 RFI>0.800 表示模型可以接受	0.832	可接受

① SCHUMAKER R E, LOMAX R G. A Beginner's guide to structural equation modeling ［M］. New Jersey：Lawrence Erlbaum Associates，2004：76-82.

表5.15(续)

统计检验量	适配的标准或临界值	检验结果数据	模型适配性判断
IFI 值	>0.900；若 IFI>0.800 表示模型可以接受	0.922	是
TLI 值	>0.900；若 TLI>0.800 表示模型可以接受	0.846	可接受
CFI 值	>0.900；若 CFI>0.800 表示模型可以接受	0.815	可接受
C. 简约适配度指数			
PGFI 值	>0.500	0.626	是
PNFI 值	>0.500	0.712	是
PCFI 值	>0.500	0.614	是
CN 值	>200	432	是
AIC 值	理论模型值小于独立模型值且同时小于饱和模型值	128.147<130.000 128.147<536.173	是
CAIC 值	理论模型值小于独立模型值且同时小于饱和模型值	253.441<490.041 253.441<575.041	是

5.4.3.2 导师因素的验证性因子分析

导师因素包含导师指导、学术成果两个相关因素，而每个相关因素又包括若干个观测变量，传统的一阶验证性因素分析法并不能满足研究需要。因此，本书将采用二阶验证性因素分析法进行分析，其基本模型如图5.3所示。

验证性因子分析对假设模型隐含的协方差矩阵与样本协方差矩阵的差异程度进行比较，根据差异性的大小来判定模型的适配度，若差异较小，表明假设的模型与样本数据匹配度较好。从表5.16发现，在模型的验证性因子分析中，模型的卡方值$x^2 = 23.270$，显著性概率值 $P = 0.216 > 0.05$，接受虚无假设。模型适配度指标中 $PGFI = 0.561 > 0.500$、$RMR = 0.031 < 0.050$、$RMSEA = 0.023 < 0.080$、$AGFI = 0.914 > 0.900$、$NFI = 0.902 > 0.900$、$RFI = 0.923 > 0.900$、$IFI = 0.917 > 0.900$、$TLI = 0.934 > 0.900$、$PNFI = 0.602 > 0.500$、$PCFI = 0.643 > 0.500$、AIC 值为 38.230 小于独立模型值且同时小于饱和模型值、CAIC 值为 112.462 小于独立模型值且同时小于饱和模型值，均达到模型可以接受的水平。其他指标 $CFI = 0.812 < 0.900$、$GFI = 0.853 < 0.900$，虽没有达到理想的适配性标准，但

都在模型可接受的范围。此外，当 $\alpha = 0.050$ 时，CN = 312>200；当 $\alpha = 0.010$ 时，CN = 501>200，说明模型基本上可达到可适配的标准。

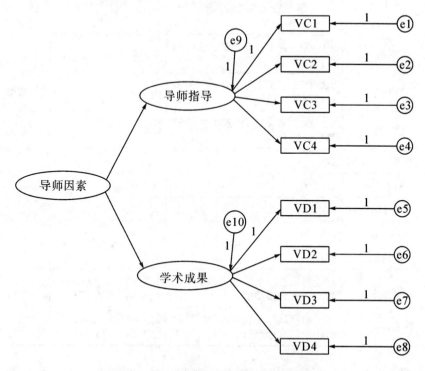

图 5.3　导师因素的验证性因子分析模型

注：VC1、VC2 等分别代表导师指导、学术成果所对应的观测变量。

表 5.16　导师因素的拟合优度检验

统计 检验量	适配的标准或临界值	检验结果 数据	模型 适配性 判断
A. 绝对适配度指数			
χ^2	P>0.050	23.270 P=0.216>0.05	是
RMR 值	<0.050	0.031	是
RMSEA 值	<0.080	0.023	是
GFI 值	>0.900；若 GFI>0.800 表示模型可以接受	0.853	可接受

表5.16(续)

统计 检验量	适配的标准或临界值	检验结果 数据	模型 适配性 判断
AGFI 值	>0.900；若 AGFI>0.800 表示模型可以接受	0.914	是
B. 增值适配度指数			
NFI 值	>0.900；若 NFI>0.800 表示模型可以接受	0.902	是
RFI 值	>0.900；若 RFI>0.800 表示模型可以接受	0.923	是
IFI 值	>0.900；若 IFI>0.800 表示模型可以接受	0.917	是
TLI 值	>0.900；若 TLI>0.800 表示模型可以接受	0.934	是
CFI 值	>0.900；若 CFI>0.800 表示模型可以接受	0.812	可接受
C. 简约适配度指数			
PGFI 值	>0.500	0.561	是
PNFI 值	>0.500	0.602	是
PCFI 值	>0.500	0.643	是
CN 值	>200	312	是
AIC 值	理论模型值小于独立模型值且同时小于饱和模型值	38.230<46.530 38.230<334.253	是
CAIC 值	理论模型值小于独立模型值且同时小于饱和模型值	112.462<187.825 112.462<473.022	是

5.4.3.3 学校因素的验证性因子分析

学校因素包含课程与教学、学校培养环境、能力培养三个相关因素，而每个相关因素又包括若干个观测变量，传统的一阶验证性因素分析法并不能满足研究需要。因此，本书将采用二阶验证性因素分析法进行分析，其基本模型如图5.4所示。

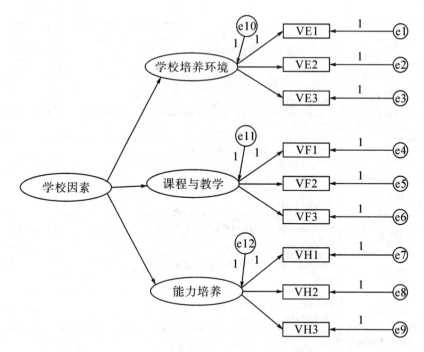

图 5.4　学校因素的验证性因子分析模型

注：VF1、VF2 等分别代表学校培养环境、课程与教学等变量所对应的观测变量。

验证性因子分析对假设模型隐含的协方差矩阵与样本协方差矩阵的差异程度进行比较，根据差异性的大小来判定模型的适配度，若差异较小，表明假设的模型与样本数据匹配度较好。从表 5.17 发现，在模型的验证性因子分析中，模型的卡方值 $\chi^2 = 57.358$，显著性概率值 P = 0.262>0.050，接受虚无假设。模型的绝对适配度指数 RMR = 0.028<0.050、RMSEA = 0.054<0.080、GFI = 0.905>0.900、AGFI = 0.909>0.900。模型的增值适配度指数 NFI = 0.907>0.900、TLI = 0.916>0.900、CFI = 0.911>0.900，虽然 RFI = 0.861<0.900、IFI = 0.844<0.900 没有达到理想的适配性标准，但都在模型可接受的范围。模型的简约适配度指数 PGFI = 0.701>0.500、PNFI = 0.685>0.500、PCFI = 0.691>0.500、AIC 值为 68.120 小于独立模型值且同时小于饱和模型值、CAIC 值为 172.141 小于独立模型值且同时小于饱和模型值，均达到模型可以接受的水平。此外，当 α = 0.050 时，CN = 239>200；当 α = 0.010 时，CN = 352>200，模型基本上可达到适配的标准。

表 5.17 学校因素的拟合优度检验

统计 检验量	适配的标准或临界值	检验结果 数据	模型 适配性 判断
A. 绝对适配度指数			
χ^2	P>0.050	57.358 P=0.262>0.050	是
RMR 值	<0.050	0.028	是
RMSEA 值	<0.080	0.054	是
GFI 值	>0.900；若 GFI>0.800 表示模型可以接受	0.905	是
AGFI 值	>0.900；若 AGFI>0.800 表示模型可以接受	0.909	是
B. 增值适配度指数			
NFI 值	>0.900；若 NFI>0.800 表示模型可以接受	0.907	是
RFI 值	>0.900；若 RFI>0.800 表示模型可以接受	0.861	可接受
IFI 值	>0.900；若 IFI>0.800 表示模型可以接受	0.844	可接受
TLI 值	>0.900；若 TLI>0.800 表示模型可以接受	0.916	是
CFI 值	>0.900；若 CFI>0.800 表示模型可以接受	0.911	是
C. 简约适配度指数			
PGFI 值	>0.500	0.701	是
PNFI 值	>0.500	0.685	是
PCFI 值	>0.500	0.691	是
CN 值	>200	239	是
AIC 值	理论模型值小于独立模型值且同时小于饱和模型值	68.120<103.446 68.120<324.114	是
CAIC 值	理论模型值小于独立模型值且同时小于饱和模型值	172.141<308.168 172.141<478.347	是

5.4.3.4　博士生学术社会化的验证性因子分析

　　博士生学术社会化包含岗位晋升次数、工资待遇、工作更换的次数、工作满意度、岗位满意度五个相关因素，根据研究需要，本书将采用一阶段验证性因素分析法进行分析，其基本模型如图5.5所示。

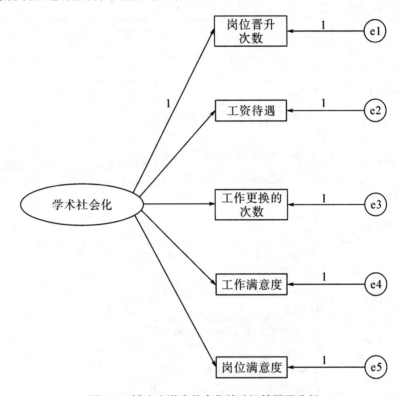

图5.5　博士生学术社会化的验证性因子分析

　　验证性因子分析对假设模型隐含的协方差矩阵与样本协方差矩阵的差异程度进行比较，根据差异性的大小来判定模型的适配度，若差异较小，表明假设的模型与样本数据匹配度较好。从表5.18发现，在模型的验证性因子分析中，模型的卡方值χ^2 = 103.147，显著性概率值 P = 0.302>0.050，接受虚无假设。模型的绝对适配度指数 RMR = 0.039<0.050、RMSEA = 0.069<0.080、GFI = 0.901>0.900、AGFI = 0.912>0.900；模型的增值适配度指数 RFI = 0.917>0.900、IFI = 0.902>0.900、CFI = 0.911>0.900，虽然 NFI = 0.883<0.900、TLI = 0.871<0.900 没有达到理想的适配性标准，但都在模型可接受的范围。模型的简约适配度指数 PGFI = 0.718>0.500、PNFI = 0.635>0.500、PCFI = 0.621>0.500、AIC 值为88.341 小于独立模型值且同时小于饱和模型值、CAIC 值为

232.124 小于独立模型值且同时小于饱和模型值，均达到模型可以接受的水平。此外，当 $\alpha = 0.050$ 时，$CN = 263 > 200$；当 $\alpha = 0.010$ 时，$CN = 371 > 200$，模型基本上可达到适配的标准。

表 5.18　博士生学术社会化的拟合优度检验

统计检验量	适配的标准或临界值	检验结果数据	模型适配性判断
A. 绝对适配度指数			
χ^2	P>0.050	103.147 P=0.302>0.05	是
RMR 值	<0.050	0.039	是
RMSEA 值	<0.080	0.069	是
GFI 值	>0.900；若 GFI>0.800 表示模型可以接受	0.901	是
AGFI 值	>0.900；若 AGFI>0.800 表示模型可以接受	0.912	是
B. 增值适配度指数			
NFI 值	>0.900；若 NFI>0.800 表示模型可以接受	0.883	可接受
RFI 值	>0.900；若 RFI>0.800 表示模型可以接受	0.917	是
IFI 值	>0.900；若 IFI>0.800 表示模型可以接受	0.902	是
TLI 值	>0.900；若 TLI>0.800 表示模型可以接受	0.871	可接受
CFI 值	>0.900；若 CFI>0.800 表示模型可以接受	0.911	是
C. 简约适配度指数			
PGFI 值	>0.500	0.718	是
PNFI 值	>0.500	0.635	是
PCFI 值	>0.500	0.621	是
CN 值	>200	263	是
AIC 值	理论模型值小于独立模型值且同时小于饱和模型值	88.341<161.224 88.341<364.437	是
CAIC 值	理论模型值小于独立模型值且同时小于饱和模型值	232.124<331.238 232.124<512.418	是

5.4.4 结构方程模型的构建

5.4.4.1 自变量之间的路径构建

该部分探讨个人因素、导师因素、学校因素三个自变量之间的相关关系，在此基础上构建三者之间的路径关系。本书运用 SPSS25.0 对个人、导师和学校这三个主因素之间的相关系数进行分析，结果如表 5.19 所示。

表 5.19 三个自变量之间的相关系数

变量	相关系数	个人因素	导师因素	学校因素
个人因素	Pearson 相关系数	1	0.417**	0.539**
	显著性（双侧）		0	0
	N	468	468	468
导师因素	Pearson 相关系数	0.417**	1	0.488**
	显著性（双侧）	0	0	0
	N	468	468	468
学校因素	Pearson 相关系数	0.539**	0.488**	1
	显著性（双侧）	0	0	0
	N	468	468	468

注：* 表示在 0.05 的水平（双侧）上显著相关；** 表示在 0.01 的水平（双侧）上显著相关。

从表 5.19 中可以看出，个人因素、导师因素及学校因素之间的相关性极为显著，均在 0.01 的水平上显著相关。三个自变量之间也是有较为密切的相互影响作用，表明个人因素、导师因素及学校因素三者之间存在相互影响的路径关系，其路径关系图如图 5.6 所示①。

---

① 一般而言，结构方程模型图分为观测变量与潜变量两个层级，而在本书中有三个层级的变量，为了更精确地计算博士生学术社会化的影响因素，在计算和模型的构建过程中，本书采用主成分分析方法对书中三个层级变量进行降层处理，将其变为观测变量与潜变量两个层级。

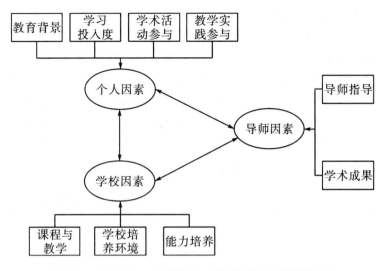

图 5.6　个人因素、导师因素、学校因素之间的路径关系

5.4.4.2　自变量与因变量之间的路径构建

（1）个人因素对博士生学术社会化的影响分析

个人因素与博士生学术社会化之间是否存在关系，存在何种关系？为此，该部分拟用路径分析的方法对两者之间的关系进行进一步探讨。

本书采用极大似然法对个人因素与博士生学术社会化之间的路径系数进行计算，发现个人因素与博士生学术社会化之间的临界比值（估计值的非标准回归系数值除估计值的标准误）C.R.的绝对值等于 2.234 大于 1.96，表明估计值在 0.05 的水平上显著，此时显著性概率 P 值呈现"＊＊＊"的状态，意味着个人因素与博士生学术社会化之间的路径系数达到显著状态（见图 5.7）。

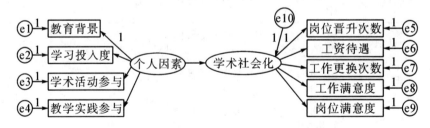

图 5.7　个人因素对博士生学术社会化的影响模型

此外，在模型适配度检验中发现（见表 5.20），模型的卡方值 $\chi^2 = 76.233$，显著性概率值 $P = 0.172 > 0.05$，接受虚无假设。模型中适配度指标如 RMR = $0.008 < 0.050$、RMSEA = $0.067 < 0.080$、GFI = $0.913 > 0.900$、AGFI = $0.914 >$

0.900、NFI = 0.921 > 0.900、RFI = 0.914 > 0.900、TLI = 0.905 > 0.900、PGFI = 0.571 > 0.500、PNFI = 0.554 > 0.500、PCFI = 0.612 > 0.500、CAIC 值为 182.342 小于独立模型值且同时小于饱和模型值，均达到模型可以接受的水平。模型的其他适配性指标 IFI（0.851）、CFI（0.862）虽没有达到理想的适配性标准，但都在模型可接受的范围。此外，当 α = 0.050 时，CN = 212 > 200；当 α = 0.010 时，CN = 332 > 200。整体而言，模型基本上达到可适配的标准。经过模型适配性检验与潜变量之间的路径分析后，发现模型拟合良好且个人因素与博士生学术社会化之间具有显著的相关性，即原假设 1 得到验证。

表 5.20　个人因素与博士生学术社会化之间的拟合优度检验

统计检验量	适配的标准或临界值	检验结果数据	模型适配性判断
A. 绝对适配度指数			
χ^2	P > 0.050	76.233 P = 0.172 > 0.050	是
RMR 值	< 0.050	0.008	是
RMSEA 值	< 0.080	0.067	是
GFI 值	> 0.900；若 GFI > 0.800 表示模型可以接受	0.913	是
AGFI 值	> 0.900；若 AGFI > 0.800 表示模型可以接受	0.914	是
B. 增值适配度指数			
NFI 值	> 0.900；若 NFI > 0.800 表示模型可以接受	0.921	是
RFI 值	> 0.900；若 RFI > 0.800 表示模型可以接受	0.914	是
IFI 值	> 0.900；若 IFI > 0.800 表示模型可以接受	0.851	可接受
TLI 值	> 0.900；若 TLI > 0.800 表示模型可以接受	0.905	是
CFI 值	> 0.900；若 CFI > 0.800 表示模型可以接受	0.862	可接受
C. 简约适配度指数			
PGFI 值	> 0.500	0.571	是

表5.20(续)

统计 检验量	适配的标准或临界值	检验结果 数据	模型 适配性 判断
PNFI 值	>0.500	0.554	是
PCFI 值	>0.500	0.612	是
CN 值	>200	212	是
AIC 值	理论模型值小于独立模型值且同 时小于饱和模型值	116.213>102.412 116.213<256.712	否
CAIC 值	理论模型值小于独立模型值且同 时小于饱和模型值	182.342<312.014 182.342<424.326	是

（2）导师因素对博士生学术社会化的影响分析

导师因素与博士生学术社会化是否存在关系，存在何种关系？为此，该部分拟用路径分析的方法对两者之间的关系进行进一步探讨。

本书采用极大似然法对导师因素与博士生学术社会化之间的路径系数进行计算，发现导师因素与博士生学术之间的临界比值（估计值非标准回归系数值除以估计值的标准误）C.R.的绝对值等于2.721大于1.960，表明估计值在0.05的水平上显著，此时显著性概率 P 值呈现出"＊＊＊"的状态，意味着导师因素与博士生学术社会化的路径系数达到显著状态（见图5.8）。

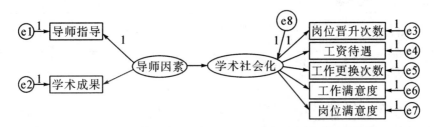

图5.8　导师因素对博士生学术社会化的影响模型

此外，在模型适配性检验中（见表5.21），可以得到模型的自由度为8，卡方值 $\chi^2 = 42.613$，显著性概率值 P = 0.271 > 0.050，接受虚无假设。模型的绝对适配度指数 RMR = 0.033 < 0.050、RMSEA = 0.057 < 0.080、GFI = 0.927 > 0.900、AGFI = 0.922 > 0.900，满足模型适配性标准；模型的增值适配度指数中 TLI = 0.915 > 0.900、CFI = 0.919 > 0.900 均达到模型的适配性标准；而其他指标 RFI = 0.862 < 0.900 且 > 0.800、NFI = 0.851 < 0.900 且 > 0.800、IFI = 0.877 < 0.900 且 > 0.800，表明这些指标在可接受范围内；模型的简约适配度指数中除 AIC

值、PCFI 值没有满足模型适配性标准外，其他指标 PGFI＝0.618>0.500、PNFI ＝0.613>0.500、CAIC 值为 213.812 小于独立模型值且同时小于饱和模型值，均达到模型可以接受的水平。总之，模型中虽然有个别指标未满足模型适配性标准，但是从整体而言，模型基本上达到可适配的标准。

经过模型适配性检验与潜变量之间的路径分析后，发现模型拟合良好且导师因素与博士生学术社会化具有显著的相关性，即原假设 2 得到验证。

表 5.21　导师因素与博士生学术社会化之间的拟合优度检验

统计 检验量	适配的标准或临界值	检验结果 数据	模型 适配性 判断
A. 绝对适配度指数			
χ^2	P>0.050	42.613 P＝0.271>0.050	是
RMR 值	<0.050	0.033	是
RMSEA 值	<0.080	0.057	是
GFI 值	>0.900；若 GFI>0.800 表示模型可以接受	0.927	是
AGFI 值	>0.900；若 AGFI>0.800 表示模型可以接受	0.922	是
B. 增值适配度指数			
NFI 值	>0.900；若 NFI>0.800 表示模型可以接受	0.851	可接受
RFI 值	>0.900；若 RFI>0.800 表示模型可以接受	0.862	可接受
IFI 值	>0.900；若 IFI>0.800 表示模型可以接受	0.877	可接受
TLI 值	>0.900；若 TLI>0.800 表示模型可以接受	0.915	是
CFI 值	>0.900；若 CFI>0.800 表示模型可以接受	0.919	是
C. 简约适配度指数			
PGFI 值	>0.500	0.618	是
PNFI 值	>0.500	0.613	是
PCFI 值	>0.500	0.487	否

表5.21(续)

统计 检验量	适配的标准或临界值	检验结果 数据	模型 适配性 判断
CN 值	>200	216	是
AIC 值	理论模型值小于独立模型值且同时小于饱和模型值	72.516>55.471 72.516<353.374	否
CAIC 值	理论模型值小于独立模型值且同时小于饱和模型值	213.812<275.026 213.812<486.273	是

（3）学校因素对博士生学术社会化的影响分析

学校因素与博士生学术社会化之间是否存在关系，存在何种关系？为此，该部分采用路径分析的方法对两者之间的关系进行进一步探讨。

本书采用极大似然法对学校因素与博士生学术社会化之间的路径系数进行计算发现，学校因素与博士生学术社会化之间的临界比值（估计值的非标准回归系数值除以估计值的标准误）C.R.的绝对值等于3.229大于1.960，表明估计值在0.050的水平上显著，此时显著性概率P值呈现出"***"的状态，意味着学校因素与博士生学术社会化之间的路径系数达到显著状态（见图5.9）。

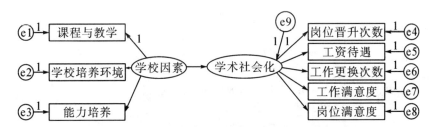

图5.9　学校因素对博士生学术社会化的影响模型

此外，在模型的适配性检验中（见表5.22），可以得到模型的卡方值$\chi^2 = 94.135$，显著性概率值P＝0.242>0.050，接受虚无假设。在模型的绝对适配度指数中，RMR＝0.042<0.050、RMSEA＝0.073<0.080、GFI＝0.916>0.900、AGFI＝0.926>0.900，达到模型适配性标准；在模型的增值适配度指数中，NFI＝0.903>0.900、RFI＝0.914>0.900、IFI＝0.923>0.900、TLI＝0.907>0.900、CFI＝0.931>0.900，均达到模型可适配性标准；在模型的简约适配度指数中，除PNFI值没有满足模型适配性标准外，其他指标PGFI＝0.608>0.500、PCFI＝0.573>0.500、AIC值为255.217小于独立模型值且同时小于饱和模型值，均达到模型可以接受的水平、CAIC值为312.436小于独立模型值且同时小于饱和和模型值，均达到模型可以接受的水平。此外，当 $\alpha = 0.050$ 时，CN = 225 > 200；当 $\alpha = 0.010$ 时，CN = 313 > 200，整体而言，模型基本上可达到适配的标准。

经过模型适配性检验与潜变量之间的路径分析后，发现模型拟合良好且学校因素与博士生学术社会化具有显著的相关性，即原假设 3 得到验证。

表 5.22　学校因素与博士生学术社会化之间的拟合优度检验

统计检验量	适配的标准或临界值	检验结果数据	模型适配性判断
A. 绝对适配度指数			
χ^2	P>0.050	94.135 P = 0.242>0.050	是
RMR 值	<0.050	0.042	是
RMSEA 值	<0.080	0.073	是
GFI 值	>0.900；若 GFI>0.800 表示模型可以接受	0.916	是
AGFI 值	>0.900；若 AGFI>0.800 表示模型可以接受	0.926	是
B. 增值适配度指数			
NFI 值	>0.900；若 NFI>0.800 表示模型可以接受	0.903	是
RFI 值	>0.900；若 RFI>0.800 表示模型可以接受	0.914	是
IFI 值	>0.900；若 IFI>0.800 表示模型可以接受	0.923	是
TLI 值	>0.900；若 TLI>0.800 表示模型可以接受	0.907	是
CFI 值	>0.900；若 CFI>0.800 表示模型可以接受	0.931	是
C. 简约适配度指数			
PGFI 值	>0.500	0.608	是
PNFI 值	>0.500	0.471	是
PCFI 值	>0.500	0.573	是
CN 值	>200	225	是

表5.22(续)

统计检验量	适配的标准或临界值	检验结果数据	模型适配性判断
AIC 值	理论模型值小于独立模型值且同时小于饱和模型值	255.217<256.241 255.217<434.146	是
CAIC 值	理论模型值小于独立模型值且同时小于饱和模型值	312.436<327.163 312.436<572.336	是

5.4.4.3 结构方程模型构建

通过对博士生学术社会化影响因素模型的实证研究，根据以上相关数据分析及检验结果，本书验证了三个理论假设均成立，同时也验证了个人因素、导师因素、学校因素三者之间的相关性。在此基础上，本书得到博士生学术社会化的影响因素模型，具体如图5.10所示。

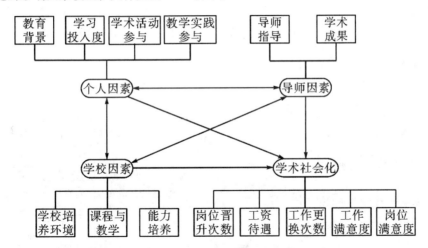

图5.10 博士生学术社会化影响因素的理论模型

5.4.5 模型的检验

5.4.5.1 模型的违犯估计检验

违犯估计检验是检验假设模型中输出的参数值是否超出可接受的范围，其基本指标如表5.23所示。本书通过对博士生学术社会化影响因素模型进行违犯估计检验后发现：第一，测量中没有出现负的误差变异量；第二，所有观测变量的因素负荷量在0.502~0.897，符合0.5~0.95的观测标准；第三，测量标准误差在0.312~0.831，没有出现极端的标准误差。因此，可以判断假设模型的基本适配指标良好，没有违犯模型辨识规则。

表 5.23　博士生学术社会化影响因素模型的违犯估计检验

评估项目	检验结果数据	模型适配型判断
是否没有负的误差变异量	均为正数	是
因素负荷量是否在 0.5~0.95	0.502~0.897	是
是否没有很大的标准误	0.312~0.831	是

5.4.5.2　模型的适配度检验与修正

（1）模型的适配度检验

适配度检验是对假设模型隐含的协方差矩阵与样本协方差矩阵的差异程度进行比较，根据差异性的大小来判定模型的适配度，若差异较小，表明假设的模型与样本数据匹配度较好。本书通过对博士生学术社会化影响因素模型的适配度检验发现（见图 5.11），模型在绝对适配度指数、增值适配度指数、简约适配度指数上均达到模型可接受的范围，表明模型的匹配度较好。

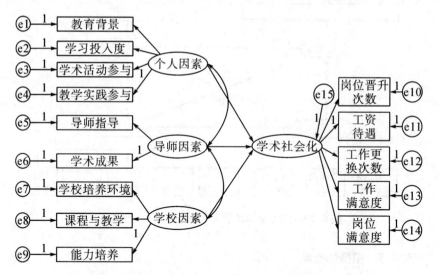

图 5.11　博士生学术社会化影响因素模型适配度检验

通过对模型进行适配度检验发现（见表 5.24），模型的卡方值 $\chi^2 =$ 163.209，显著性概率为 P = 0.001 < 0.050，达到显著性水平，拒绝虚无假设，表示理论模型与实际数据无法契合。此外，模型其他适配度指标如 RMR = 0.073 > 0.0500、RMSEA = 0.113 > 0.080、CN = 154 < 200、AIC 值均未达到模型的可适配性标准，说明理论模型与实际数值并没有达到理想的契合程度（方差

协方差 $\hat{\sum}$ 矩阵不等于方差协方差 S），因此需要对模型进行进一步优化与修正。

表 5.24　博士生学术社会化影响因素结构模型的整体适配度检验

统计检验量	适配的标准或临界值	检验结果数据	模型适配性判断
A. 绝对适配度指数			
χ^2	P>0.050	163.209 P=0.001<0.05	否
RMR 值	<0.050	0.073	否
RMSEA 值	<0.080	0.113	否
GFI 值	>0.900；若 GFI>0.800 表示模型可以接受	0.893	可接受
AGFI 值	>0.900；若 AGFI>0.800 表示模型可以接受	0.902	是
B. 增值适配度指数			
NFI 值	>0.900；若 NFI>0.80 表示模型可以接受	0.907	是
RFI 值	>0.900；若 RFI>0.80 表示模型可以接受	0.861	可接受
IFI 值	>0.900；若 IFI>0.80 表示模型可以接受	0.889	可接受
TLI 值	>0.900；若 TLI>0.80 表示模型可以接受	0.913	是
CFI 值	>0.900；若 CFI>0.80 表示模型可以接受	0.921	是
C. 简约适配度指数			
PGFI 值	>0.500	0.481	否
PNFI 值	>0.500	0.561	是
PCFI 值	>0.500	0.537	是
CN 值	>200	154	否
AIC 值	理论模型值小于独立模型值且同时小于饱和模型值	251.041>203.412 251.041<537.236	是
CAIC 值	理论模型值小于独立模型值且同时小于饱和模型值	317.719<479.192 317.719<742.108	是

（2）模型的修正

模型修正主要是对模型的卡方值及模型的期望参数值进行修正，从而降低卡方值，使模型能够与实际数据逐步契合。在结构方程模型中，模型修正常常参考 Covariances 一栏中 MI 的值，选取 MI 中最大几项值进行修正。在本模型中，由于 e4 与 e5、e11 与 e12 之间的 MI 值较大，分别为 66.182 与 42.125，因此需要对这两个变量进行修正。

通过修正后，再次对模型进行检验。在模型检验中，卡方值 $\chi^2 = 212.301$，显著性概率值 P = 0.113 > 0.050，接受虚无假设，假设理论模型与实际数据可以契合。此外，其他适配度指标如 RMR = 0.048 < 0.050、RMSEA = 0.078 < 0.080、GFI = 0.906 > 0.900、AGFI = 0.903 > 0.900、NFI = 0.871 < 0.900 且 > 0.800、RFI = 0.889 < 0.900 且 > 0.800、IFI = 0.906 > 0.900、TLI = 0.917 > 0.900、CFI = 0.926 > 0.900、PGFI = 0.559 > 0.500、PNFI = 0.622 > 0.500、PCFI = 0.608 > 0.500、AIC 值为 214.338 小于独立模型值且同时小于饱和模型值、CAIC 值为 359.509 小于独立模型值且同时小于饱和模型值，均达到模型可以接受的水平。此外，当 $\alpha = 0.050$ 时，CN = 246 > 200；当 $\alpha = 0.010$ 时，CN = 341 > 200，说明经过修正后模型基本上可达到可适配的标准（见图 5.12）。

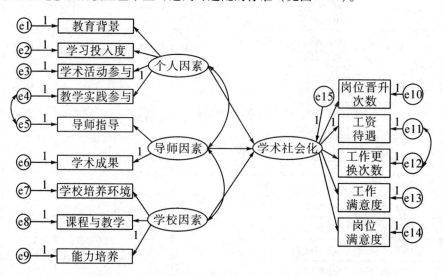

图 5.12　博士生学术社会化影响因素模型的修正

5.4.5.3　模型的组合信度分析

对已假定"博士生学术社会化影响因素模型"的整体进行适配度及组合信度分析，以此检验模型的内在质量。组合信度是利用标准化回归系数（标准化因素负荷量），对模型潜在变量的信度指标进行计算，以此判定模型的内在质量。其基本判定标准为：第一，观察变量的指标信度应大于 0.500；第二，潜变量的组合信度值大于 0.600；第三，平均方程的抽取量大于 0.500。

通过博士生学术社会化影响因素模型的计算可得：第一，个人因素在四个观测变量教育背景、学习投入度、学术活动参与、教学实践参与的标准化因素负荷量分别为 0.671、0.792、0.852、0.766；第二，导师因素在两个观测变量导师指导、学术成果的标准化因素负荷量分别为 0.811、0.913；第三，学校因素在三个观测变量学校培养环境、课程与教学、能力培养的标准化因素负荷量分别为 0.711、0.879、0.902；第四，学术社会化在五个观测变量岗位晋升次数、工资待遇、工作更换次数、工作满意度、岗位满意度的标准化因素负荷量分别为 0.688、0.662、0.718、0.794、0.801。

利用标准化回归系数（因素负荷量）估计值，可计算各个潜变量的组合信度，其基本的计算公式为

$$\rho = \frac{(\Sigma\lambda)^2}{(\Sigma\lambda)^2 + \Sigma\theta} \qquad 式（5.3）$$

其中，ρ 为模型的组合信度；λ 为指标因素的负荷量；θ 为观察变量的误差变异量，其计算法则为 $\theta = 1 -$ 指标信度 $= 1 -$（指标变量的标准化参数）^{2}。

根据式（5.3）的计算法则，四个潜变量的组合信度值求法如下：

$$\rho_1 = \frac{(0.671+0.792+0.852+0.766)^2}{(0.671+0.792+0.852+0.766)^2 + (0.550+0.373+0.274+0.413)}$$
$$= 0.855$$

$$\rho_2 = \frac{(0.811+0.913)^2}{(0.811+0.913)^2 + (0.342+0.166)} = 0.854$$

$$\rho_3 = \frac{(0.711+0.879+0.902)^2}{(0.711+0.879+0.902)^2 + (0.494+0.227+0.186)} = 0.873$$

$$\rho_4 = \frac{(0.688+0.662+0.718+0.794+0.801)^2}{(0.688+0.662+0.718+0.794+0.801)^2 + (0.527+0.562+0.484+0.370+0.358)}$$
$$= 0.852$$

其中，ρ_1、ρ_2、ρ_3、ρ_4 分别代表潜变量个人因素、导师因素、学校因素、学术社会化的组合信度。

此外，为保证模型的内在质量，本书还对各个潜变量的平均方差抽取量（AVE）进行计算，其基本计算公式为

$$\rho = \frac{\Sigma\lambda^2}{\Sigma\lambda^2 + \Sigma\theta} \qquad 式（5.4）$$

其中，ρ 为模型的组合信度；λ 为指标因素的负荷量；θ 为观察变量的误差变异量，其计算法则为 $\theta = 1 - $ 指标信度 $= 1 - $（指标变量的标准化参数）^{2}。

$$\rho_{a1} = \frac{0.450+0.627+0.726+0.587}{(0.450+0.627+0.726+0.587)+(0.550+0.373+0.274+0.413)} = 0.598$$

$$\rho_{a2} = \frac{0.658+0.834}{(0.658+0.834)+(0.342+0.166)} = 0.746$$

$$\rho_{a3} = \frac{0.506+0.773+0.814}{(0.506+0.773+0.814)+(0.494+0.227+0.186)} = 0.698$$

$$\rho_{a4} = \frac{0.473+0.438+0.516+0.630+0.642}{(0.473+0.438+0.516+0.630+0.642)+(0.527+0.562+0.484+0.370+0.358)}$$
$$= 0.540$$

其中，ρ_{a1}、ρ_{a2}、ρ_{a3}、ρ_{a4} 分别代表潜变量个人因素、导师因素、学校因素、学术社会化的平均方差抽取量。

经过式（5.3）与式（5.4）的计算后，得到表 5.25 的检验结果，在博士生学术社会化影响因素模型中，个人因素、导师因素、学校因素、学术社会化的组合信度分别为 0.855、0.854、0.873、0.852，平均方差抽取值分别为 0.598、0.746、0.698、0.540，其中组合信度值与平均方差抽取值均满足模型的判定标准，表明模型的组合信度较好、内在质量理想。

表 5.25　博士生学术社会化影响因素模型内在质量检验

潜在变量	观察变量	因素负荷量标准化参数	指标信度（R^2）	测量误差（$1-R^2$）	组合信度（CR）	平均方差抽取量（AVE）
个人因素	教育背景	0.671	0.450	0.550	0.855	0.598
	学习投入度	0.792	0.627	0.373		
	学术活动参与	0.852	0.726	0.274		
	教学实践参与	0.766	0.587	0.413		
导师因素	导师指导	0.811	0.658	0.342	0.854	0.746
	学术成果	0.913	0.834	0.166		
学校因素	学校培养环境	0.711	0.506	0.494	0.873	0.698
	课程与教学	0.879	0.733	0.227		
	能力培养	0.902	0.814	0.186		

表5.25(续)

潜在变量	观察变量	因素负荷量标准化参数	指标信度（R²）	测量误差（1-R²）	组合信度（CR）	平均方差抽取量（AVE）
学术社会化	岗位晋升次数	0.688	0.473	0.527	0.852	0.540
	工资待遇	0.662	0.438	0.562		
	工作更换次数	0.718	0.516	0.484		
	工作满意度	0.794	0.630	0.370		
	岗位满意度	0.801	0.642	0.358		

5.4.6 模型的路径分析

路径分析是一种探讨多重变量之间关系的方法，其主要目的为通过测量变量之间的关系，来检验假设模型的准确性，在本书中主要是对假设模型的潜在变量之间的关系进行计算，以此检验假设模型的准确性。

通过对博士生学术社会化影响因素模型进行路径分析（见图5.13）得到：第一，个人因素与博士生学术社会化之间的路径系数为0.413（P<0.001）；第二，导师因素与博士生学术社会化之间的路径系数为0.263（P<0.001）；第三，学校因素与博士生学术社会化之间的路径系数为0.137（P<0.001）；第四，个人因素与学校因素之间的路径系数为0.296（P<0.001）；第五，个人因素与导师因素之间的路径系数为0.479（P<0.001）；第六，学校因素与导师因素之间的路径系数为0.374（P<0.001）。

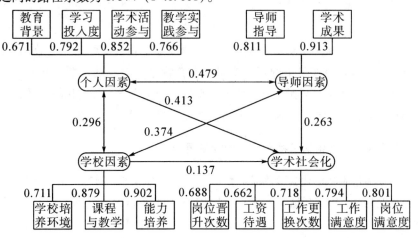

图5.13 博士生学术社会化影响因素模型的路径分析

通过路径分析，本书得出以下结论：

（1）个人因素、导师因素与学校因素之间是相互影响的，其中个人因素与导师因素之间的作用效度为 0.479；个人因素与学校因素之间的作用效度为 0.296；学校因素与导师因素之间的作用效度为 0.374。此现象出现的原因在结构功能主义看来，即个体社会化过程实际上是个体与周围环境（社会系统）互相交流与融合的过程。在此过程中，个人作为社会系统结构中的一部分，其身份地位与社会系统中其他成员关系密切，这就需要社会系统中各个成员之间的密切协作与配合，进而实现社会功能系统的稳定与发展。博士生群体作为博士生培养过程中的一部分，其成长与发展离不开导师指导与学校支持，其需要与导师、学校之间不断地交流与融合，在此过程中实现自我的社会化。

（2）在博士生学术社会化影响因素的路径分析中发现：博士生学术社会化受个人因素、导师因素、学校因素的影响，其中个人因素的影响程度最高，其直接效用为 0.413；其次为导师因素，其直接效用为 0.263；最后为学校因素，其直接效用为 0.137。导师因素与个人因素成为影响博士生学术社会化的两个重要因素。究其原因，从社会化主体而言，博士生学术社会化的主体是博士生个体本身自我转化的过程，其自身的发展状况会直接影响其社会化的进程；此外，从社会化的职业性质来看，博士生学术社会化的职业性质是以学术为业，该职业的发展需要有一定研究基础与较强科研能力，而这些与导师的指导是密不可分的。

5.5 进一步分析

结构方程模型从宏观层面探讨了各个潜变量与博士生学术社会化的关系。为进一步了解各潜变量中的观测变量如教育背景、学习投入度、学术活动参与、教学实践参与、导师指导、学术成果等与博士生学术社会化的关系，本书在结构方程模型分析的基础上，对各观测变量进行回归分析的探索。

5.5.1 博士生学术社会化的指标权重测算

博士生学术社会化受哪些因素影响？这些因素如何影响博士生学术社会化？为探究此问题，本书对博士生学术社会化进行回归分析，由于博士生学术社会化测量变量较多且各个变量之间并不属于同一维度，需要利用相关统计方法对博士生学术社会化测量的变量进行降维处理，使其测量变量满足研究需求。

（1）利用主成分分析法计算博士生学术社会化各个变量的指标权重。主成分分析法主要通过坐标变换手段，将原有的多个相关变量进行线性变换，转换为另一组不相关的变量，并通过计算特征根（方差贡献）、方差贡献率及累计方差贡献率等变量，判断公因子数量及公因子所能代表的原始数据信息（在选取公因子个数时，要遵循的原则是：

第一，根据特征根的大小，通常选取特征根大于 1 所对应的公因子；第二，根据因子累计方差贡献率，通常在社会科学领域类选取累计方差贡献率达 60%的特征值所对应的第 1、第 2、…、第 n 个主成分[1][2]）。

一般而言，主成分分析法包括以下几个步骤：第一，假设有 n 个样本，每个样本有 m 个指标变量描述，得到原始数据矩阵：

$$X = \begin{pmatrix} x_{11} & x_{21} & \cdots & x_{1m} \\ x_{21} & x_{22} & \cdots & x_{2m} \\ \cdots & \cdots & \cdots & \cdots \\ x_{m1} & x_{m2} & \cdots & x_{mn} \end{pmatrix} = (X_1, X_2, \cdots, X_m) \qquad 式（5.5）$$

第二，对博士生学术社会化样本中的矩阵数据进行转置及标准化处理，建立转置后的标准化矩阵 R：

$$R = (r_{im}) = \frac{S_{im}}{\sqrt{S_{ii}}\sqrt{S_{mm}}} \qquad 式（5.6）$$

其中式（5.6）中，

$$S_{im} = \frac{1}{n-1}\sum_{l=1}^{m}(x_{li} - \overline{x_i})(x_{lm} - \overline{x_j}) \qquad 式（5.7）$$

第三，计算相关系数矩阵 R 的特征根，并在此基础上计算主成分的方差贡献率 β_k［式（5.8）］以及累计方差贡献率 β_{k1}［式（5.9）］，并根据因子特征根的值及累计方差贡献率确定公因子的数量 n。

$$\beta_k = \frac{\lambda_k}{\sum_{i=1}^{n}\lambda_i} \qquad 式（5.8）$$

$$\beta_{k1} = \frac{\sum_{i=1}^{k}\lambda_i}{\sum_{i=1}^{n}\lambda_i} \qquad 式（5.9）$$

---

① 吴明隆. 问卷统计分析实务［M］. 重庆：重庆大学出版社，2011：205.
② 马永霞，林金辉. 理工科大学生就业能力评价研究［J］. 教育研究，2016（9）：40-41.

第四，计算 n 个公因子的线性组合，在此基础上采用归一化方法计算主成分分析中各个指标的权重，并确定博士生学术社会化各个变量的指标权重。本书利用 SPSS25.0 对博士生学术社会化测量变量进行 KMO 和 Bartlett 球形检验，以此判断博士生学术社会化测量变量是否适合进行因子分析①。通过检验得到 KMO 值为 0.716，Bartlett 球形检验结果的显著性水平为 Sig=0<0.01，满足因子分析的要求。本书根据成分矩阵及特征根计算公因子的线性组合，在此基础上利用归一化方法，计算主成分分析中各个指标的权重，最终确定博士生学术社会化各个变量的指标权重（见表 5.26）。

表 5.26　博士生学术社会化中各个变量的指标权重

变量	指标体系	权重
博士生学术社会化	岗位晋升次数	0.162
	工资待遇	0.145
	工作更换次数	0.113
	工作满意度	0.257
	岗位满意度	0.323

（2）建立博士生学术社会化的测量模型，假设博士生学术社会化测量模型为

$$Y_p = \alpha_1 x_1 + \alpha_2 x_2 + \cdots + \alpha_k x_k + \beta_1 x_1 + \beta_2 x_2 + \cdots + \beta_n x_n + \cdots + \gamma_1 x_1 + \gamma_2 x_2 + \cdots + \gamma_m x_m$$

其中，α_1，α_2，$\cdots\alpha_k$、β_1，β_2，$\cdots$，β_n、γ_1，γ_2，$\cdots$，γ_m 为不同指标的权重，x_1，x_2，$\cdots x_k$、x_1，x_2，$\cdots x_n$ 与 x_1，x_2，$\cdots x_m$ 为对应指标权重上的变量。

根据上文博士生学术社会化各个指标的权重如岗位晋升次数（0.162）、工资待遇（0.145）、工作更换次数（0.113）、工作满意度（0.257）、岗位满意度（0.323），计算出博士生学术社会化测算模型：

$$Y_p = 0.162 x_1 + 0.145 x_2 + 0.113 x_3 + 0.257 x_4 + 0.323 x_5$$

（3）利用博士生学术社会化测算模型，计算博士生学术社会化总指数，在此基础上进行回归分析，从总体上探索博士生学术社会化影响因素。根据已

---

① 一般而言，若 KMO≥0.9，说明观测变量非常适合做因子分析；若 0.8≤KMO<0.9，则表明测量变量比较适合做因子分析；若 0.7≤KMO<0.8，则表明测量变量可以做因子分析；若 0.6≤KMO<0.7；则表明测量变量不太适合做因子分析；若 KMO<0.6，说明测量变量非常不适合做因子分析。

有调研数据，本书结合博士生学术社会化测算模型，得到博士生学术社会化总指数 $Y_{总}$：

$$Y_{总} = \begin{cases} 0.162x_{11} + 0.145x_{12} + \cdots + 0.323x_{17} \\ 0.162x_{21} + 0.145x_{22} + \cdots + 0.323x_{27} \\ \cdots \\ 0.162x_{m1} + 0.145x_{m2} + \cdots + 0.323x_{m7} \end{cases}$$

5.5.2 整体层面：博士生学术社会化回归分析

本书利用回归分析方法，对求得的博士生学术社会化总指数进行分析，从总体上探寻博士生学术社会化的影响因素。

5.5.2.1 研究的变量

（1）自变量

由于影响博士生学术社会化的影响因素较多，根据研究需要，本书选取本科阶段就读高校类型、硕士阶段就读高校类型、博士阶段就读高校类型、博士生学习投入度、博士生教学实践活动参与、导师科研指导、导师学术指导、课程与教学等观测变量作为研究的自变量（具体情况见表5.9）。

（2）因变量

本书关注诸因素对博士生学术社会化的影响，在研究过程中，将博士生学术社会化（岗位晋升次数、工资待遇、工作更换次数、工作满意度、岗位满意度）作为研究的因变量。

（3）控制变量

为减少研究误差，提高研究的客观性与准确性，本书将人口学统计变量中的性别、家庭所在地、婚姻状况作为博士生学术社会化的控制变量进行处理。

5.5.2.2 模型的选取

作为因变量的博士生学术社会化由岗位晋升次数、工资待遇、工作更换次数、工作满意度、岗位满意度五个变量组成，而这五个变量均为连续变量。因此，组成因变量为连续变量。此外，随着博士生本科阶段就读高校类型、硕士阶段就读高校类型、博士阶段就读高校类型、导师科研指导、导师学术支持、导师职业指导等自变量的变化，因变量博士生学术社会化的变量也会变化，自变量博士生本科阶段就读高校类型、硕士阶段就读高校类型、博士阶段就读高校类型、导师科研指导、导师学术支持、导师职业指导等与因变量博士生学术社会化之间存在线性关系。因此在处理此部分时，将选用多元线性回归模型，其模型基本形式如下：

$$Y = \beta_0 + \beta_1 x_1 + \beta_2 x_2 + \cdots + \beta_n x_n + \varepsilon$$

其中，β_1，$\beta_2 \cdots$，β_n 为回归系数，β_0 为常数项，ε 为干扰项。此外，由于本书假设的影响因素较多，因此采用逐步回归分析的方法，剔除不显著的自变量，确保得到最优的拟合结果[①]。

5.5.2.3 博士生学术社会化分层回归分析

基于调查数据，本书采用逐步分层回归的方式对各假设自变量进行统计分析（见表 5.27）。为避免共线性问题对回归结果准确性的影响，本书首先对模型 1、模型 2、模型 3、模型 4 的回归方程进行共线性诊断（计算方差的膨胀因子 VIF，若 VIF>10，则存在共线性问题）。通过计算发现各个回归方程中 VIF 都小于 5，因此可判定本书中各自变量之间不存在严重的多重共线性问题。

首先将控制变量——性别、家庭所在地、婚姻状况代入回归模型 1 中，发现博士生性别、家庭所在地、婚姻状况变量与博士生学术社会化之间无显著相关性。其次将个人因素中的教育背景（本科阶段就读高校类型、硕士阶段就读高校类型、博士阶段就读高校类型）、学习投入度（学习动机、学习投入时间）、学术活动参与（参加国内外学术会议、参加高水平学术竞赛、独立申报校内外课题）、教学实践参与（担任助教或助管、参与社会实践活动）变量代入回归模型 2 中，发现除学习动机、独立申报校内外课题、参加高水平学术竞赛、担任助教或助管对博士生学术社会化产生显著影响外，其他因素对博士生学术社会化均不产生显著的影响。再次将导师因素中的导师指导（导师学术支持、导师科研指导、导师职业指导、导师生活指导）、学术成果（公开发表的论文、获奖次数、获得项目资助、申请的专利）变量代入回归模型 3 中，发现导师科研指导、导师职业指导及公开发表的论文对博士生学术社会化产生显著影响，而其他因素对博士生学术社会化均不会产生显著的影响。最后将学校因素中的学校培养环境（学习资源、学术氛围、管理与服务）、课程与教学（专业课程设置、跨专业课程设置、教师课程教学活动）、能力培养（学术能力、职业能力、综合素养）变量代入回归模型 4 中，发现学术能力对博士生学术社会化产生显著的影响，而其他因素对博士生学术社会化均不产生显著的影响。

---

① 岳昌君，张恺. 高校毕业生求职结果及起薪的影响因素研究：基于 2013 年全国高校抽样调查数据的实证分析 [J]. 教育研究，2014（11）：74-80.

表 5.27 博士生学术社会化的回归分析

变量	模型 1	模型 2	模型 3	模型 4
常数	0.012 6***	0.089***	0.084***	0.078***
A. 控制变量				
性别	0.024	0.025	0.027	0.031
婚姻状况	0.029	0.018	0.013	0.016
家庭所在地	0.043	0.031	0.025	0.024
B. 自变量				
（1）个人因素				
本科阶段就读高校类型		0.022	0.021	0.019
硕士阶段就读高校类型		0.031	0.033	0.037
博士阶段就读高校类型		0.048	0.053	0.058
学习动机		0.101**	0.114*	0.121*
学习投入时间		0.066	0.063	0.061
参加国内外学术会议		0.072	0.081	0.078
参加高水平学术竞赛		0.053	0.055	0.051
独立申报校内外课题		0.148***	0.137**	0.152**
担任助教或助管		0.081	0.076	0.073
参与社会实践活动		0.077*	0.071	0.067
（2）导师因素				
导师学术支持			0.097	0.082
导师科研指导			0.146**	0.137*
导师职业指导			0.092*	0.097*
导师生活指导			0.079	0.068
公开发表的论文			0.111**	0.015**
获奖次数			0.087	0.082
获得项目资助			0.081	0.073
申请的专利			0.062	0.067

表5.27(续)

变量	模型 1	模型 2	模型 3	模型 4
(3) 学校因素				
学习资源				0.056
学术氛围				0.061
管理与服务				0.077
专业课程设置				0.085
跨专业课程设置				0.069
教师课程教学活动				0.072
学术能力				0.162**
职业能力				0.091
综合素养				0.083
N			468	

注：* 表示 sig<0.05， ** 表示 sig<0.01， *** 表示 sig<0。

通过分析表5.27发现：第一，在个人因素中，独立申请课题对博士生学术社会化的发展产生显著的影响。究其原因，一方面由于学术职业的基本特性就是学术性，它是一种追求高深知识的职业，同时也是一种起点及入门要求较高的职业，这就对从业者提出较高标准与挑战。博士生若要进入该职业，就必须接受专门化的学术训练，而独立申请课题是博士生进行专门化学术训练的重要途径①。另一方面，传统的博士生教育以培养学术从业人员为目标，博士生教育过程中的学术训练能够有针对性地提高博士的科研能力，进而影响其学术社会化进程。

第二，在导师因素中，导师科研指导会显著影响博士生科研能力的发展，究其原因为博士生学术社会化需要科研能力的支撑，而科研能力培养离不开导师指导。在博士生培养中，导师为博士生培养的第一责任人，主要负责博士生的培养与教育。此过程中，导师会给予学生更高的科研平台，教授学生研究范式及研究方法，并指导学生进行科学研究，进而潜移默化地增强博士生科研能

---

① KOT F C, HENDEL D D. Emergence and growth of professional doctorates in the United States, United Kingdom, Canada and Australia: a comparative analysis [J]. Studies in Higher Education, 2012 (3): 345-364.

力。同时，积极接受导师指导与帮助，有助于实现科研过程中知识的有效整合、新知识的快速学习和科学研究的有效开展，是博士生科研能力培养的重要保障①。访谈过程中很多青年教师都提到，博士期间导师的科研指导让自己打开科研的"大门"，通过导师的指导学会了如何去做研究、如何发表高质量的论文、如何申请课题等，导师的指导为其自我社会化发展奠定了很好的基础。

此外，学术成果显著影响博士生学术社会化的进程。学术成果是博士生通过学术训练，达到一定科研能力后的产物，是科研能力的一种重要表现形式。为了高水平学术成果的产出，博士生需要不断进行学术训练，提升自我的科研能力与研究素养。而学术能力的提升则有助于博士生在今后学术社会化中得到更好的发展。

第三，教学实践参与则不能显著影响博士生学术社会化发展，此现象出现的原因可能为现阶段高校教师的评价制度以论文或著作发表数量与质量、课题主持与参与以及获得国家级、省部级奖励作为考核的主要标准。如江苏省出台的关于高校教师教授评定条件中规定副教授晋升教授的条件为，在核心刊物上独立或作为第一作者发表本专业高水平、有创见的学术论文：文科8篇以上，理工等学科6篇以上，其中至少有2篇在本学科权威性刊物上发表；或者撰写正式出版的高水平、有创见性的本专业个人学术专著（15万字以上）1部（或合著2部，其中至少有1部本人为第一作者，撰写部分总计在15万字以上，或主编全国通用教材1部，本人撰写15万字以上），同时在核心刊物上独立或作为第一作者发表本专业高水平、有创见的学术论文：文科5篇以上，理工等学科4篇以上，其中至少有2篇在本学科权威性刊物上发表同时还要主持省（部）级以上科研课题1项，并通过鉴定或已经完成准予结题，或者获省（部）级教学、科研成果三等奖以上奖励1项（前三名），或获市（厅）级教学、科研成果二等奖以上奖励2项（前两名）②。而在副教授评价条件中规定不管是以教学为主的教师，还是教学与科研并重的教师及以科研为主的教师，在评定副教授时都要在相关刊物上发表一定数量的高水平且有创造性的学术论文③。这就意味着高校教师若要在学术职业上获得更好的发展，就应该将工作

①　蔺玉. 博士生科研绩效及其影响因素的实证研究［D］. 合肥：中国科学技术大学，2012：86-88.

②　南京信息工程大学. 江苏省高等学校教授资格条件［EB/OL］. (2018-03-06)［2021-10-28］. https://ycxy.nuist.edu.cn/2018/0306/c99a532/page.htm.

③　南京晓庄学院. 江苏省高等学校副教授资格条件［EB/OL］. (2012-04-18)［2021-10-26］. http://shfzxy.njxzc.edu.cn/44/7e/c2139a17534/page.htm.

重心放在论文写作与发表、课题的申报与主持，只有这样才能促使自身更好地发展。反观教学实践参与虽能够为教师教学积累相关经验，使教师在教学过程中不会显得"生涩"且能够更好地适应与掌控课堂，进而提升课堂的教学效率，保障课堂的教学质量；但课堂教学质量好坏并不作为高校考核、奖励及晋升教师职称的主要标准，并不能有效地促进教师学术社会化的发展。为改变此种状况，使教师在学术社会化中获得更好的发展，就应该破除"唯论文与课题"评价体系，在教师评价与晋升过程中，建立多元化的教师评价体系与制度，将教师的专业知识、能力、业绩、态度及师德纳入教师评价的体系与范畴①，全面综合地评价教师教学、科研、师德等各个方面，使教师在一个多元且开放的评价环境中获得更好的发展。

此外，本书还发现，博士生教育背景并不能显著影响博士生学术社会化发展——一流高校博士毕业生、一流学科高校的博士毕业生、非双一流高校博士毕业生在学术社会化发展过程中并不存在显著差异。究其原因为博士毕业生进入职场成为单位员工后，其身份与地位发生改变，对其考核的标准也会因单位性质的不同而存在差异。如高等院校与科研院所对员工的考核指标为科研论文、专著与发明专利等，并没有将员工毕业高校纳入考核的范畴，造成毕业博士虽然高校类型不同，但在学术社会化发展中却没有显著差异。而现阶段部分单位在招聘过程中出现学历"查三代"情况，即用人单位（高等院校）在招聘过程中不仅要看求职者博士阶段就读高校类型，还会将求职者本科阶段就读高校是否为双一流高校作为招聘选拔的标准。这种以教育背景作为选拔标准的招聘方式——将双一流高校毕业生作为招聘的对象，而把非双一流高校毕业生排除在招聘选拔的范畴之外，无形中加剧了劳动力市场的不公平性，不利于劳动力市场中正常的人才流动与发展②③，这将在一定程度上阻碍博士生学术社会化进程。为保障招聘公平，在招聘过程中，用人单位应该摒弃"以出身定岗"的招聘方式，以博士生的学术能力、职业能力、综合素养作为招聘考核的标准，吸引更多博士毕业生投入学术研究工作。

---

① 中华人民共和国教育部. 坚决克服教育评价"五唯"顽瘴痼疾[EB/OL]. (2018-09-28) [2021-10-24]. http://www.moe.gov.cn/jyb_xwfb/xw_zt/moe_357/jyzt_2018n/2018_zt19/zt1819_gd/wywy/201809/t20180928_350312. html.

② 河北省人民政府网站. 我市印发《关于实施现代产业人才集聚工程的若干措施》[EB/OL]. (2018-04-11) [2021-10-19]. http://www.hebei.gov.cn/hebei/11937442/10756595/10756614/14209842/index.html.

③ 内蒙古新闻网. 呼和浩特市发布 2018 年高层次人才需求目录[EB/OL]. (2018-04-11) [2021-10-16]. http://inews.nmgnews.com.cn/system/2018/04/11/012478673. shtml.

5.5.3 部分层面：博士生学术社会化回归分析

本部分利用回归分析方法，对博士生学术社会化的各个维度进行分析，从部分层面探寻博士生学术社会化的影响因素。

5.5.3.1 研究的变量

（1）自变量

由于影响博士生学术社会化的影响因素较多，根据研究需要，本书选取本科阶段就读高校类型、硕士阶段就读高校类型、博士阶段就读高校类型、博士生学习投入度、博士生教学科研参与、导师科研指导、导师学术指导、课程与教学、学习资源、培养与管理等观测变量作为研究的自变量（具体情况见表5.9）。

（2）因变量

本书关注诸因素对博士生学术社会化的影响，在研究过程中，分别将博士生学术社会化中各个维度，如岗位晋升次数、工资待遇、工作更换次数、工作满意度、岗位满意度作为研究的因变量。

（3）控制变量

为减少研究误差，提高研究的客观性与准确性，本书将人口学统计变量中的性别、家庭所在地、婚姻状况作为博士生学术社会化的控制变量进行处理。

5.5.3.2 模型的选取

作为因变量的博士生学术社会化包含岗位晋升次数、工资待遇、工作更换次数、工作满意度、岗位满意度五个变量，而这五个变量均为连续变量。此外，随着博士生本科阶段就读高校类型、硕士阶段就读高校类型、博士阶段就读高校类型、导师科研指导、导师学术支持、导师职业指导等自变量的变化，因变量博士生学术社会化的变量也会变化，自变量博士生本科阶段就读高校类型、硕士阶段就读高校类型、博士阶段就读高校类型、导师科研指导、导师学术支持、导师职业指导等与因变量博士生学术社会化之间存在线性关系。因此在处理此部分时，将选用多元线性回归模型，其模型基本形式如下：

$$Y = \beta_0 + \beta_1 x_1 + \beta_2 x_2 + \cdots + \beta_n x_n + \varepsilon$$

其中，β_1，β_2，$\cdots$，β_n 为回归系数，β_0 为常数项，ε 为干扰项。此外，由于本书假设的影响因素较多，因此采用逐步回归分析的方法，剔除不显著的自变量，确保得到最优的拟合结果①。

5.5.3.3 博士生学术社会化回归分析

本书基于调查数据，采用逐步回归的方式对各假设自变量进行统计分析。为避免共线性问题对回归结果准确性的影响，本书首先对模型1、模型2、模型3、模型4、模型5、模型6的回归方程进行共线性诊断（计算方差膨胀因子VIF，若VIF>10，则存在共线性问题）。通过计算发现各个回归方程中VIF都小于6，因此可判定本书中各自变量之间不存在严重的多重共线性问题。

首先将控制变量——性别、家庭所在地、婚姻状况代入回归模型1中，发现博士生性别、家庭所在地、婚姻状况变量与博士生学术社会化之间无显著相关性。其次分别将个人因素中的教育背景（本科阶段就读高校类型、硕士阶段就读高校类型、博士阶段就读高校类型）、学习投入度（学习动机、学习投入时间）、学术活动参与（参加国内外学术会议、参加高水平学术竞赛、独立申报校内外课题）、教学实践参与（担任助教或助管、参与社会实践活动），导师因素中的导师指导（导师学术支持、导师科研指导、导师职业指导、导师生活指导）、学术成果（公开发表的论文、获奖次数、获得项目资助、申请的专利），学校因素中的学校培养环境（学习资源、学术氛围、管理与服务）、课程与教学（专业课程设置、跨专业课程设置、教师课程教学活动）、能力培养（学术能力、职业能力、综合素养）变量代入回归模型2、模型3、模型4、模型5、模型6中，具体见表5.28。

---

① 岳昌君，张恺. 高校毕业生求职结果及起薪的影响因素研究：基于2013年全国高校抽样调查数据的实证分析 [J]. 教育研究，2014（11）：74-80.

表 5.28 个人因素、导师因素、学校因素与博士生学术社会化的回归分析

变量	模型 1	模型 2（岗位晋升次数）	模型 3（工资待遇）	模型 4（工作更换次数）	模型 5（工作满意度）	模型 6（岗位满意度）
常数	0.257***	0.231***	0.326***	0.341***	0.212***	0.261***
A. 控制变量						
性别	0.021	0.028	0.023	0.036	0.026	0.049
婚姻状况	0.033	0.031	0.015	0.047	0.032	0.037
家庭所在地	0.027	0.042	0.019	0.022	0.017	0.013
B. 自变量						
（1）个人因素						
本科阶段就读高校类型		0.027	0.021	0.030	0.051	0.043
硕士阶段就读高校类型		0.062	0.053	0.055	0.068	0.065
博士阶段就读高校类型		0.094**	0.066	0.072	0.074	0.077
学习动机		0.055	0.057	0.051	0.082*	0.061
学习投入时间		0.061	0.048	0.046	0.053	0.037
参加国内外学术会议		0.073	0.051	0.059	0.046	0.041
参加高水平学术竞赛		0.066	0.053	0.062	0.057	0.039
独立申报校内外课题		0.087*	0.083*	0.089*	0.072	0.091*
担任助教或助管		0.046	0.062	0.041	0.039	0.028
参与社会实践活动		0.059	0.045	0.038	0.043	0.034
（2）导师因素						
导师学术支持		0.077	0.069	0.061	0.073	0.058

表5.28（续）

变量	模型 1	模型 2（岗位晋升次数）	模型 3（工资待遇）	模型 4（工作更换次数）	模型 5（工作满意度）	模型 6（岗位满意度）
导师科研指导		0.081	0.073	0.067	0.071	0.063
导师职业指导		0.102***	0.079	0.076	0.092*	0.085*
导师生活指导		0.047	0.063	0.035	0.036	0.032
公开发表的论文		0.143**	0.187***	0.204**	0.082	0.101**
获奖次数		0.074	0.067	0.054	0.065	0.073
获得项目资助		0.069	0.060	0.062	0.074	0.081
申请的专利		0.061	0.078	0.046	0.052	0.056
（3）学校因素						
学习资源		0.045	0.039	0.031	0.028	0.022
学术氛围		0.039	0.030	0.027	0.031	0.047
管理与服务		0.033	0.041	0.034	0.094*	0.086*
专业课程设置		0.031	0.046	0.037	0.042	0.035
跨专业课程设置		0.046	0.037	0.039	0.032	0.026
教师课程教学活动		0.052	0.043	0.015	0.027	0.019
学术能力		0.204**	0.091*	0.088*	0.105**	0.131**
职业能力		0.112**	0.086*	0.127**	0.073	0.092*
综合素养		0.131*	0.077	0.071	0.083*	0.079
N			468			

注：* 表示 sig<0.05，** 表示 sig<0.01，*** 表示 sig<0。

由表 5.28 的回归分析可知：第一，在回归模型 2 中，个人因素中的博士阶段就读高校类型、独立申报校内外课题，导师因素中的导师职业指导、公开发表的论文及学校因素中的学术能力、职业能力及综合素养，对博士生学术社会化中的岗位晋升次数产生显著的影响，其他因素对博士生学术社会化中的岗位晋升次数均不产生显著的影响。高校是专业性组织，学术性是其首要表征，对教师业绩的评价目的是聘任和留住在研究、教学、培训方面水平最高，可维护高校知识分子群体特征的教师①。当前我国高校教师考核制度等改革举措的实质是通过引入竞争和考核评估，对高校教师绩效水平和能力进行持续的考察和评估，以此实现对高校教师的绩效管理和激励约束。能否受聘于相应的职务岗位，不仅取决于申请者个人的综合素质和要求，还取决于岗位数量以及参与申请的其他候选人的能力和水平。在工具理性价值取向占据主导地位的制度前提下②，高校教师岗位晋升时科研产出如论文、项目的重要性更加被强调。

第二，在回归模型 3 中，个人因素中的独立申报校内外课题，导师因素中的公开发表的论文及学校因素中的学术能力、职业能力对博士生学术社会化中的工资待遇产生显著的影响，而其他因素对博士生学术社会化中的工资待遇均不产生显著的影响。一般来说，大学老师的工资主要由基本工资（岗位工资和薪级工资）、绩效工资、年度考核奖励工资等构成，上述收入都与学术能力及学术产出密切相关，回归模型 2 表明高校教师岗位晋升与个人的科研能力相关性很强，岗位晋升后岗位工资自然上涨，公办高校的基本工资执行全国统一标准，都是按级别、职称和工龄来具体计算，而绩效工资和年度考核奖励工资属于奖励性收入，个人科研能力越强、科研产出越多，相应的奖励性收入越多。

第三，在回归模型 4 中，个人因素中的独立申报校内外课题，导师因素中的公开发表的论文及学校因素中的学术能力、职业能力对博士生学术社会化中的工作更换次数产生显著的影响，而其他因素对博士生学术社会化中的工作更换次数均不产生显著的影响。高校教师在生活和职业发展环境、社会声望和经济利益等多重因素的影响下，具有很高的潜在流动性③。休斯顿（Huston）等

---

① TUCKMAN HOWARD P，HAGERMANN ROBERT P. An analysis of the reward structure in two disciplines [J]. Journal of Higher Education，1976（4）：447-464.

② 李广海. 理性的平衡：高校学术评价制度变革的逻辑及操作指向 [J]. 教育研究，2017（8）：85-90.

③ 李志峰，魏迪. 高校教师流动的微观决策机制：基于"四力模型"的解释 [J]. 高等教育研究，2018（7）：39-45.

学者指出，当组织及环境与个人期望存在落差，个体会表现出落寞失意、焦躁、排斥、抗拒等情绪，甚至有离开的意向①。基于回归模型 2、回归模型 3 的分析，个体的科研能力对岗位晋升和收入有正向作用，而教师薪资不仅是表面意义上劳动报酬的多与寡，同时也是表征学术组织公平性的显性天平，体现了对教师个人能力和成就的认可程度②。经过工作薪酬绝对量和相对量的综合权衡后，薪资水平和个人成就不成比例的时候，就会产生不公平感和流动意愿。

第四，在回归模型 5 中，个人因素中的学习动机，导师因素中的导师职业指导以及学校因素中的管理与服务、学术能力及综合素养对博士生学术社会化中的工作满意度产生显著的影响，而其他因素对博士生学术社会化中的工作满意度均不产生显著的影响。2017 年 10 月，《自然》杂志针对全球 5 700 名博士研究生的调查显示，作为学术研究的入门者，高达 45% 的博士生表示项目研究进展缓慢等会导致自身的焦虑，折射出学术职业者所面临的压力与困境③。对于高校教师而言，相比其他职业，学术人更崇尚教学与探索的自主与自由、行动责任的自我担当与伦理自觉，但当外部力量以各种不同的方式侵入，不断强化任务与评价导向，在缺乏有效的社会与环境支持的前提下，如分配不公、过重的教学负担、大量时间消耗于各种会议以及琐碎行政事务等，会压缩学术人的自主空间进而影响到自我激励机制，进而抑制教师的工作满意度④。组织认同下降会损害教师的情感归属，教师工作满意度不断降低会导致其产生离职意向⑤。

第五，在回归模型 6 中，个人因素中的独立申报校内外课题，导师因素中的导师职业指导、公开发表的论文，学校因素中的管理与服务、学术能力、职业能力对博士生学术社会化中的岗位满意度产生显著的影响，而其他因素对博士生学术社会化中的岗位满意度均不产生显著的影响。学者伊根等（Eagan）指出组织的要求、工作环境中的人际关系、个人的能力等都会影响大学教师对

① HUSTON T A, NORMAN M, AMBROSE S A. Expanding the discussion of faculty vitality to include productive but disengaged senior faculty [J]. The Journal of Higher Education, 2007 (5): 493-522.

② 陈玉芬. 美国学术职业流动行为和影响因素研究述评 [J]. 比较教育研究, 2013 (1): 68-71.

③ WOOLSTON C. Graduate survey: A love-hurt relationship [J]. Nature, 2017 (25): 549-552.

④ 阎光才. 象牙塔背后的阴影：高校教师职业压力及其对学术活力影响述评 [J]. 高等教育研究, 2018 (4): 48-58.

⑤ BEDEIAN A G. Even if the tower is "ivory", it isn't "white": Understanding the consequences of faculty cynicism [J]. Academy of Management Learning & Education, 2007 (1): 9-32.

工作的认知①。卡塔诺（Catano）等人则进一步指出工作负担、角色冲突、工作与生活间的冲突、不公正的行政管理、不公正的报酬分配、缺乏工作自主权、角色模糊、不公正的院系领导等因素都会影响高校教师的岗位满意度②。从回归模型 6 的分析可以看出，对博士生或者高校教师而言工作是否有助于开展学术研究直接影响岗位满意度。

5.6　本章小结

本章分为两个部分，第一部分是关于博士生学术职业选择影响因素的研究，该部分主要从博士生个人因素（教育背景、求学动机、性别）、博士培养过程（学习投入时间、国内外学术会议的参与、科研项目参与、导师学术指导等）、学术成果（SCI、SSCI、EI、CSSCI 发文数）维度出发，构建博士生学术职业选择影响因素的理论框架，在此基础上利用回归分析的方法探讨了博士生学术职业选择的影响因素。通过回归分析发现博士生学术职业选择受到博士读博阶段高校类型、学习投入度、参加国内外学术会议、独立开展科研项目、专业课程、学术成果因素的显著影响，而博士生性别、本科与硕士阶段就读高校类型、导师职业指导等因素对于博士生学术职业选择的影响不明显。鉴于已有实证分析结果，研究从博士生学习投入时间、科研参与及学校课程设置层面提出相关建议，以期为今后博士生学术职业选择提供理论依据与决策参考。第二部分主要利用回归分析方法，探讨了博士生学术社会化的影响因素，该部分首先根据已有研究文献及访谈的结果，进行问卷编制与调研，在调研结束后，对回收的数据进行筛选与处理（主要是对问卷数据进行编码与无量纲化处理），为下文进行数据的分析奠定基础。其次根据调研的数据，对博士生学术社会化的基本情况进行了描述性与差异性的统计分析，主要从性别、是否延期、不同的培养模式、不同生源地、不同学科背景层面，对调研的样本进行描述性与差异性的分析，为下文博士生学术社会化的影响因素分析奠定基础。再次根据分析结果，构建结构方程模型。在结构方程模型构建过程中，为保障研究科学性与模型可适配性，对各个观测变量与潜变量、潜变量与潜变量之间的

①　EAGAN M, GMELCH W H. Stressing out: connecting race, gender and stress with faculty productivity [J]. The Journal of Higher Education, 2015 (6): 924-951.

②　DELELLO J A, MCWHORTER R R, MARMION S, et al. The life of a professor: Stress and coping [J]. Polymath: An Interdisciplinary Arts and Sciences Journal, 2014 (1): 39-58.

关系进行适配性检验，在此基础上构建了博士生学术社会化影响因素的理论模型，并对该模型进行结构效度、适配度、内在效度的检验。最后根据构建的模型，进行了路径分析与回归分析，其中路径分析主要是探讨各个潜变量（个体因素、导师因素、学校因素、学术社会化）之间的相互关系及影响路径。而回归分析则是在路径分析的基础上开展的，在路径分析中从宏观层面得到博士生学术社会化主要受个人因素、导师因素的影响。为进一步了解个人因素、导师因素中究竟哪些观测变量对博士生学术社会化发展产生显著的影响，本书又将个人因素、导师因素中的相关观测变量带入回归方程中进行分析。通过回归分析，本书得到个人学术会议参与、学习投入度及导师指导、学术成果显著地影响博士生学术社会化的发展。根据已有研究结果，本书将在下一章节提出相关的政策建议，以期为博士生今后学术社会化的发展提供借鉴与参考。

通过部分层面的回归分析，研究得到：在博士生知识获得维度，学校学术氛围与学校培养与管理对博士生学术会议参与产生显著的影响，而其他因素如博士生本科阶段就读高校类型、硕士期间就读高校类型、博士生培养模式、学校学习资源等因素对博士生学术会议参与均不会产生显著的影响；在博士生课程学习方面，博士生课程学习主要受导师科研指导、学校培养与管理的影响，而其他因素如博士生培养模式、本科阶段就读高校类型、硕士阶段就读高校类型等因素对博士生课程学习均没有产生显著的影响；在博士生教学实践参与方面，博士阶段就读高校类型、博士生培养模式对博士生教学实践参与产生显著的影响，而其他变量如本科就读高校类型、硕士阶段就读高校类型、导师科研指导、学校学习资源、学校学术氛围等因素对博士生教学实践的参与均不能产生显著的影响。

6 促进博士生学术社会化的建议

6.1 知识获得层面

6.1.1 支持学生积极参与学术会议

博士生的成长与发展离不开学校的服务与支持，参与学术会议能够开阔博士生的眼界、拓展博士生的视野、提升博士生的知识储备，正如 1-EMYA 老师认为以前在学校上课，整天埋头在实验室做实验并不能够很好地适应学科发展的潮流与趋势，自己要多出去看看，多参加国际学术会议，在会议中多学知识，这样才能够跟上学科发展的潮流。但学术会议参与也需要耗费大量的人力与财力，这就需要学校的支持与帮助。此外，部分博士生毕业后会进入学术劳动力市场，选择学术职业，而学术职业的基本特性就是学术性，它是一种追求高深知识的职业，同时也是一种起点及入门要求较高的职业，这就对从业者提出了较高标准与挑战。博士生若要从事该职业，就必须接受专门化的学术训练，而参加学术会议是博士生进行专门化学术训练的重要途径；为使博士生更好地适应学术劳动力市场的变化，在学术劳动力市场中获得更好的发展，学校在博士生培养期间，应对学生参加高质量学术会议给予政策与资金支持以及帮助，如简化学生出国参加学术会议的审批手续，同时可设置学术会议专项资金，以此来资助与支持博士生参加高质量学术会议，使其在学术会议参与中不断学习与成长。

6.1.2 完善课程设置，提升课程质量

课程作为博士生学习与发展的组成部分，其作用在于提升学生的理论知识储备与帮助学生掌握研究方法，而合理且有效的课程设置能够帮助学生掌握研究理论知识与研究方法，为博士生进一步开展研究奠定基础。什么是有效的课

程？如何去设置（开设）这些课程？这需要高校相关管理部门进行规划与设计，通过调研与实践不断地修改与完善，在此基础上设计出符合博士生发展需要的课程。此外，克里斯·帕克认为博士生教育是"训练学者的过程"。这就要求博士生要将主要时间与精力用于接受学术训练，获得从事学术研究的基础知识、方法与技能①。然而长期以来，我国博士生教育秉持"增加知识"的本质观，以创新知识为指引，强调博士生科学研究能力的发展，忽视了博士生基础知识、研究方法及研究技能的培养②。为改变此状况，高校应从以下两个方面对博士生课程进行改革：一是完善博士生课程设置，首先要注重博士生基础课程设置，系统巩固所学专业的基础知识，夯实博士生的科研基础；其次要注重研究方法相关课程的开设，拓宽科研探索途径，使博士生掌握多种研究方法，为博士生开展科学研究奠定基础；最后要积极开设跨专业课程，拓宽博士生的研究视角及领域，培养博士生的批判性与创造性思维。二是改变教学方式，应以"探究式"教学为主③，教师提出不同问题，提供大致的框架与研究思路，让学生自己查阅各种资料，然后在课堂上进行讨论式与专题研讨，让学生在问题探索过程中接受科学研究训练，以此来提升学生的研究能力，为其今后开展学术研究奠定基础。

6.1.3 鼓励学生开展实践教学活动

访谈中有教师提到，初为人师时，并不能很好地适应课堂教学，在课堂教学过程中会出现"冷场"的情况。这从侧面反映出刚入职的教师实践教学能力并不是很强，而通过调查也发现，双一流高校与非双一流高校在教学实践参与层面的得分并不是很高，各个层次高校在实践教学层面表现得并不是很好。究其原因为：在现阶段博士生培养过程中，学校以博士生读博期间发表的论文质量与数量作为博士毕业的要求与准则（根据博士生读博期间，在 SCI、SSCI、EI、CSSCI 期刊上的论文发表情况，判定博士生是否达到毕业要求），并没有将博士生实践教学能力的发展作为培养的重点，造成学校培养博士生实践教学的机会并不是很多，导致学生在教学实践中表现得并不是很好。随着我

---

① 沈文钦. 博士培养质量评价：概念、方法与视角 [J]. 北京大学教育评论, 2009 (2)：52-55.

② 包水梅. 美国学术型博士生建设的特征与路径研究 [J]. 高校教育管理, 2016 (1)：121-122.

③ 方丽，杨晓明，杨超华. 美国文科研究生创新能力培养途径分析 [J]. 学位与研究生教育, 2009 (9)：58-62.

国高等教育的不断发展，到 2020 年我国高等教育的毛入学率达到 50% 的目标①，未来几年国家将大力发展高等教育事业，加上我国经济快速发展和综合国力的提升，越来越多的海外留学人才归国，意味着未来我国劳动力市场将会涌入大量高学历人才。此时，劳动力市场的人才竞争会更加激烈，毕业博士生的竞争压力将会急剧增加。为使毕业博士生能够顺利进入高校，从容地应对教学工作且能够更好地适应与掌控课堂，更好地适应教学工作，学校在其博士生培养阶段应该注重学生实践教学能力的培养，鼓励学生积极开展实践教学活动，在实践教学过程中拓展自身的知识储备，培养自身的实践教学能力，促使其更好地成长与发展。

6.2 身份形成层面

6.2.1 推动学科交叉平台构建与共享，保障学生科研项目参与

现阶段，我国博士生培养主要实行"导师负责制"，导师为博士生提供科研平台，指导博士生开展科学研究，进而推动博士生科学研究能力的发展。"导师负责制"能快速提升博士生的科研能力，但同时也存在不足，若导师承担课题项目较少或没有课题项目，博士生则没有参与科研项目的机会，这将不利于博士生今后社会化的发展。对此浙江大学在已有学科建设与发展的基础上，提出推进学科交叉融合发展战略，充分利用学科门类齐全、学科结构层次丰富、交叉学科平台集聚等学科生态系统化的优势，加强规划引导、政策激励和组织协调，实施"多学科交叉人才培养卓越中心"建设试点②。学科交叉平台的构建与共享，为博士生提供了更为广阔的科研平台，同时也丰富了博士生的科研思路、视角、领域与方法，拓展了博士生科学研究的深度与广度，推动博士生科研能力发展。其他高校在培养博士生的过程中，可根据自身学校发展战略与学科特点，建立与共享学科交叉平台，为博士生提供更为丰富的科研资源，使博士生科研能力在科研项目参与过程中不断提升与发展，为今后博士生学术社会化的发展奠定基础。

---

① 国务院. 国务院关于印发国家教育事业发展"十三五"规划的通知［Z］. 2017-01-19.
② 浙江大学. 浙江大学关于推进学科交叉融合共享的指导意见［EB/OL］.（2016-10-13）［2021-09-21］. http://www.zju.edu.cn/2016/1013/c5086a526519/pagem.htm.

6.2.2 树立以"学术为业"的观念，积极参与系统的学术训练

通过问卷调查与数据分析发现，博士生求学期间积极投身于学习与科研，对其今后学术社会化发展会产生积极显著的影响。若博士生想在今后学术职业中获得更好的发展，其求学期间应该将大部分时间、精力投入学习与科研中。在调研与访谈中笔者发现，有相当一部分的学生读博动机与目的并不是追求学术真理，仅是为了在高校中谋取一份体面的工作，这部分人自我要求并不是很高（在他们的观念中只要达到学校毕业要求，获取博士学位证，进入高校工作即可，对于高校的平台、层次与实力并不做太多要求），在读博过程中并不会像那些追求学术研究的学生一样，投入大量的时间与精力去学习与科研。学习投入度不够，造成博士生不能全面、系统与扎实地掌握研究所需的知识与技能，知识与能力的不足不利于博士生毕业后独立自主地开展科学研究，这将影响博士生学术社会化发展。因此，为了使毕业博士生在高校学术职业道路上"游刃有余"，博士生在博士学习阶段，应转变以往"读博只是为了在高校中获取工作"的观念，树立正确且积极的读博意识——读博并不只是为了在高校中获取工作，更是为了追求学术真理与科学进步，积极投身于学习与科研，在学习与科研中不断地充实、丰富、完善自身的知识与能力，使之在今后社会化中获得更好的发展。

博士生学术社会化的属性以学术为基础，围绕科学研究开展，对博士生研究基础与科研能力有一定要求，而科研能力的形成需要接受专门化的学术训练，科研项目参与是博士生进行专门化学术训练的重要途径。因此，博士生若要在今后的学术社会化道路上长久地走下去，在读博期间，应通过积极参与科研项目的方式发展自身的学术研究能力。在调查中发现，博士生出现没有参与科研项目的现象，此现象的出现可能分为两种情况，一种情况为博士生不愿意积极主动地参与科学研究，在访谈中，有部分老师提道："在读博期间刚开始并不是很愿意参与导师的科研项目，之所以出现这样的局面，主要原因为导师研究的方向与领域并非自己特别擅长与感兴趣的领域，在导师研究的领域不擅长，使自己不敢去做，对这个领域也没有研究信心与兴趣。"这对自身及课题组的发展都是不利的，因为在导师并不擅长的领域与方向进行科学研究，导师并不能给学生积极且有效的指导，学生若要获得发展只能依靠自身的摸索，加上学生自身能力的限制，学生很难取得令人满意的研究成果。反之若在导师比较擅长的研究领域从事相关研究，导师会结合自身多年的研究心得与体会，给予学生该领域较为系统且前沿的指导，使学生在短期内得到快速成长与发展，

这对学生及课题组而言是"双赢"的。因此，在博士生学习阶段，博士生应该调整自己的研究方向，使之契合导师研究的领域与方向，并积极参与导师的科研项目，在科研项目参与中接受导师的指导，提升自身科研能力，使自己更好地适应今后学术社会化的发展。另一种情况为博士生想积极参与，但由于其他因素的限制不能够系统参与科研项目，访谈中有教师提道："博士生这个群体的压力比较大，这些压力主要来自收入压力、家庭压力、导师压力、毕业压力等。这些压力让博士生这一群体生活得比较艰辛，我在读博期间也遇到了这些问题，我觉得这些压力中首先也是必须解决的就是博士生收入问题，现在博士生大部分都快 30 岁了，与同龄人相比，他们的收入算是比较低的，这些收入勉强能够维持生活，一遇到同学朋友结婚啥的，还要借钱随份子钱，他们过得真的很辛苦，为了还钱，他们有的会去兼职搞点外快啥的（这会影响他们的学习），我读博的时候也遇到过这样的同学，因为在外兼职耽误了自己的学习进度。"究其原因为马斯洛需求层次理论将个人需求分为低层次需求（生存、安全、归属与爱、尊重）与高层次需求（求知、审美与自我实现）两部分，只有当低层次需求得到满足时，高层次需求才会出现。具体到博士生层面，其在进行科学研究时，也会将低层次的需求（学校发放的各种补助是否能够满足自身基本生存需求）作为首要考虑因素，只有当这些低层次需求得到满足时，他们才会将时间与精力投入科学研究中。

此外，激励保健理论认为：①组织成员工作积极性的调动与成员在组织中的基本需求并不存在直接关联。只有那些对成员有刺激作用的激励因素得到满足后，成员的积极性才能得到激发；而此时薪酬可以作为主要激励因素。②当保健因素具备的时候，并不能完全调动成员工作的积极性，提升他们的工作（学习）满意度。若保健因素缺乏，则会造成员工对组织的严重不满，不利于组织发展。③在组织中，激励因素与工作是紧密联系的。这种联系主要表现在成员对于自己工作的满意度、组织对于成员工作成绩的认可度等方面。这些因素都需要"待遇"这个衡量尺度进行衡量。因此，在组织管理中为更好地发挥激励—保健因素的作用，组织就必须重视成员的薪酬诉求，通过薪酬的设计来调动成员工作（学习）的积极性。

现阶段，部分博士生不愿投入大量时间与精力进行学习研究，因为与从事其他工作相比，学习研究所带来的物质报酬较低。而物价水平的上升，使原有的博士生学业奖学金（保健因素）已不能满足博士生的基本生活需求，造成部分博士生占用学习研究时间去兼职其他工作，不能全身心投入学习研究中。针对上述情况，财政部、教育部 2016 年出台相关文件，提高了博士生学业奖学金，一定程度上保障了博士生的生活水平。为了使博士生能积极投入学习研究中，学校应该建立起完善的"激励—保健"制度，在提高博士生学业奖学金标准，满足博士生基本生活需求的同时，进一步提高科研绩效的奖励力度，以此调动博士生从事科研的兴趣与积极性，使博士生愿意且能够积极投入学习研究中，进而提升博士生对学术研究的积极性，使之更愿意且安心地从事学术研究职业。此外，在学校完善"激励—保健"制度的同时，博士生个人也应该转变学习研究中的思想与态度（在访谈中，一位老师提到，在她读博期间，身边有些同学总认为进行科学研究的主要目的是为了完成导师的项目和任务，而不是提升自己的研究能力，总是以消极的态度被动地参与研究）。积极参与导师的研究项目，在参与中不断学习、不断进步。

6.2.3 推行"导生制"，促使博士生身份形成

"导生制"指教师先选择一些年龄较大或较优秀的学生进行教学，然后由这些学生做"导生"，每个"导生"负责把自己学习到的知识与内容教授给其他学生，在此过程中，"导生"作为教师的教学助手，负责其他学生的教学、考试等。具体到博士生教学层面，当博士进入新的组织（课题组）后，会面临许多问题，如在访谈过程中 2-EFYA 老师与 1-EMYB 老师都是从一个学校到另一个学校读博，作为新来者，他们对另一个课题组的文化、制度等都不熟悉，造成其在课题组学习、生活处处受到束缚。为摆脱此种尴尬境地，他们开始转变自己，积极地同课题组其他成员互动、交流，经过不断努力，最终被课题组其他成员接纳，真正成为课题组的"局内人"。课题组相当于一个小的组织，它有自身的文化与圈子，对内各个成员交流与沟通，对外各个成员相互"协作"。若要进入这个组织并加入他们的圈子，就要对组织的"文化"及"规则"进行学习与了解，在此基础上采取针对性的措施"各个击破"，才能慢慢融入组织中。博一新生作为一个"新来者"，对于课题组的"文化"与"规则"不太熟悉，加上课题组其他成员间的"协作"，使新生往往很难融入课题组，常常在课题组"门外"徘徊，很难进入课题组"门内"。

此时，就需要借助外部的力量即需要课题组的"导生"（课题组小老板及高年级的博士）采取相应的措施：①根据博士生组织期望采取相应的组织社会化策略。弗鲁姆（1964）期望理论认为，员工的工作积极性等于期望值（员工对目标达成的主观概率）与效价（所能达到的目标对满足个人需要的价

值）的乘积①。为更好地促进博士生学术社会化水平的提升，调动博士生的科研积极性，组织应鼓励新入学的博士生参与鼓励新生代员工激励方案的制定，并充分尊重他们的意见，提高他们对激励的评价，使得在组织激励成本一定的条件下，最大化博士生和组织双方的效用。此外，组织采用"导生制"，即安排高年级博士生辅导新入学博士生，为新入学博士生提供任务帮助、社会支持和角色模型，以引导新入学的博士生在研究态度、研究价值观与研究行为的改变，帮助其更快地融入组织，更快地适应组织发展的节奏。②增强对个人主导型组织社会化策略的重视。自我认知对增强个体的自我效能以及自信心有一定帮助，同时也会对自身工作绩效以及满意度造成影响②。因此，博士生在进入组织后会主动搜集相关组织的信息，此时组织领导者或组织其他成员应该给予博士生一定的帮助，向其提供组织的发展目标、发展规划、现阶段取得的成绩及面临的问题等，让新入学的博士生更全面系统地了解组织发展的信息，提升其自我认知水平，使其更好地适应组织社会化的发展。

6.3 能力发展层面

6.3.1 因材施教，给予学生有效的指导

在访谈中笔者发现，不少访谈者习惯称自己读博期间的导师为"老板"，之所以这样称呼，因为在他们看来读博期间自己与导师的关系不再是指导与被指导的关系，而更像老板与员工之间的雇佣与被雇佣关系。称呼的转变，也间接反映出师生关系的变化。此外，有受访者提到导师在指导过程中过于"强势"，总是要求学生按照他的想法去做，很少听取学生的意见与想法；同时也有访谈者提到，在读博期间，导师将工作重心放在课题申报及论文发表上，而无暇管理学生更无暇顾及学生的培养，对学生采取"放羊式"的管理或是委托团队中其他教师（被访谈对象常常称其为"小老板"）进行管理，这样就出现导师科研水平与博士生培养质量不匹配的情况③。综上发现，现阶段在导

---

① 毛江华，廖建桥，刘文兴，等. 辱虐管理从何而来？来自期望理论的解释［J］. 南开管理评论，2014（5）：5.

② 徐嘉余. 新生代员工组织社会化及其对心理资本、工作投入影响研究［D］. 武汉：武汉大学，2013：113-114.

③ 刘玮. 延期毕业博士主要特征研究：基于某重点高校数据分析［J］. 中国青年研究，2016（1）：46-47.

师与学生之间存在一些不协调的情况，这将不利于导师对学生进行指导。为改变此状况，导师与博士生之间应避免不利于博士生培养创新能力和科研能力的互动关系，如博士生导师应尽量避免直接指定博士生的研究方向，而不考虑博士生本人的研究兴趣和意见。

为了给予学生更为全面且有效的指导，导师之间应该加强合作。分工理论认为，在组织中分工能够使劳动者专注于某项工作，促使劳动者专业化程度提升，同时合理有效的分工与协作能够推动劳动技术进步与劳动生产率的提升，促进社会进步与经济的发展。具体到博士生培养层面，不同研究领域的导师形成合理有效的分工，能够在提升博士生指导效率的同时，促进博士生科研能力与水平的发展，使博士生更易产出科研成果。现阶段在博士生培养过程中，主要采用"导师负责制"——导师既要负责学生的学业发展，同时又要兼顾学生职业、思想、情感的指导，导师在学生培养过程中扮演多重角色，不同角色的切换无形中增加了导师指导"负担"，加上不同学生之间的差异性及导师研究领域、研究方法、研究视角的非全面性，造成学生科学研究的广度与深度受到限制，不利于学生今后学术职业的发展。为改变此状况，在博士生培养过程中，应该打破传统单一导师指导形式，建立博士生导师团，提倡多导师共同指导。与传统的单一导师指导相比，多导师指导具有自身的优势，如单一导师由于导师研究领域与研究方法具有专注性，造成其不能同时兼顾其他研究领域与研究方法，而多导师由于各个导师擅长的研究领域与研究方法不同，能给予学生更为全面的指导；单一导师由于时间、精力的原因，对于学生指导的时间与次数会受到一定的限制（在访谈中，一个受访者说到，由于导师指导的博士生较多，加上导师有各种社会兼职，经常出差，对学生指导的时间非常有限），而多导师则能较好地改善此问题。鉴于此，在今后的博士生培养过程中，高校可试行博士生导师团制度①（不同研究方向的导师组成一个团队），联合招生联合培养，使博士生在同一团队下接受不同导师的指导，学习不同的研究方法，促使其科研能力不断提升与发展。

此外，为提升博士生导师质量，高校应该改变导师遴选方式。现阶段在我国大部分高校中，导师认定资格常常采用终身制，即一旦成为博士生导师将永久具备博士生招生资格，这就滋生出一批无课题、无科研经费、无论文的

---

① 天津大学研究生招生信息网. 天津大学 2018 年博士学位研究生招生简章[EB/OL]. (2017-09-15)[2021-07-18]. http://yzb.tju.edu.cn/zsjz/tkbs/.

"三无"博士生导师①。为改变此状况，部分高校开始推行导师遴选制，将导师课题、科研经费作为选拔博士生导师招生资格的遴选标准（并未将博士生培养质量作为遴选指标），这在一定程度上淘汰和清除了部分"三无"导师，但该制度的实施也会引发另一种教育现象：为获得导师资格，许多教师会将工作重心放在课题申报及论文发表上，而无暇顾及学生的培养，对学生采取"放羊式"的管理或者是委托团队中的其他教师（被访谈对象常常称为"小老板"）进行管理，这样就出现导师科研水平与博士生培养质量不匹配的情况②。为此，应对导师遴选制进行改革，将博士生培养质量（博士生科研成果、学位论文、其他能力的培养与发展）作为导师遴选的重要指标，以此激发导师指导博士生的积极性，提升博士生导师的指导质量，进而促进博士生科研能力的发展。

6.3.2 转变培养观念，注重博士生其他能力的培养

博士研究生作为国家创新战略的后备军，是科技第一生产力、创新第一动力和人才第一资源的重要结合点。近年来，随着我国高等教育大众化程度的不断提升，博士生教育发展迅速，招生规模从 2000 年的 2.51 万人③增长到 2018年的 9.55 万人④。在最近 20 年的博士生教育改革中，以美国模式为主流的博士生教育本质上更多的是一种学术训练。因此，仅仅注重博士论文等学术成果是不够的，博士生更应该在博士生教育期间获得一些技能、素质和方法⑤⑥。此外，美国、澳大利亚、加拿大和欧洲国家的大学纷纷制定博士生课程评估标准，以此评价毕业博士生的其他技能。华盛顿大学研究生院的调查显示，在241 个博士生培养单位中，有 65%的博士生培养单位在博士生培养过程中制定了评测方法，以此来评定博士生是否学习了与工作相关的技能。与工作相关的课程评价体系的出现，表明单纯的以培养博士生科研能力为主的培养观念及课

---

① 张俐，李祖超，黄杨. 英国高校博士生导师队伍质量保障机制及其对我国的影响［J］. 学位与研究生教育，2016（5）：76-77.

② 刘玮. 延期毕业博士主要特征研究：基于某重点高校数据分析［J］. 中国青年研究，2016（1）：46-47.

③ 王大中. 稳定博士生招生规模着重提高培养质量［J］. 学位与研究生教育，2005（2）：1-2.

④ 教育部. 2018 年全国教育事业统计公报［EB/OL］.（2019-07-24）［2021-12-14］. http://www.moe.gov.cn/jyb_sjzl/sjzl_fztjgb/201907/t20190724_392041.html.

⑤ 王嘉毅，陈富. 博士研究生培养过程调查研究：基于 5 所甘肃省属高校 340 名博士生的问卷数据［J］. 研究生教育研究，2013（4）：3-37.

⑥ 郭芳芳，史静寰. 美国大众化教育中的学生评价研究：缘起、内涵与实践［J］. 教育科学，2014（3）：90-96.

程体系已不太适用于现阶段博士生的发展需要。

鉴于此，高校应该转变培养观念，在注重博士生科研能力培养的同时还应该关注博士生其他能力（职业能力、沟通能力等）的发展。由于知识或能力掌握要遵循"学习—迁移—练习—熟练化"的规律，对博士生来说要掌握职业能力，首先要对于专业知识与技术进行系统的学习，来夯实其理论基础；其次为理论的迁移过程，博士生要尝试将习得理论运用于实践，以此解决实际问题；最后为反复练习的过程，重复练习会在博士生大脑中形成固定的图式，帮助其达到熟练化程度。因此，博士生职业能力培养也应遵循此过程，以帮助其达到熟练的程度。博士生只有充分发展自身的职业能力，才能为未来的职业发展做好充分的准备，使之在今后的职业道路上能够游刃有余、得心应手。

6.4　本章小结

根据上一章节研究的结论，本章从知识获得层面、身份形成层面及能力发展层面提出相应的改进措施。其中在知识获得层面，高校在完善课程设置，提升课程教学质量的同时，还应该支持学生积极参与学术会议，鼓励学生开展实践教学活动；在身份形成层面，高校要推动学科交叉平台的构建与共享，为学生参与科研项目提供条件，学生应该树立以"学术为业"的观念，参与系统的学术训练，此外在学生身份形成过程中，相应组织应该推行"导生制"，促使博士生身份形成；在能力发展层面，教师应因材施教，给予学生有效的教学指导，与此同时学校也要转变相应培养观念，注重学生其他能力的培养。高校、导师、学生各方相互协调、共同努力，才能更好地促进博士生的学术社会化。

7　研究总结与展望

7.1　研究总结

本书主要基于社会化理论及学生发展理论，以选择学术职业的毕业博士生作为研究对象，将理论分析与实证分析相结合，通过对毕业博士生的调查，回答了博士生学术社会化的相关问题：博士生学术社会化的基本内涵是什么？博士生学术社会化的过程分为哪几个部分？博士生是如何实现学术社会化的？博士生学术社会化的影响因素有哪些？围绕这些主要问题，本书主要从以下几个方面进行了回答：

（1）博士生学术社会化框架的构建。本书对博士生学术社会化的相关理论如符号互动理论、社会生态系统理论、学生发展相关理论进行梳理，以此奠定研究的理论基础；同时结合社会化、博士生学术社会化的相关文献分析当前博士生学术社会化研究的现状与趋势，了解博士生学术社会化过程中所面临的主要现实问题，并以社会化及学生发展理论为基础构建博士生学术社会化的分析框架。

（2）博士生学术社会化过程及影响因素的质化研究。本书通过研究得到博士生学术社会化分为知识获得、身份形成、能力发展三个部分；同时本书还采用扎根理论的方法，经过开放式登录、关联式登录、核心式登录三级编码的形式，确定博士生学术社会化的核心影响因素。

（3）博士生学术社会化影响因素的量化研究。本书根据已有研究文献及访谈的结果，进行问卷编制与调研，在调研结束后，对回收的数据进行筛选与处理（主要对问卷数据进行编码与无量纲化处理），为本书进行数据的分析奠定基础；同时根据调研的数据，对博士生学术社会化的基本情况进行了描述性与差异性的统计分析，主要从性别、是否延期、不同的培养模式、不同生源地、不同学科背景层面，对调研的样本进行描述性与差异性的分析，为本书博士生学术社会化的影响因素分析奠定基础；在此基础上根据分析结果，从整体与部分两个层面对博士生学术社会化进行回归分析，以此探寻博士生社会化的影响因素。

（4）针对已有相关研究，本书从知识获得层面、身份形成层面及能力发展层面提出相应改进措施。其中在知识获得层面，高校在完善课程设置，提升课程教学质量的同时，还应该支持学生积极参与学术会议，鼓励学生开展实践教学活动；在身份形成层面，高校因推动学科交叉平台的构建与共享，为学生参与科研项目提供条件，学生应该树立以"学术为业"的观念，参与系统的学术训练，此外在学生身份形成过程中，相应组织应推行"导生制"，促使博士生身份形成；在能力发展层面，教师应因材施教，给予学生有效的教学指导，与此同时高校也要相应地转变培养观念，注重学生其他能力的培养。高校、导师、学生各方相互协调、共同努力，才能更好地促进博士生学术社会化的发展。

本书以毕业博士生为研究对象，从社会学视角探寻博士生的学术社会化，通过研究本书得到以下几个方面的结论：

（1）博士生学术社会化的过程。本书通过研究得到博士生学术社会化分为知识获得、身份形成、能力发展三个部分，其中在知识获得部分，博士生经历从"学什么"到"我要学"的学习观念转变，在此过程中，博士生学习目标始终如一即为了解决研究问题、为了跟上学科发展的步伐等，这一切的最终目标都是获取更多知识，促使自我不断发展与进步；在身份形成过程中，博士生经历从"局外人"到"局内人"的身份转变，博士生要融入组织进而成为组织的一部分，就要参与组织社会化，逐步成为组织成员；在能力发展部分，博士生经历从"边缘人"到"核心骨干"的团队地位转变，这种转变不仅需要时间的积累，更需要科研能力的支撑。科研能力支撑博士生发表更有质量的学术论文，获取更有分量的奖励，帮助团队做更多的贡献。

（2）博士生学术社会化的影响因素。整体而言，导师科研指导、学校学术氛围及学校培养与管理因素对博士生的学术社会化会产生显著的影响，而其他因素如博士生就读高校类型、培养模式、导师职业指导等因素对博士生学术社会化并不能产生显著的影响。具体而言，在博士生知识获得层面，博士生学术会议参与主要受到学校学术氛围、学校培养与管理的影响；博士生课程学习主要受导师科研指导、学校培养与管理的影响；博士生教学实践参与主要受到博士期间就读高校类型、博士生培养模式的影响。在博士生身份形成层面，博士生学习投入度主要受博士阶段就读高校类型、博士生培养模式的影响；博士生科研项目参与主要受到导师科研指导及学校学术氛围的影响。在博士生能力发展层面，博士生科研能力主要受到博士生本硕博就读的高校类型、导师科研指导的影响；博士生其他能力发展主要受到导师科研指导、学校学术氛围及学校培养与管理的影响。

此外，笔者在研究中发现博士生学术社会化过程并非一帆风顺，总会遇到各种问题。质化研究发现，在身份形成过程中，博士生由于对课题组的文化、制度等不熟悉，造成其在课题组学习、生活受到束缚，很难融入课题组成为课题组的一部分，此时博士生需要借助外部力量帮助其融入课题组，成为课题组的"正式"成员。在知识获得过程中，现有课程体系及培养计划并不能很好地帮助博士生获得研究所需的知识，这就需要博士生转变学习观念，积极参与各项学习活动，在此过程中不断获得研究所需的知识。

7.2 研究展望

（1）在研究领域层面，对其进行横向与纵向的拓展

本书主要是关于博士生学术社会化的研究，关注博士生由学术自由者向学术职业者转变的过程，研究聚焦于博士生变为青年教师的过程，由于研究条件、时间的限制，对于青年教师今后的学术职业发展过程、影响因素以及博士生在入学之前的背景、学习经历并未进行深入的研究与关注，这在今后的研究中应该给予考虑。在博士生学术社会化影响因素的研究中，主要考虑博士生教育中的相关因素对其今后学术社会化发展的影响，并未将博士生家庭资本、社会资本等外部因素纳入研究范畴，在今后的研究中，也应将其纳入研究范畴，这样才能逐步扩大博士生学术社会化的研究范畴。

（2）在研究视角层面，打破学科壁垒，提倡跨学科进行研究

本书引入社会学相关理论，从社会学视角对博士生学术职业发展历程、影响因素进行剖析，并在此基础上提出相关措施，为今后开展博士生学术社会化方面的研究提供借鉴与参考。从社会学视角研究博士生学术职业发展为研究提供了新的视角。因此，在今后的研究过程中，对于博士生教育方面的相关研究应该打破学科壁垒，采用跨学科的方式从不同学科视角出发，将其他学科领域的研究理论、研究模式引入博士生教育的研究中，利用其他学科领域的研究理论与研究模式，对博士生教育进行深入的剖析与研究，为研究提供新的方向与

视角，促使博士生教育领域的研究不断发展与繁荣。

（3）在研究方法上，提倡多种方法混合应用

方法论是研究的基础，是研究得以开展的保障，是学者进行科学探索的要素。正如爱因斯坦（1953）所言：西方科学的发展源于两个伟大成就——形式逻辑体系及系统的实验方法①。由此可看出，研究方法对于科学研究及社会发展的重要性。因此，在研究生教育学研究中，应特别注重研究方法体系的探索与构建。

每种研究方法拥有自身的研究特点与适用领域，如"通过言语传递的信息通常被认为是质化的，而用数字表征的数据则被认为是量化的"。质化研究能够表达言语等非量化的信息，但易受到研究者主观影响且样本量小而缺乏普遍的代表性；量化研究虽然具有相对的客观性，但对个体深刻信息搜集不全面。因此两种研究范式各有其优点和不足，将二者相结合，能够呈现比较合适的有代表性的，同时信息全面而深刻的研究，两种研究方法互为补充，共同为研究目标服务。

方法论本身具有理论特性，且其自身与哲学之间有密切关系，因此在博士生教育方法论的选择与构建过程中，要注重研究对象的特点及研究环境，寻找适合博士生教育自身发展特色的研究方法，同时在研究方法的选择上，规避研究范式的单一性，提倡研究范式之间的相互补充与相互融合，以不同学科视角与价值导向对博士生教育学发展过程中的问题进行探索与分析，从而实现对研究对象的全面理解与把握，为博士生教育研究的开展提供科学的保障。

---

① 爱因斯坦. 爱因斯坦文集第 1 卷 [M]. 许良英，范岱年，编译. 北京：商务印刷馆，1976：231-234.

参考文献

阿特巴赫，2001. 比较高等教育：知识、大学与发展［M］. 人民教育出版社教育室，译. 北京：人民教育出版社：104.

阿特巴赫，波达尔，甘波特，2007. 21世纪的美国高等教育 社会、政治、经济的挑战［M］. 施晓光，蒋凯，译. 2版. 青岛：中国海洋大学出版社：92-101.

埃里克森，1998. 同一性：青少年与危机［M］. 孙名之，译. 杭州：浙江教育出版社：7.

爱因斯坦，1976. 爱因斯坦文集 第1卷［M］. 许良英，范岱年，编译. 北京：商务印刷馆：231-234.

BAUER M W，GASKELL G，2008. 质性资料分析：文本、影像与声音［M］. 罗世宏，蔡欣怡. 薛丹琪，译. 台北：五南图书出版股份有限公司：8.

鲍威，陈杰，万蜓婷，2016. 我国"985工程"的运行机制与投入成效分析：基于国际比较与实证研究的视角［J］. 复旦教育论坛（3）：11-16.

鲍威，杜嫱，麻嘉玲，2017. 是否以学术为业：博士研究生的学术职业取向及其影响因素［J］. 高等教育研究（4）：68-69.

北京电影学院，（2019-02-19）［2021-09-13］. 关于"翟天临涉嫌学术不端"等问题的调查进展情况说明（二）［EB/OL］.https://www.thepaper.cn/newsDetail_forward_3007076.

边国英，2008. 科研过程、科研能力以及科研训练的特征分析［J］. 教育学术月刊（5）：22-25.

别敦荣，陈艺波，2006. 论学术职业阶梯与大学教师发展［J］. 高等工程教育研究（6）：17.

陈洪捷，2010. 知识生产模式的转变与博士质量的危机［J］. 高等教育研究（1）：57-63.

陈洪捷，2010. 知识生产模式的转变与博士质量的危机［J］. 高等教育研究（1）：58-62.

陈琦，刘儒德，2005. 教育心理学［M］. 北京：高等教育出版社：47.

陈向明，2001. 质的研究方法与社会科学研究［M］. 北京：教育科学出版社：12.

陈小满，樊小冬，2021. 为高校教师准备：博士生学术社会化历程探究［J］. 中国青年研究（2）：97-104.

陈小满，樊小冬，2022. "非升即走"制度下高校青年教师学术社会化的困境研究［J］. 现代大学教育（2）：104-111.

陈小满，罗英姿，2017. 我国博士生就业多元化趋势研究：以27所教育部直属高校为例［J］. 中国高教研究（9）：51-52.

陈玉芬，2013. 美国学术职业流动行为和影响因素研究述评［J］. 比较教育研究（1）：68-71.

程俊，李明磊，2016. 博士生教育输入—过程—结果质量影响路径研究：基于"院校影响因素理论"模型［J］. 研究生教育研究（5）：12-16.

程诗婷，廖文武，2020. 多元化就业与博士生教育：基于C9高校数据的实证分析［J］. 研究生教育研究（5）：24-28.

崔素文，张海涛，2010. 独生子女问题30年回顾［J］. 人口与经济（4）：31-32.

董泽芳，2009. 博士生创新能力的提高与培养模式改革［J］. 高等教育研究（5）：51-56.

FLICK U，2007. 质性研究导论［M］. 李政贤，廖志恒，林静如，译. 台北：五南图书出版股份有限公司：277.

菲利普斯，普夫，1996. 如何获得博士学位：研究生与导师手册［M］. 黄静，姚一建，译. 2版. 北京：中国农业出版社：19.

费菲，2013. 中医研究生培养质量的影响因素的量性与质性研究［D］. 南京：南京中医药大学：59-60.

费孝通，1984. 社会学概论［M］. 天津：天津人民出版社：54.

冯遵永，2019. 我国大学内部治理中学生参与研究［D］. 徐州：中国矿业大学：102-106.

付立华，2009. 社会生态系统理论视角下的社区矫正与和谐社区建设［J］. 中国人口·资源与环境（4）：125.

高耀，沈文钦，陈洪捷，等，2019. 贯通式培养博士生的学位论文质量更高吗：基于 2015、2016 年全国抽检数据的分析［J］. 高等教育研究（7）：68-72.

龚维义，刘新民，2004. 发展心理学［M］. 北京：科学技术出版社：12-20.

郭丽君，吴庆华，2013. 试析美国博士生教育为学术职业发展准备的社会化活动［J］. 学位与研究生教育（7）：65-68.

何爱霞，2010. 专业社会化图景：成人教育工作者叙事研究［D］. 上海：华东师范大学：33-34.

河北省人民政府网站，（2018-04-11）［2021-10-19］. 我市印发《关于实施现代产业人才集聚工程的若干措施》［EB/OL］. http://www.hebei.gov.cn/hebei/11937442/10756595/10756614/14209842/index.html.

侯杰泰，温忠麟，成子娟，2004. 结构方程模型及其应用［M］. 北京：教育科学出版社：78-83.

胡庆芳，2007. 美国教育 360 度［M］. 北京：教育科学出版社：67-72.

胡容，2018. 社会生态系统理论视角下成都市视力障碍人士就业支持系统研究［D］. 成都：四川师范大学：11-12.

湖北经济学院人事处，（2017-10-20）［2021-10-20］. 湖北经济学院 2017—2018 教师招聘简章［EB/OL］. http://rsc.hbue.edu.cn/3c/a2/c1342a146594/page.htm.

华东师范大学研究生院，（2020-09-18）［2021-09-13］. 华东师范大学学位评定委员会关于撤销王飞法学博士学位的公告［EB/OL］. http://www.yjsy.ecnu.edu.cn/e7/0e/c3600a321294/page.htm.

华莱士，沃尔夫，2016. 当代社会学理论：对古典理论的扩展［M］. 刘少杰，译. 北京：中国人民大学出版社：31-32.

黄海刚，金夷，2016. 通往 Ph.D 之路：中国博士生入学动机的实证研究：兼论学术动机对博士生培养质量的意［J］. 复旦教育论丛（5）：61-63.

黄雪梅，王占军，2017. 美国博士生学术社会化影响因素：个体、学科文化与制度三维分析［J］. 江苏高教（9）：100-104.

暨大发布，（2018-07-03）［2021-09-13］. 暨南大学关于博士生熊科伟涉嫌学术不端的处理通报［EB/OL］. http://xscx.scu.edu.cn/info/1023/6769.htm.

贾春增，2000. 外国社会学史［M］. 北京：中国人民大学出版社：341-342.

蒋承，2011. 博士生学术职业期望影响因素研究：一个动态视角［J］. 北京大学教育评论（3）：50-52.

金蕾莅，王轶玮，林成涛，等，2018. 工科女博士学术职业去向和层次：基于清华大学 2005—2014 年博士毕业生的分析 [J]. 研究生教育研究（3）：3-7.

堪青杰，于立志，2012. 高校新教师入职教育研究：基于组织社会化策略的视角 [J]. 科技视界（31）：82-83.

赖铮，2006. 课堂教学三要：行家、专家和当家 [J]. 高等工程教育研究（2）：120-122.

李澄锋，陈洪捷，沈文钦，2019. 博士研究生学术职业选择的群体差异：基于中国博士毕业生调查数据 [J]. 学位与研究生教育（8）：36-41.

李广海，2017. 理性的平衡：高校学术评价制度变革的逻辑及操作指向 [J]. 教育研究（8）：85-90.

李路路，2005. 社会学教程 [M]. 北京：华文出版社：20-21.

李文，2017. 我国学术职业后备人才培养的现状及对策研究：以美国和日本的经验为参照 [D]. 厦门：厦门大学：55-57.

李永刚，2018. 成为研究者：理科博士生素养与能力的形成 [D]. 上海：华东师范大学：1-2.

李志峰，魏迪，2018. 高校教师流动的微观决策机制：基于"四力模型"的解释 [J]. 高等教育研究（7）：39-45.

林篙，2008. 结构方程模型原理及应用 [M]. 武汉：华中科技大学出版社：108.

蔺玉，2012. 博士生科研绩效及其影响因素的实证研究 [D]. 合肥：中国科学技术大学：86-88.

刘国军，2016. 日本大学教师发展的经验及其启示 [J]. 长春师范大学学报（4）：113-114.

刘精明，2016. 教育公平与社会分层 [M]. 北京：中国人民大学出版社：301-318.

刘敏岚，陈会，2011. 弗洛伊德人格发展理论对儿童教育的启示 [J]. 社会心理科学（5）：58-60.

刘宁宁，2018. 不同招考方式博士生的科研创新能力存在差异吗？：基于33 所研究生院高校的调查 [J]. 学位与研究生教育（4）：61-64.

刘少杰，2006. 国外社会学理论 [M]. 北京：高等教育出版社：1，171-176.

刘素华，2016. 建立我国就业质量量化评价体系的步骤与方法 [J]. 人口与经济（6）：34-38.

刘小强，2011. 定向型的高校教师培养：美国博士生教育改革的新动向：美国"未来高校教师培养计划（PFF）"评析［J］. 中国高教研究（11）：45-46.

卢菲菲，2011. 影响博士生选择学术职业的因素分析：基于厦门大学博士生的问卷调查［J］. 扬州大学学报（高教研版）（6）：52-54.

罗伯逊，1990. 社会学（上）［M］. 黄育馥，译. 北京：商务印书馆：138.

罗英姿，陈小满，李雪辉，2018. 基于培养过程的博士生科研绩效提升策略研究［J］. 教育发展研究（9）：52-54.

罗英姿，韩霜，顾剑秀，2021. 过程性视角下博士学术职业选择的形成机制研究［J］. 中国高教研究（3）：82-87.

马华维，2009. 教师社会化策略与内容的关系［J］. 心理科学（1）：114-117.

马明霞，王启烁，赵娜，2014. 性别差异对博士生就业的影响：科研院所女博士就业状况研究［J］. 研究生教育研究（2）：73-77.

马庆发，2004. 提升就业质量：职业教育发展的新视角［J］. 教育与职业（12）：6-8.

马永霞，林金辉，2016. 理工科大学生就业能力评价研究［J］. 教育研究（9）：40-41.

米德，1999. 心灵、自我与社会［M］. 霍桂桓，译. 北京：华夏出版社：72-78.

闵韡，2018. 理工科博士招生方式对培养效果的影响：基于35所研究生院理工科博士生的调查［J］. 研究生教育研究（2）：38-42.

南京晓庄学院，（2012-04-18）［2021-10-26］. 江苏省高等学校副教授资格条件［EB/OL］. http：//shfzxy.njxzc.edu.cn/44/7e/c2139a17534/page.htm.

南京信息工程大学，（2018-03-06）［2021-10-28］. 江苏省高等学校教授资格条件［EB/OL］. https：//ycxy.nuist.edu.cn/2018/0306/c99a532/page.htm.

内蒙古新闻网，（2018-04-11）［2021-10-19］. 呼和浩特市发布2018年高层次人才需求目录［EB/OL］. http：//inews.nmgnews.com.cn/system/2018/04/11/012478673.shtml.

欧路莎，2012. 实习教师社会化过程研究［D］. 长春：东北师范大学：12.

潘淑满，2003. 质性研究：理论与应用［M］. 台北：心理出版社股份有限公司：18-19.

屈廖健，2015. 美国大学院校影响因素理论模型研究［J］. 比较教育研究（4）：60.

任强唐，启明，2014. 我国留守儿童的情感健康研究［J］. 北京大学教育评论（3）：42-46.

厦门大学研究生院，（2020-05-29）［2021-11-13］. 关于做好2020级学术型博士研究生教学实践工作的通知［EB/OL］. https://gs.xmu.edu.cn/info/1170/7623.htm.

沈红，2011. 论学术职业的独特性［J］. 北京大学教育评论（3）：18-28.

沈文钦，2009. 博士培养质量评价：概念、方法与视角［J］. 北京大学教育评论（2）：52-55.

师海玲，范燕宁，2004. 社会生态系统理论阐释下的人类行为与社会环境：2004年查尔斯·扎斯特罗关于人类行为与社会环境的新探讨［J］. 首都师范大学（社会科学版）：94-96.

孙斐，2014. 地方政府绩效评价的价值冲突管理：基于四川省Z县政府的质性研究［D］. 兰州：兰州大学：44.

孙少博，2012. 战略性人力资源管理对组织效能的影响研究：基于竟值架构的视角［D］. 济南：山东大学：134-135.

特纳，2001. 社会学理论的结构［M］. 邱泽奇，等译. 北京：华夏出版社：1-6.

王传毅，王宇昕，2020. 博士生自我认知、培养环境与学术职业选择：基于2019年Nature全球博士生调查数据的实证研究［J］. 国家教育行政学院学报（3）：87-92.

王莉莉，2012. 上海市宝山区公务员组织社会内容研究［D］. 上海：上海交通大学：26-30.

王连喜，鲍金，2005. 大学生社会化内容浅析［J］. 安康师专学报（3）：84-88.

王秋绒，1991. 教师专业社会化理论在教育实习设计上的蕴义［M］. 台北：师大书苑有限公司：17-18.

王思斌，2010. 社会学教程（第三版）［M］. 北京：北京大学出版社：71-73.

王小璐，风笑天，2011. 中国独生子女研究：记录社会变迁中的一代人［J］. 广西民族大学学报（哲学社会科学版）（9）：41-44.

王璇，李志峰，郭才，2013. 高校青年教师发展阶段论 [J]. 高等教育评论（1）：110-122.

王应密，2009. 中国大学学术职业制度变迁研究 [D]. 武汉：华中科技大学：22.

韦伯，1998. 学术与政治 韦伯的两篇演说 [M]. 冯克利，译. 北京：生活·读书·新知三联书店：21.

吴明隆，2010. 结构方程模型：AMOS 的操作与应用 [M]. 重庆：重庆大学出版社：240-241.

吴明隆，2011. 问卷统计分析实务 [M]. 重庆：重庆大学出版社：205.

武学超，2016. 瑞士大学高层学术职业性别平等保障措施及启示：以洛桑大学为例 [J]. 外国教育研究（1）：93-96.

项亚光，钱朴，1999. 转型期教师社会化特点的研究 [J]. 河北师范大学学报（教育科学版）（1）：116-119.

新华社，(2021-12-17)[2022-01-13]. 习近平主持召开中央全面深化改革委员会第二十三次会议强调 加快建设全国统一大市场提高政府监管效能 深入推进世界一流大学和一流学科建设[EB/OL]. https://www.ccps.gov.cn/xtt/202112/t20211217_152358.shtml.

新华网，(2020-07-29)[2021-11-15]. 习近平对研究生教育工作作出重要指示强调 适应党和国家事业发展需要 培养造就大批德才兼备的高层次人才 李克强作出批示[EB/OL]. http://www.xinhuanet.com/politics/leaders/2020-07/29/c_1126301069.htm.

熊华军，李倩，2015. 美国大学博士生教学能力培养机制及其启示 [J]. 现代大学教育（3）：65-68.

徐嘉，2013. 新生代员工组织社会化及其对心理资本、工作投入的影响研究 [D]. 武汉：武汉大学：29-31.

阎光才，2018. 象牙塔背后的阴影：高校教师职业压力及其对学术活力影响述评 [J]. 高等教育研究（4）：48-58.

杨佳乐，2020. 组织学术职业支持是否影响博士生就业意愿：基于2019年 Nature 全球博士生调查的实证分析 [J]. 中国高教研究（4）：44-48.

玉红玲，2009. 新教师组织社会化策略在首都经济贸易大学 OTA 中的运用 [J]. 首都经济贸易大学学报（4）：73-79.

约翰逊，1997. 社会学理论 [M]. 北京：华夏出版社：243.

岳昌君，张恺，2014. 高校毕业生求职结果及起薪的影响因素研究：基于 2013 年全国高校抽样调查数据的实证分析［J］. 教育研究（11）：74-80.

张存群，马莉萍，2013. 学术活跃度与博士生学术产出的实证分析：以中国某研究型大学为案例［J］. 研究生教育研究（6）：1-7.

张国栋，2008. 我国贯通式培养博士生培养模式的研究［D］. 上海：上海交通大学：47-68.

张国栋，2009. 贯通式培养模式的特点及适用范围［J］. 中国高教研究（9）：37-39.

张美云，2013. 博士职业发展与社会贡献［M］. 上海：上海交通大学出版社：23-28.

张焱，2014. 诱惑、变革与守望：我国学术场域中的大学教师行为研究［M］. 南京：南京大学出版社：18.

张英丽，2008. 论学术职业与博士生教育的关系［D］. 武汉：华中科技大学：3-4.

张英丽，2009. 我国博士生学术职业选择及其影响因素［J］. 高教探索（2）：23-25.

赵景欣，刘霞，张文新，2013. 同伴拒绝、同伴接纳与农村留守儿童的心理适应：亲子亲合与逆境信念的作用［J］. 心理学报（7）：806-808.

赵欣，2015. 上海研究型大学博士学术训练状况研究：基于博士生学术社会化视角［D］. 上海：华东师范大学：1-2.

郑杭生，2003. 社会学概论新编［M］. 北京：中国人民大学出版社：43.

郑觅，2014. 博士生专业社会化理论研究概述［J］. 学位与研究生教育（2）：62-64.

中国青年报，（2011-06-14）［2021-12-18］. 74.9%的人认为"查三代"加剧"唯学历是用"［EB/OL］. http://zqb. cyol. com/html/2011 - 06/14/nw. D110000zgqnb_20110614_2-07. htm.

中国网，（2017-03-05）［2021-11-15］. 政府工作报告放大招：博士研究生的补贴要涨了［EB/OL］. http://www.china.com.cn/lianghui/news/2017-03/05/content_40411106. htm.

中华人民共和国教育部，（2018-09-28）［2021-10-24］. 坚决克服教育评价"五唯"顽瘴痼疾［EB/OL］. http://www. moe. gov. cn/jyb_xwfb/xw_zt/moe_357/jyzt_2018n/2018_zt19/zt1819_gd/wywy/201809/t20180928_350312. html.

周喜华，2016. 高校青年教师职业成长：问卷编制及特点研究 ［J］. 黑龙江高教研究（7）：83-87.

周晓虹，1997. 现代社会心理学 ［M］. 上海：上海人民出版社：67.

朱亮，黄桂成，顾柏平，2017. 基于学习型投入视角的高校学业评价及策略 ［J］. 中国成人教育（13）：91-94.

朱晓博，2012. 上海研究型大学博士生学术职业定向研究：以上海 E 大学及 J 大学为例 ［D］. 上海：华东师范大学：43-48.

朱旭东，2011. 教师专业发展理论研究 ［M］. 北京：北京师范大学出版社：63.

卓彩琴，2013. 生态系统理论在社会工作领域的发展脉络及展望 ［J］. 江海学刊（3）：114-115.

ASTIN，1970. The methodology of research on college impact ［J］. Sociology of Education（3）：223-254.

AUSTIN，2002. Creating a bridge to the future：Preparing new faculty to face changing expectations in a shifting context ［J］. Review of Higher Education（2）：119-144.

AUSTIN，2002. Preparing the next generation of faculty：Graduate school as socialization to the academic career ［J］. The Journal of Higher Education（1）：94-102.

BALDWIN，BLACKBURN，1981. The academic career as a developmental process：Implications for higher education ［J］. The Journal of Higher Education（6）：598-614.

BEDEIAN A G，2007. Even if the tower is "ivory"，it isn't "white"：Understanding the consequences of faculty cynicism ［J］. Academy of Management Learning & Education（1）：9-32.

BEDEIAN A G，CAVAZOS D E，HUNT J G，et al.，2010. Doctoral degree prestige and the academic marketplace：A study of career mobility within the management discipline ［J］. Academy of Management Learning and Education（9）：11-25.

BRAGG，1976. The Socialization Process in High Education ［M］. Washington DC：The American Association：12-19.

CHAO，1994. Organizational socialization：Its content and consequences ［J］. Journal of Applied Psychology（5）：730-734.

CLERK B R, 1997. Small world, different words: The uniqueness and troubles of american academic profession [J]. Daedelus (4): 126.

COSTA F, 2017. Influences of academic socialization on the development of scientific publications in accounting in in Brazil: an analysis of Stricto Sensu Graduate Programs [J]. Journal of Education and Research in Accounting (10): 308-317.

DANIEL, 2011. Student socialization in interdisciplinary doctoral education [J]. High Education (62): 741-74.

DAWSON, 1969. Political socialization [M]. Boston: Litter Brown: 9.

DELELLO J A, MCWHORTER R R, MARMION S, et al, 2014. The life of a professor: Stress and coping [J]. Polymath: An Interdisciplinary Arts and Sciences Journal (1): 39-58.

DUKE, (2016-06-29) [2021-10-18]. Responsible conduct of research: RCR forums [EB/OL]. https://gradschool. duke. edu/Professional development/programs/responsible-conduct-research/rcr-forums.

DUKE, (2017-07-06) [2021-10-18]. Responsible conduct of research: RCR requirements[EB/OL].https://gradschool.duke.edu/Professional development/programs/responsible-conduct-research/rcr-requirements.

DUKE, (2017-07-18) [2021-10-18]. PFF requirements[EB/OL].https://gradschool.duke. edu/professional-development/programs/Preparing-Future-faculty/pff-requirements.

DUKE, (2017-07-18) [2021-10-19]. Responsible conduct of research: RCR topics [EB/OL]. https://gradschool. duke. edu/Professionaldevelopment/programs/responsible-conduct-research/rcr-topics.

DUKE, (2018-06-22) [2021-10-17]. Professional development: Teaching IDEAS series[EB/OL].https://gradschool.duke.edu/Professional development/programs/teaching-ideas-series.

DUKE, (2019-05-23) [2021-10-17]. Preparing future faculty : Ideas and expectations for mentoring [EB/OL]. https://gradschool. duke. edu/sites/default/files/documents/mentorideas.pdf.

EAGAN M, GMELCH W H, 2015. Stressing out: Connecting race, gender and stress with faculty productivity [J]. The Journal of Higher Education (6): 924-951.

FELDMAN D C, BOLINO M C, 1999. The impact of on-site mentoring on expatriate socialization: a structural equation modeling approach [J]. The International Journal of Human Resource Management (1): 54-71.

FURNISS W T, 1981. Reshaping faculty careers [J]. Change: The Magazine of Higher Learning (7): 38.

GARDNER S K, HAYES M T, NEIDER X N, 2007. The dispositions and skills of a PhD in education: Perspectives of faculty and graduate students in one college of education [J]. Innovative Higher Education (5): 287-299.

GARDNER S K, 2008. Fitting the mold of graduate school: A qualitative study of socialization in doctoral education [J]. Innovation Higher Education (33): 125-138.

GARDNER S K, 2014. Socialization to inter disciplinarity: Faculty and student perspectives [J]. Higher Education (3): 255-271.

GARDNER S, 2010. Contrasting the socialization experiences of doctoral students in high- and low-completing departments: A qualitative analysis of disciplinary contexts at one institution [J]. Journal of Higher Education (1): 62-65.

GARDNER, 2008. "Whats too much and what's too little?": The process of becoming an independent researcher in doctoral education [J]. Journal of Higher Education (3): 331-340.

GLASER B, STRAUSS A, 1967. The discovery of ground theory: Strategies for qualitative research [M]. Chicago: Aldine: 123-124.

GOLDE C M, 1998. Beginning graduate school: Explaining first-year doctoral attrition [R]. San Francisco, CA: Jossey-Bass: 55-64.

GOLDE, 1998. Beginning graduate school: Explaining first year doctoral attrition [J]. New Directions for Higher Education (1): 55-64.

GOTTLIEB, DAVID, 1960. Process of socialization graduate school [D]. Chicago: University of Chicago: 38-45.

GRAVOIS J, (2000-07-13) [2021-10-18]. New data offer a rosier picture of Ph.D completion rates. The chronicle of higher education. Retrieved[EB/OL].http://chronicle.com/daily/2007/07/200071703n.htm.

GRBICH C, 1998. The academic researcher: Socialization in settings previously dominated by teaching [J]. Higher Education (1): 69-81.

HARTLY, MONKS, ROBINSON, 2001. Economists publication Patterns [J]. American Economist (45): 80-82.

HOLLY K A, 2009. The cultural construction of inter disciplinarity: Doctoral students socialization in a scientific community [J]. Studies in Higher Education (5): 577-581.

HOLLY K, 2009. Animal research practice and doctoral student identity development in a scientific community [J]. Studies in Higher Education (5): 577-590.

HUSTON T A, NORMAN M, AMBROSE S A, 2007. Expanding the discussion of faculty vitality to include productive but disengaged senior faculty [J]. The Journal of Higher Education (5): 493-522.

JONES G R, 1986. Socialization tactics, self-efficacy and newcomers' adjustments to organizations [J]. Academy of Management Journal (2): 262-279.

KAHN S, GINTHER D K, 2017. The impact of postdoctoral training on early careers in biomedicine [J]. Nature Biotechnology, 35 (1): 90-94.

LAURSEN S L, THIRY H, LISTON C S, 2012. The impact of a university-based school science outreach program on graduate student participants' career paths and professional socialization [J]. Journal of Higher Education Outreach and Engagement (5): 47-78.

LEE H M, 2011. Impact of occupational socialization on the perspectives and practices of sport pedagogy doctoral students [J]. Journal of Teaching in Physical Education (1): 45-46.

LI, 2007. Managing criticism in PhD supervision: A qualitative case study [J]. Studies in Higher Education (4): 511-526.

LOVITTS, 2001. Leaving the ivory tower: the causes and con-sequences of departure from doctoral study [M]. Lanham, MD: Rowman and Littlefield: 8-11.

LOVITTS, 2001. Leaving the ivory tower: The causes and consequences of departure from doctoral study [M]. Lanham: Row-man and Little field: 56-70.

MAANEN J V, 1978. People processing: strategies of organizational socialization [J]. Organizational Dynamics (6): 19-36.

MAANEN V, 1977. Experiencing organization: Notes on the meaning of careers and socialization [M]. London: Wiley and Sons: 17-20.

MAANEN V, 1979. The fact of fiction in organizational ethnography [J]. Administrative science quarterly (4): 542.

MANGEMATIN V, 2000. PhD job market: professional trajectories and incentives during the PhD [J]. Research policy (6): 741-756.

MARS M M, BRCSONIS K, SZELCNYI K, 2014. Science and engineering doctoral student socialization, logics, and the national economic agenda: alignment or disconnect? [J]. Minerva (3): 351-379.

MARTIN F, SEAL R, JACK H, 1998. The new academic generation: a profession of transformation [M]. Baltimore: John Hopkins University Press: 163.

MARTIN J, FINKELSTEIN, 1984. The American academic profession [M]. Ohio State: Ohio State University Press: 228.

MEDINA M S, TOMSEK J J, BOWERS-PIPPIN J, 2015. The use of mentors and partnerships in a preparing future faculty program at a Health Sciences Center [J]. Currents in Pharmacy Teaching and Learning (7): 147-149.

MENA I B, 2013. Socialization experiences resulting from doctoral engineering teaching assistantship [J]. The Journal of Higher Education (2) 189-195.

MERTON R, 1957. The student physician [M]. Cambridge MA: Harvard University Press: 134.

MERTON R, READER G, 1957. The student-physician: Introductory studies in the sociology of medical education [M]. Cambridge: Harvard University Press: 287-288.

MILLER, 2010. A conceptual framework for the professional socialization of social workers [J]. Journal of Human Behavior in the Social Environment (7): 928-936.

MILLETT, 2006. Three magic letters: Getting to the Ph.D [M]. Baltimore: The Johns Hopkins University Press: 62-73.

MORITA, 2009. Language, culture, gender, and academic socialization [J]. Language and Education (5): 443-460.

MUPHY N, 2007. Orientations to research higher degree supervision [J]. Higher Education (2): 209-234.

NATIONAL SCIENCE FOUNDATION, (2015-04-17) [2021-08-19]. Arlington, VA: Division of undergraduate education. National science foundation (2015) [EB/OL].https://www.nsf.gov/pubs/2015/nsf15585/nsf15585. htm.

PARKER D, LAJUNEN T, SUMMALA H, 2002. Anger and aggression among drivers in three European countries Accident [J]. Analysis and Prevention (2): 229-235.

PASCARELLA E T, 1985. College environmental influences on learning and cognitive development. Higher education: Handbook of theory and research [M]. New York: Agathon Press: 50.

PASCARELLA E T, TERENZINI P T, 1979. Interaction effects in spady's and tinto's conceptual models of college dropout [J]. Sociology of Education, 52 (4): 197-210.

PASCARELLA E T, TERENZINI P T, 1991. How college affects students: Findings and insights from twenty years of research [M]. San Francisco: Jossey-Bass: 4.

PEREZ D, FAIN S M, 2011. Higher education and human capital: Rethinking the doctorate in America [M]. Rotterdam: Sense Publishers: 8.

PION G M, 2001. The early career progress of NRSA predoctoral trainees and fellows [J]. National Institutes of Health (3): 31-35.

RERNOLDS, 1997. Engaging classrooms: Student participation and the instructional factors that shape it [C]. ASHE Annual Conferenc.

RHOTEN, 2009. The act of collaborative creation and the art of integrative creativity: Originality, disciplinarity and interdisciplinarity [J]. Thesis Eleven (1): 83-108.

ROACH M, SAUERMANN H, 2010. A taste for science? PhD scientists' academic orientation and self selection into research careers in industry [J]. Research Policy (3): 422-434.

ROACH M, SAUERMANN H, 2017. The declining interest in an academic career [J]. PLoS ONE (9): 1-5.

ROBERT E, 1992. The constant flux: A study of class mobility in industrial societies [M]. Gold thorpe : Clarendon press: 23-27.

ROURKE L, 2012. Socialization in online doctorates: Academic socialization in an online residency program [J]. Internal Journal of E-Learning and Distance Education (1): 12-16.

SAKS A M, ASHFORTH B E, 2010. Socialization tactics and newcomer information acquisition [J]. International Journal of Selection and Assessment, 5 (1): 48-61.

SAKS, 1997. Organizational socialization: making sense of the past and present as a prologue for the future [J]. Journal of Vocational Behavior (51): 234-279.

SCHEIN E H, 1968. Organizational socialization and the profession of management [J]. Industrial Management Review (9): 1-16.

SCHWARTZ A J, 1975. The school and Socialization [M]. New York: Harper & Row: 16-17.

SHINAR D, 1998. Aggressive driving: the contribution of the drivers and the situation [J]. Transportation Research Part: Traffic Psychology and Behaviour (2): 137-160.

SLAUGHTER, 2006. A new look at the role of insiders in the newcomer socialization process [J]. Group and Organization Management (2): 274-286.

SORENSON G, KAGAN D, 1967. Conflicts between doctoral candidates and their sponsors: A constrast in expectation [J]. The Journal of Higher Education (1): 17-24.

STEIN E L, 2003. Socialization of doctoral students to academic norms [J]. Research in Higher Education (6): 641-656.

SUSAN K, 2007. "I heard it through the grapevine": doctoral student socialization in chemistry and history [J]. Higher Education (5): 730-738.

SUSAN, 2012. Interdisciplinary doctoral student socialization [J]. International Journal of Doctoral Studies (7): 380-386.

THOMAS C, BUCHMUELLER J, 1999. Graduate training and the early career productivity of Ph.D. economists [J]. Economics of Education Review (14): 65-77.

TINTO V, 1993. Leaving college: Rethinking the causes and cures of student attrition [M]. Chicago: University of Chicago Press: 114.

TUCKMAN H P, HAGERMANN R P, 1976. An analysis of the reward structure in two disciplines [J]. Journal of Higher Education (4): 447-464.

TURNER C S V, THOMPSON J R, 1993. Socializing women doctoral students: Minority and majority experiences [J]. The Review of Higher Education (16): 355-370.

TURNER L G, 2012. Imagined and emerging career patterns: perceptions of doctoral students and research staff [J]. Journal of Further & Higher Education (4): 535-548.

VISENTIN F, 2015. A revealed preference analysis of PhD students' choices over employment outcomes [J]. Research Policy (10): 1931-1947.

WEIDMAN J C, TWALE D J, STEIN E L, 2001. Socialization of graduate and professional students in higher education : A perilous passage [M]. San Francisco: Jossey-Bass: 49-50.

WINDOM, 1978. Performance, attitude, and professional socialization of women in academia [J]. Sex Roles (4): 550-557.

WOOLSTON C, 2017. Graduate survey: A love-hurt relationship [J]. Nature (25): 549-552.

WURGLER E, VANHEUVELEN J S, ROHRMAN S, et al., 2014. The perceived benefits of a preparing future faculty program and its effect on job satisfaction, confidence, and competence [J]. Teaching Sociology (42): 57-58.

ZASTROW E C, KIRST-ASHMAN K K, 2004. Understanding human behavior and social environment 6th edition [M]. Stamford: Thomson Brooks: 412-418.